平成30年9月分及び平成31年4月～令和元年6月　第115集

裁決事例集

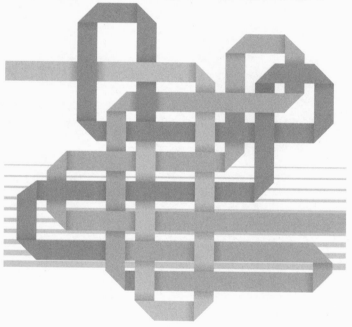

一般財団法人 大蔵財務協会

は　じ　め　に

　現在、国税不服審判所における審査請求事件の裁決については、法令の解釈、運用上先例となり、他の参考となる重要な判断を含んだもの、また、事実認定に関し他の参考となる判断を含んだもの等が公表されています。

　本書は、国税不服審判所より公表された裁決を、多くの税理士、公認会計士、弁護士、行政法学者等の方々の便に資するため四半期ごとに取りまとめて「裁決事例集」として発行しているものです。

　今版は、「裁決事例集（第115集）」として、平成30年9月分及び平成31年4月から令和元年6月分までの間に公表された裁決を収録しておりますが、今後公表される裁決についても逐次刊行していく予定です。

　本書が、日頃の税務上の取扱いの判断の参考となり税務事務の一助となれば幸いです。

　なお、収録されている裁決が、その後の国税に関する処分の取消訴訟において、その処分の全部又は一部が取り消されている場合がありますので、本書のご利用に際してはご注意ください。

令和2年2月

三 法人税法関係

（収益の帰属事業年度 損害賠償金）

四 相続税関係

（相続税の課税財産の認定　預貯金等　預貯金）

（贈与事実の認定　現金等　その他の給付）

（相続税の課税価格の計算　債務控除　その他の債務）

（相続税の課税価格の計算　その他）

（財産の評価　評価の原則　時価の意義）

五　国税徴収法関係

（無償又は著しい低額の譲受人等の第二次納税義務　受けた利益額の算定）

国税通則法

一　国税通則法関係

〈平成30年９月分及び
平成31年４月から令和元年６月分〉

事例1（重加算税　従業員の行為）

> 　請求人の取締役が、外注先に対して架空の請求書を発行するよう依頼した行為は、請求人による行為と同視できるとした事例（平成25年1月1日から平成25年12月31日まで、平成26年1月1日から平成26年12月31日まで、平成27年1月1日から平成27年12月31日まで、平成28年1月1日から平成28年12月31日まで及び平成29年1月1日から平成29年12月31日までの各事業年度の法人税に係る重加算税の各賦課決定処分、平成25年1月1日から平成25年12月31日まで及び平成26年1月1日から平成26年12月31日までの各課税事業年度の復興特別法人税に係る重加算税の各賦課決定処分、平成27年1月1日から平成27年12月31日まで、平成28年1月1日から平成28年12月31日まで及び平成29年1月1日から平成29年12月31日までの各課税事業年度の地方法人税に係る重加算税の各賦課決定処分、平成25年1月1日から平成25年12月31日まで、平成26年1月1日から平成26年12月31日、平成27年1月1日から平成27年12月31日まで、平成28年1月1日から平成28年12月31日まで及び平成29年1月1日から平成29年12月31日までの各課税期間の消費税等に係る重加算税の各賦課決定処分・棄却・令和元年6月20日裁決）
>
> 《ポイント》
> 　本事例は、代表取締役以外の取締役による行為を、当該取締役の業務内容、地位・権限等から請求人の仮装行為と認定した事例である。

《要旨》

　請求人は、国税通則法第68条《重加算税》第1項は、隠蔽又は仮装の主体を納税者と規定していることから、専務取締役（本件専務）が外注先業者に対して架空の請求書を発行するよう依頼した行為（本件仮装）を請求人の行為と同視できないのであるから、同項の規定は適用できない旨主張する。

　しかしながら、法人が納税義務者である場合、代表者自身が隠蔽又は仮装した場合に限らず、法人内部において相応の地位と権限を有する者が、その権限に基づき、法人の業務として行った隠蔽又は仮装であって、全体として納税者たる法人の行為と評価できるものについては、納税者自身による行為と同視されると解するのが相当である。本件

専務は、常務取締役又は専務取締役として対外的な営業業務を行っていたこと、請求人の他の営業担当者に対して営業方法を指導する立場にあったこと、請求人の営業利益の大部分を占める業績があり、代表者に次ぐ報酬を得ていたことから、大きな影響力を有する地位にあったと認められ、また、代表者は取引先との取引の詳細な内容まで把握しておらず、本件専務は、代表者から取引先との交渉を一任されていたことからすると、本件専務は、取引先の選定及び取引内容を確定する権限があったと認められる。そうすると、本件仮装は、上記のような地位及び権限に基づき、請求人の業務として行われた行為であると認められ、請求人において本件仮装を防止するための措置を講じたとも認められず、全体として請求人の行為と評価できる。したがって、本件仮装は納税者である請求人による行為と同視でき、請求人が事実を仮装したものと認められる。

《参照条文等》

　国税通則法第68条第１項

《参考判決・裁決》

　広島高裁平成26年１月29日判決（税資264号順号12401）

（令和元年6月20日裁決）

《裁決書（抄）》

1 事 実

(1) 事案の概要

　本件は、審査請求人（以下「請求人」という。）が、原処分庁の調査を受けて法人税等の修正申告をしたところ、原処分庁が、請求人の取締役が取引先に内容虚偽の請求書を発行させた行為は、請求人の行為と同視することができ、請求人に仮装の事実があるとして、重加算税の賦課決定処分をしたのに対し、請求人が、上記取締役の行為をもって請求人の行為とは認められないとして、原処分の一部の取消しを求めた事案である。

(2) 関係法令

　国税通則法（平成29年1月1日前に法定申告期限が到来した国税については、平成28年法律第15号による改正前のもの。以下「通則法」という。）第68条《重加算税》第1項は、通則法第65条《過少申告加算税》第1項の規定に該当する場合において、納税者がその国税の課税標準等又は税額等の計算の基礎となるべき事実の全部又は一部を隠蔽し、又は仮装し、その隠蔽し、又は仮装したところに基づき納税申告書を提出していたときは、当該納税者に対し、政令で定めるところにより、過少申告加算税の額の計算の基礎となるべき税額に係る過少申告加算税に代え、当該基礎となるべき税額に100分の35の割合を乗じて計算した金額に相当する重加算税を課する旨規定している。

(3) 基礎事実

　当審判所の調査及び審理の結果によれば、以下の事実が認められる。

　なお、以下、請求人の法人税の事業年度、復興特別法人税及び地方法人税（以下、法人税、復興特別法人税及び地方法人税を併せて「法人税等」という。）の課税事業年度並びに消費税及び地方消費税（以下「消費税等」という。）の課税期間について、各個別の終了年月をもって表記する（例えば、平成25年1月1日から平成25年12月31日までの期間は、法人税について「平成25年12月期」、復興特別法人税について「平成25年12月課税事業年度」、消費税等について「平成25年12月課税期間」といい、平成27年1月1日から平成27年12月31日までの期間は、地方法人税について「平成27年12月課税事業年度」という。）。

また、平成25年12月期ないし平成29年12月期を併せて「本件各事業年度」といい、平成25年12月課税期間ないし平成29年12月課税期間を併せて「本件各課税期間」という。

イ　請求人は、平成元年7月○日に設立された建築、土木資材販売等を目的とする株式会社であり、本件各事業年度における代表取締役は、Eである。

ロ　Gは、平成14年に請求人に採用され、営業課長、営業部長を経て、平成24年9月以降は常務取締役、平成27年4月以降は専務取締役の役職に就いている者である。

ハ　G専務は、本件各事業年度において、下記(イ)及び(ロ)のとおり、請求人の取引先に内容虚偽の請求書を発行させ、請求人の経理担当者に当該請求額が正規の請求額であると誤信させて支払処理をさせる方法により、請求人から各取引先を経由して各金員を詐取した（以下、G専務が請求人から各取引先経由で詐取した金員を「本件各金員」という。）。

(イ)　架空の請求書を発行させる方法

　A　G専務は、その知人が経営するH社に対し、H社が請求人に営業協力をしていないにもかかわらず、「営業協力費」名目で請求書を発行するよう依頼した。

　B　H社は、上記Aの依頼を受け、請求人に対して「営業協力費」名目で架空の請求書を発行し、請求人から当該請求額に相当する金員を受領した。

　C　G専務は、H社から当該請求額に相当する金員を別表1の「H社」欄のとおり受領した。

(ロ)　工事代金を水増しした請求書を発行させる方法

　A　G専務は、請求人の外注先であるJ社及びK社（以下「K社」といい、J社と併せて「J社ら」という。また、J社らとH社を併せて「本件各取引先」という。）に対し、代金を水増しした請求書の発行及び当該水増し分の金員のH社への支払を依頼した。

　B　J社らは、上記Aの依頼を受け、請求人に対して代金を水増しした請求書（以下、上記(イ)のBの架空の請求書と併せて「本件各請求書」という。）を発行し、請求人から当該請求額に相当する金員を受領した。そして、J社らは、当該請求に係る水増し分の金員をH社に支払った。

C　G専務は、H社から当該水増し分の金員を別表1の「J社」欄及び「K
　　　　社」欄のとおり受領した。

　ニ　請求人は、本件各事業年度において、総勘定元帳の仕入高勘定に本件各請求書
　　　の請求額を計上した。

　　　なお、請求人は、本件各事業年度における消費税等の経理処理について、税抜
　　　経理方式を採用している。

(4)　審査請求に至る経緯

　イ　請求人は、本件各事業年度に係る法人税等について、本件各金員を損金の額に
　　　算入して所得金額等及び税額等を計算し、いずれも法定申告期限までに、別表2
　　　の「確定申告」欄、別表3の「申告」欄及び別表4の「確定申告」欄のとおりと
　　　する確定申告（復興特別法人税については申告）をした。

　ロ　請求人は、本件各課税期間の消費税等について、本件各金員を課税仕入れに係
　　　る支払対価の額に含めて税額を計算し、いずれも法定申告期限までに、別表5の
　　　「確定申告」欄のとおりとする確定申告をした。

　ハ　請求人は、原処分庁所属の調査担当職員の調査を受け、本件各事業年度に係る
　　　法人税等について、損金の額から本件各金員を減額するとともに、本件各課税期
　　　間の消費税等について、課税仕入れに係る支払対価の額から本件各金員を減額し
　　　て課税標準等及び税額等を計算し、平成30年6月14日、別表2ないし別表5の
　　　「修正申告」欄のとおりとする各修正申告（以下「本件各修正申告」という。）を
　　　した。

　ニ　原処分庁は、これに対し、本件各金員については仮装があったとして、平成30
　　　年6月20日付で、本件各事業年度に係る法人税等及び本件各課税期間の消費税等
　　　について、別表2ないし別表5の「賦課決定処分」欄のとおり、重加算税の各賦
　　　課決定処分（以下「本件各賦課決定処分」という。）をした。

　ホ　請求人は、本件各賦課決定処分のうち、過少申告加算税相当額を超える部分を
　　　不服として、平成30年9月17日に審査請求をした。

2　争　点

　　G専務が本件各取引先に対し本件各請求書を発行させた行為をもって、請求人が課
　税標準等又は税額等の計算の基礎となるべき事実を隠蔽又は仮装したと認められるか
　否か。

3　争点についての主張

原処分庁	請求人
(1)　通則法第68条第１項が隠蔽又は仮装の行為主体を「納税者」と規定しているのは、本来的には納税者自身による隠蔽又は仮装の防止を企図したものではあるものの、形式的に隠蔽又は仮装が納税者自身の行為でないというだけで重加算税の賦課が許されないとすると、隠蔽又は仮装に基づく過少申告による納税義務違反の発生の防止という重加算税制度の趣旨及び目的が没却されてしまうことになる。 　そのため、納税者以外の者が隠蔽又は仮装をした場合であっても、それが納税者本人の行為と同視することができる場合には、重加算税を賦課すべきである。 　そして、納税者以外の者の隠蔽又は仮装が納税者本人の行為と同視できるか否かについては、納税者と行為者の関係、行為者による隠蔽又は仮装についての納税者の認識又は認識可能性、行為者による隠蔽又は仮装についての納税者の防止可能性等を総合的に考慮して判断すべきである。	(1)　重加算税制度は、悪質な納税義務違反の発生を防止することを目的とし、納税者に対し主観的責任を追及することを趣旨とする制度である。 　そして、重加算税の賦課は、納税者本人による隠蔽又は仮装を要件としているところ、別人格である自然人の行為を納税者の行為と同視する旨の法令の規定は存在しないのであるから、両者の行為を同視することはできず、身体のない法人に重加算税が課されるのは、別人格である自然人の行為をもって重加算税賦課の要件事実、すなわち納税者による隠蔽又は仮装があったと規範的に評価できる場合に限られる。 　具体的にいうと、納税者が法人の場合については、現実に組織として行う法人の申告納税を適正に執り行うべき者が、過少申告の認識があるかどうかまでは問わないとしても、その行為の意味を理解しながら隠蔽又は仮装を行った場合に、悪質な納税義務違反を納税者（法人）が行ったものと評価され、主観的責任の追及としての重加算税が課されるものである。 　上記「現実に組織として行う法人の申告納税を適正に執り行うべき者」とは、

(2) G専務は、請求人の専務取締役として重要な地位にあり、また、担当営業先の対応について一任された営業担当者としての地位にあったと認められ、請求人の適正な申告行為に影響を及ぼすことが明らかな地位にあった。

G専務は、請求人から与えられた専務取締役及び営業担当者としての地位を利用し、本件各取引先と通謀して、内容虚偽の本件各請求書を発行させ、請求人に本件各金員に相当する架空仕入を計上させた。

そして、本件各金員に相当する架空仕入れは、約5年間もの長期にわたり多額に損金の額に計上されていることから、請求人は十分な監査を行わずにこれを放置していたと評価でき、請求人は、法定申告期限までに不正行為や過少申告を防止するための措置を講ずることができたにもかかわらず、これを怠った。

以上の事情を総合的に考慮すると、G専務が本件各取引先に対し、本件各請求書を発行させた行為は、納税者である請

典型的には、法人の納税申告の最終責任者としての代表者のほか、経理や申告手続を行う者として法人内で権限を有する経理責任者と経理責任者の下で経理や申告手続事務を実際に行っている担当者をいうと解すべきである。

(2) G専務は、請求人の代表者ではなく、別にいる経理担当者を部下とすることもなく、経理や申告手続事務について責任を負うことも、法人の経理や申告納税を行うべき立場にもなかった。

また、G専務は、経理や税法上の結果を考慮した上で隠蔽若しくは仮装をし、又はするだけの知識と経験を有していなかった。

したがって、G専務の行為をもって、請求人が法人として悪質な納税義務違反を実現したと評価することはできず、請求人による仮装があったと評価することはできない。

求人による仮装と同視することができる。	

4　当審判所の判断

（1）　法令解釈

通則法は、法の趣旨に従った納税手続が行われなかった場合や所定の納期限までに国税が完納されなかった場合に、過少申告加算税（第65条）、無申告加算税（第66条）、不納付加算税（第67条）を課することを規定しているところ、重加算税の税率は、他の加算税の税率より2倍以上高いこと、通則法第68条第1項は、他の加算税の規定（第65条ないし第67条）と異なり、その課税要件である隠蔽又は仮装の主体を「納税者」と明示していることなどからすれば、重加算税は、納税義務違反の発生を防止し、納税の実を上げようとする趣旨のものであることは当然として、納税に関して隠蔽又は仮装という反社会的、反道徳的な不正行為を行い、納税を免れようとした者に対する一種の制裁的規定の性質も有するものといえる。したがって、通則法第68条第1項に規定する「納税者」は、基本的に納税者本人（法人の場合は、その代表者）を指すものと解される。

しかしながら、法人における事業活動、経済活動は、一般的に組織的活動として行われ、その活動に複数の人間が有機的に関与することが多いことは周知のとおりであり、現実には、組織に所属する複数の者がそれぞれの部署において一定の権限を与えられ、その権限と裁量に基づき、法人としての有機的な事業活動を担っているのが常態であるといえる。

そうすると、法人が納税義務者である場合、その「納税者」とは、代表者個人ではなく、代表者を頂点とする有機的な組織体としての法人そのものであるから、法人の意思決定機関である代表者自身が隠蔽又は仮装を行った場合に限らず、法人内部において相応の地位と権限を有する者が、その権限に基づき、法人の業務として行った隠蔽又は仮装であって、全体として、納税者たる法人の行為と評価できるものについては、納税者自身が行った行為と同視され、通則法第68条第1項の重加算税の対象となるものと解するのが相当である。

（2）　認定事実

原処分関係資料、請求人提出資料並びに当審判所の調査及び審理の結果によれば、

以下の事実が認められる。

イ　請求人は、本件各事業年度において、地盤調査及び杭地業工事の受注を主力事業とし、複数の営業担当者が在籍して営業業務を行っていた。そのうち、杭地業工事の営業においては、営業担当者が、各現場に適した杭のメーカーを選定し、当該メーカーとの間で工事内容、工期及び代金等の打合せを行い、当該メーカーに対して杭の納入及び当該メーカー固有の工法による施工工事を発注していた。

　　J社は、請求人の受注工事に関与するメーカーのうちの１社であり、K社は、請求人が杭地業工事に付随する工事を外注する業者であった。

ロ　G専務は、本件各事業年度において、請求人の常務取締役又は専務取締役として対外的な営業業務を行っていた。

ハ　G専務は、本件各事業年度において、請求人の内部で毎週開催される営業会議に出席し、同会議における担当者からの営業状況等の報告に対し、E社長と共に、営業方法等を指導していた。

ニ　本件各事業年度において、G専務が担当していた営業業務により受注した取引は、請求人の営業利益の７割程度を占めていた。

ホ　G専務は、本件各事業年度において、自身が担当者として受注する工事について、メーカー及びその他の外注先業者などの取引先の選定、顧客や取引先との取引金額の交渉をE社長から一任されており、E社長が交渉の場に出向くことはなかった。

ヘ　E社長は、工事現場ごとに予算管理を行っており、G専務が担当者として受注した工事についても請求人の利益が確保されているかという点で管理を行っていたが、取引先との取引の詳細な内容までは把握していなかった。

ト　本件各事業年度において、請求人からG専務に支払われる報酬は、E社長に次ぐ額であった。

(3)　当てはめ

　　G専務が本件各取引先に対して本件各請求書を発行させた行為は、いずれも実態のない仕入高が存在するかのように故意に事実をわい曲する行為であり、通則法第68条第１項に規定する「課税標準等又は税額等の計算の基礎となるべき事実を仮装」したことに当たる。

　　そして、G専務は、上記(2)のロないしニ及びトのとおり、常務取締役又は専務取

締役として対外的な営業業務を行っていたこと、請求人の営業会議においてE社長と共に、営業担当者に対して営業方法を指導していたこと、自身が担当者として受注した取引が請求人の営業利益の7割程度を占めるなどの業績があり、このような実態に即して、E社長に次ぐ報酬を得ていたことを考慮すると、G専務は、請求人内部において請求人の営業業務に対して大きな影響力を有する地位にあったと認められる。

　また、上記(2)のへのとおり、E社長は、取引先との取引の詳細な内容までは把握しておらず、同ホのとおり、G専務は、自身が担当者として受注する工事について、取引先の選定及び取引先との取引金額の交渉をE社長から一任されていたことからすると、G専務は、請求人内部において取引先と取引内容を協議して確定する権限があったと認められる。

　そうすると、G専務が本件各取引先に対し内容虚偽の本件各請求書を発行させた行為（以下「本件仮装」という。）は、G専務が請求人の内部において有していた上記のような地位及び権限に基づき、請求人の業務として行われた行為であると認められ、請求人において本件仮装を防止するための措置を講じたとも認められないことから、全体として、納税者たる請求人の行為と評価できる。

　したがって、本件仮装は、請求人の行為と同視でき、請求人が課税標準等及び税額等の計算の基礎となるべき事実を仮装したと認められ、このことは、通則法第68条第1項に規定する「納税者がその国税の課税標準等又は税額等の計算の基礎となるべき事実を仮装」したことに当たる。

(4)　請求人の主張について

　請求人は、重加算税は悪質な納税義務違反の発生を防止することを目的とし、納税者に対し主観的責任を追及する趣旨であるから、現実に組織として行う法人の申告納税を適正に執り行うべき者が、その行為の意味を理解しながら仮装を行った際に重加算税が課されるものであり、そうすると、G専務は、経理責任者若しくは経理責任者の下で経理や申告手続事務を実際に行っている担当者ではなく、また、経理や税法上の結果を考慮した上で隠蔽若しくは仮装をし、又はするだけの知識と経験を有していなかったことから、請求人に重加算税を課すことはできない旨主張する。

　しかしながら、重加算税の課税要件である「課税標準等又は税額等の計算の基礎

— 12 —

となるべき事実の仮装」は、課税標準等又は税額等の計算の基礎となるべき事実を故意にわい曲する行為であれば足り、上記(1)のとおり、法人内部において相応の地位と権限を有する者が、その権限に基づき、法人の業務として行った仮装であれば納税者である法人の行為に当たるのであって、経理又は申告納税に係る事務において行われる行為に限定されるものではない。

そうすると、G専務が、経理責任者若しくは経理責任者の下で経理や申告手続事務を実際に行っている担当者ではなく、経理や税法上の結果を考慮した上で隠蔽若しくは仮装をし、又はするだけの知識と経験を有していなかったとしても、上記(3)の結論を左右するものではない。

したがって、請求人の主張を採用することはできない。

(5) 本件各賦課決定処分の適法性について

以上のとおり、本件仮装は、請求人による仮装と認められ、請求人は、その仮装されたところに基づき、本件各金員を損金の額及び課税仕入れに係る支払対価の額に含めて本件各事業年度に係る法人税等及び本件各課税期間の消費税等の申告書を提出したと認められることから、本件各修正申告につき通則法第68条第1項所定の重加算税の賦課要件を満たしている。

以上を前提に、本件各修正申告に基づき納付すべき税額を基礎とする重加算税の額を計算すると、別表2ないし別表5の「賦課決定処分」の額と同額となる。

また、本件各賦課決定処分のその他の部分については、請求人は争わず、当審判所に提出された証拠資料等によっても、これを不相当とする理由は認められない。

したがって、本件各賦課決定処分はいずれも適法である。

(6) 結論

よって、審査請求は理由がないから、これを棄却することとする。

別表 1　本件各金員の内訳（省略）

別表 2　審査請求に至る経緯（法人税）（省略）

別表 3　審査請求に至る経緯（復興特別法人税）（省略）

別表 4　審査請求に至る経緯（地方法人税）（省略）

別表 5　審査請求に至る経緯（消費税等）（省略）

事例2 （重加算税　隠ぺい、仮装の認定　認めた事例）

当初から過少申告及び無申告を意図し、その意図を外部からもうかがい得る特段の行動をした上で、その意図に基づき、所得税等については過少申告をし、消費税等については期限内に確定申告書を提出しなかったと認定した事例（①平成25年分の所得税及び復興特別所得税に係る重加算税の賦課決定処分及び平成25年1月1日から平成25年12月31日までの消費税及び地方消費税に係る重加算税の賦課決定処分、②平成26年分ないし平成28年分の所得税及び復興特別所得税に係る重加算税の各賦課決定処分、③平成26年1月1日から平成28年12月31日までの各課税期間の消費税及び地方消費税に係る重加算税の各賦課決定処分・①一部取消し、②③棄却・平成31年4月23日裁決）

《ポイント》

本件は、平成26年分ないし平成28年分については請求人が、正当に申告すべき収入金額等を認識した上で、真実の所得金額よりも大幅に少なく偽った所得金額を申告する目的で、メモを作成し、そのメモに基づいて所得金額を大幅に偽った収支内訳書を作成して過少申告行為を継続的に行っていたものであり、これら一連の行為は、請求人が当初から所得を過少に申告する意図を有し、その意図を外部からもうかがい得る特段の行動と認めることができるとした一方、平成25年分については、上記特段の行動が認められないとしたものである。

《要旨》

請求人は、外注費に相当する金額は請求人の収入金額を構成しないとの誤解により収入金額を過少に申告したものであるから、国税通則法第68条《重加算税》第1項に規定する「隠蔽し、又は仮装し」た事実はない旨主張する。

しかしながら、請求人は3年間にわたり、多額の所得を継続的に過少に申告しており、作成したメモの状況とあいまって、当初から所得を過少に申告する意図があったと認められる。そして、請求人の事業における関係書類の作成及び外注先への支払の状況を踏まえれば、請求人は収入及び外注費のおおよその金額を認識していたと認められるところ、平成26年分においては、当該認識に沿う主要な売上先に係る売上金額及び外注費等

の実額が記載されたメモを作成し、また、その後の平成27年分及び平成28年分においては、申告準備段階において事実とは異なる申告すべき金額を記載したメモを作成し、これらを相談会場に持参し、真実の所得を大幅に下回る金額を記載するなど所得金額を少なく偽った収支内訳書を作成し、所得税等の申告をしていたものである。これら一連の行為は、請求人が外部からうかがい得る特段の行動をしたものと評価することができ、重加算税の賦課要件を満たすものである。もっとも、平成25年分はメモの作成は認められず、収支内訳書の記載状況からするとその過少申告の形態がこれ以外の各年分と異なることが認められるから、重加算税の賦課要件を満たすとはいえない。

《参照条文等》
　国税通則法第68条第1項及び第2項

《参考判決・裁決》
　最高裁平成7年4月28日第二小法廷判決（民集49巻4号1193頁）

（平成31年4月23日裁決）

《裁決書（抄）》

1 事 実

(1) 事案の概要

本件は、鉄骨工事業を営む審査請求人（以下「請求人」という。）が、原処分庁
所属の調査担当職員の調査に基づき所得税等の修正申告及び消費税等の期限後申告
をしたところ、原処分庁が、内容虚偽のメモに基づいて収支内訳書及び確定申告書
を作成して提出したことは隠蔽又は仮装の事実に該当するなどとして重加算税の賦
課決定処分をしたのに対し、請求人が、隠蔽又は仮装の事実はなかったとして、原
処分の一部の取消しを求めた事案である。

(2) 関係法令

イ 国税通則法（平成29年1月1日前に法定申告期限が到来した国税については、
平成28年法律第15号による改正前のもの。以下「通則法」という。）第68条《重
加算税》第1項は、同法第65条《過少申告加算税》第1項の規定に該当する場合
において、納税者がその国税の課税標準等又は税額等の計算の基礎となるべき事
実の全部又は一部を隠蔽し、又は仮装し、その隠蔽し、又は仮装したところに基
づき納税申告書を提出していたときは、当該納税者に対し、過少申告加算税の額
の計算の基礎となるべき税額に係る過少申告加算税に代え、当該基礎となるべき
税額に100分の35の割合を乗じて計算した金額に相当する重加算税を課する旨規
定している。

ロ 通則法第68条第2項は、同法第66条《無申告加算税》第1項の規定に該当する
場合において、納税者がその国税の課税標準等又は税額等の計算の基礎となるべ
き事実の全部又は一部を隠蔽し、又は仮装し、その隠蔽し、又は仮装したところ
に基づき法定申告期限までに納税申告書を提出せず、又は法定申告期限後に納税
申告書を提出していたときは、当該納税者に対し、無申告加算税の額の計算の基
礎となるべき税額に係る無申告加算税に代え、当該基礎となるべき税額に100分
の40の割合を乗じて計算した金額に相当する重加算税を課する旨規定している。

(3) 基礎事実

当審判所の調査及び審理の結果によれば、以下の事実が認められる。

イ 請求人は、平成23年から鉄骨工事業を営む個人事業主である（以下、請求人が

— 17 —

営む当該事業を「本件事業」という。）。

　本件事業は、複数の受注先から工事を受注し、指定された建築現場において、鉄骨材などの建築資材の提供を受けて鉄骨を組み上げる工事を行うものである。

ロ　受注する工事の多くは、複数の職人による作業を要するものであり、請求人は、自ら作業に従事するほか、必要に応じ他の職人に作業を委託し、その対価を支払っていた（以下、平成23年の本件事業開始から請求人の委託により作業を行った者を「本件各外注先」といい、本件各外注先に支払った対価を「本件外注費」という。）。

ハ　請求人は、本件事業において、日々の工事について、その日付、受注先及び建築現場の略称、作業に従事した者の氏名又は略称、人工の数、請求人が本件各外注先に対して支払う対価の額（外注先別の各月の合計額）などを大学ノートに記載していた（以下、当該大学ノートを「本件出面帳」という。）。

ニ　請求人は、本件出面帳を基に、作業に従事した日数（人工の数）と1日当たりの単価から受注先に対する各月の請求金額（消費税及び地方消費税に相当する額を記載し上乗せ）を計算して、受注先に対し請求書を発行し、請求人名義のG金庫○○支店の普通預金口座（口座番号○○○○。以下「本件口座」という。）への振込みの方法により、その支払を受けていた。

　なお、請求人が本件事業において使用する預金口座は、本件口座のみであり、請求人は、本件口座の預金通帳を自ら管理し、月に一回程度、その通帳に記帳をしていた。

ホ　H社（以下「本件受注先」という。）は、本件事業における主要な受注先であり、請求人の収入金額（修正申告後のもの。）の約○割を占める。その他、本件事業においては数社の受注先がある。

ヘ　請求人は、本件各外注先から、それぞれ作業に従事した日数と1日当たりの単価に基づき作成された各月の請求書を受領し、当該各請求書に基づき、本件各外注先に各月の対価を支払っていた。

ト　請求人は、原処分庁所属の調査担当職員（以下「本件調査担当職員」という。）の調査（以下「本件調査」という。）の際、本件調査担当職員に対し、本件口座の預金通帳（平成26年11月27日から平成29年6月12日までのもの）、受注先に対する請求書の控え（平成26年6月から平成27年6月まで及び平成28年2月から同

年12月までのもの）、本件外注費に係る領収証（平成26年、平成27年及び平成28
年のもの）のほか、確定申告前に必要経費等を集計したとする平成26年分に係る
メモ3枚、平成27年分に係るメモ1枚及び平成28年分に係るメモ4枚（以下、順
次「平成26年メモ」、「平成27年メモ」及び「平成28年メモ」といい、これらを併
せて「本件各メモ」という。）を提示した（以下、当該提示した各書類を「本件
各提示書類」という。）。また、平成25年分以前の必要経費の領収証を紙の手提袋
に入れて提示した。

(4) 審査請求に至る経緯

イ　請求人は、平成23年分及び平成24年分の所得税並びに平成25年分、平成26年分、
平成27年分及び平成28年分の所得税及び復興特別所得税（以下、平成25年分ない
し平成28年分を併せて「本件各年分」といい、所得税及び復興特別所得税を併せ
て「所得税等」という。）について、確定申告書に別表1の「確定申告」欄のと
おり記載して、いずれも法定申告期限までに原処分庁に提出して、確定申告した。

なお、請求人が平成23年分ないし平成28年分の事業所得に係る各収支内訳書に
記載した収入金額及び本件外注費の額は、それぞれ別表2の各「確定申告」欄の
「①収入金額」欄記載の各金額及び「③本件外注費の額」欄記載の各金額であっ
た。

ロ　請求人は、本件調査の結果に基づき、平成29年11月16日に、平成24年分の所得
税及び本件各年分の所得税等について、別表1の「修正申告」欄のとおり記載し
て修正申告（以下「本件各修正申告」という。）するとともに、平成25年1月1
日から平成25年12月31日までの課税期間（以下「平成25年課税期間」といい、他
の課税期間についても同様に表記する。）、平成26年課税期間、平成27年課税期間
及び平成28年課税期間（以下、これらの各課税期間を併せて「本件各課税期間」
という。）の消費税及び地方消費税（以下「消費税等」という。）について、確定
申告書に別表3の「確定申告」欄のとおり記載して、いずれも法定申告期限後に
申告した（以下、これらの各期限後申告を併せて「本件各期限後申告」という。）。

なお、本件各修正申告における収入金額及び本件外注費の額は、それぞれ別表
2の各「修正申告」欄の「①収入金額」欄記載の各金額及び「③本件外注費の
額」欄記載の各金額である。

ハ　原処分庁は、本件各修正申告及び本件各期限後申告に対し、平成29年12月21日

付で、別表1及び別表3の各「賦課決定処分」欄記載のとおり、所得税、所得税等及び消費税等に係る重加算税（平成27年分の所得税等については、これに加え過少申告加算税）の各賦課決定処分をした。

ニ　請求人は、平成30年1月28日に、上記ハの各処分のうち、平成24年分の所得税及び本件各年分の所得税等に係る重加算税の各賦課決定処分並びに本件各課税期間の消費税等に係る重加算税の各賦課決定処分を不服として再調査の請求をした。

ホ　また、平成30年1月28日付で、平成24年分の所得税及び本件各年分の所得税等について、いずれも必要経費に算入すべき金額に誤りがあったとして、別表1の「更正の請求」欄のとおり記載して、各更正の請求をした。

ヘ　再調査審理庁は、平成30年4月24日付で、平成24年分の所得税及び本件各年分の所得税等に係る重加算税の各賦課決定処分について、別表1の「再調査決定」欄のとおり、平成24年分はその一部を取り消し、本件各年分はいずれも棄却の再調査決定をした。また、本件各課税期間の消費税等に係る重加算税の各賦課決定処分については、別表3の「再調査決定」欄のとおり、いずれもその一部を取り消す再調査決定をした。

ト　請求人は、再調査決定を経た後の本件各年分の所得税等に係る重加算税の各賦課決定処分及び本件各課税期間の消費税等に係る重加算税の各賦課決定処分に不服があるとして、平成30年5月16日に審査請求をした。

チ　原処分庁は、平成30年6月28日付で、上記ホの各更正の請求に対し、別表1の「更正処分及び変更決定処分」欄のとおり、いずれもその一部を認め、平成24年分の所得税及び本件各年分の所得税等について減額の更正処分をするとともに、平成24年分の過少申告加算税及び本件各年分の重加算税の各変更決定処分をした。

2　争　点

　　請求人に、通則法第68条第1項又は第2項に規定する「隠蔽し、又は仮装し」た事実があったか否か。

3　争点についての主張

原処分庁	請求人
(1)　請求人には、以下のとおり、本件各年分の所得税等について、通則法第68条第	(1)　請求人には、以下のとおり、本件各年分の所得税等について、通則法第68条第

1項に規定する「隠蔽し、又は仮装し」た事実があった。

イ 請求人は、平成23年の本件事業の開業以降、本件事業に係る帳簿を作成せず、本件各提示書類以外の必要経費の領収証等を散逸するに任せていた。

ロ 請求人は、毎月末に、受注先ごとの請求書を作成・交付しており、当該請求書に係る請求金額は、本件口座に振り込まれていたから、本件事業に係る自己の収入金額を正しく認識していたと認められる。

た、請求人は、本件各外注先の出面を本件出面帳に記載し、これに基づき本件外注費を毎月支払っていたから、本件外注費の額についても正しく認識していたと認められる。

ハ 請求人は、平成23年分の所得税を正しく計算したところ、税額が大きくなってしまったため、平成24年分以降の確定申告については、何とかして納税額が少なくならないかと考えた。そこで、平成24年分以降の申告に当たっては、請求人の子に作成させたメモの必

1項に規定する「隠蔽し、又は仮装し」た事実はなかった。

イ 請求人は、直近の受注先に係る請求書控え、直近3年分の本件各外注先に係る請求書及び領収証並びに経費の領収証について、ほとんど全てを保管しており散逸させていない

ロ 請求人は、本件事業に係る収入及び支出について、日々の取引実績を継続的に記録した帳簿を作成しておらず、本件各年分の実際の収入金額及び本件外注費の額を認識できる状況にはなかった。

なお、請求人は、本件各外注先が外注先であるという認識がなく、本件各外注先が最終的に受け取るべき金額は請求人の収入金額を構成しないと考えていたが、本件出面帳に基づき請求書を作成したのは、請求人が本件各外注先の代表として本件各外注先に代わり、請求人の分も含めた人工賃を請求すると考えていたからである。

ハ 一般に、ある年分の所得税が高額になった場合に、その翌年分以降について、法令の規定に従ってできるだけ税額が少なくなるよう節税対策を行うことは通常である。

請求人が請求人の子に作成させたメモの必要経費の額から外注費の額を除

要経費の額から外注費の額を除いたメモを請求人自身が改めて作成した上、申告相談会場に赴き、請求人が作成したメモに基づき収支内訳書及び確定申告書を作成・提出していた。

なお、請求人は、本件出面帳に基づき請求書を作成しており、受注先に請求する人工単価が本件各外注先に支払う人工単価を上回っていることを認識していたのであるから、本件各外注先が最終的に受け取るべき金額が請求人の収入金額を構成しないと考えていたとは認められない。

ニ 請求人は、上記イからハまでのとおり、本件事業に係る帳簿を作成せず必要経費の領収証等を散逸するに任せていたところ、実際の収入金額及び本件外注費の額を認識していながら、過少申告することを意図し、請求人の子に作成させたメモの必要経費の額から外注費の額を除いたメモを請求人自身が改めて作成した上、平成25年分については収入金額を、平成26年分、平成27

いたメモを作成したのは、請求人は、本件外注費は本件各外注先が受注先から受け取るべきもので、請求人の必要経費ではないと考えていたからであり、当該メモを改めて作成したことは、原処分庁が主張する特段の行動に該当しない。

なお、請求人は、本件各外注先が最終的に受け取るべき金額を収入金額に計上せず、請求人が受け取るべき金額のみを計上するという税務処理を行うことは、適法な節税対策であると考えていた。

また、請求人は、本件調査に当たり、本件調査担当職員の質問に何ら事実を秘匿せず、その記憶に基づき素直に回答しており、税務調査に対する非協力、虚偽の答弁及び虚偽資料の提出を行った事実はない。

ニ 請求人は、上記ロのとおり、本件各年分の実際の収入金額及び外注費の額を認識していないことから、過少申告の意図を有していなかった。

仮に請求人が収入金額及び必要経費の額を正確に把握しており、それとは異なる金額を収支内訳書に記載して申告したとしても、それとは別に隠蔽又は仮装と評価すべき行為の存在が必要であるところ、上記イ及びハのとお

— 22 —

年分及び平成28年分については、収入 | り、当該行為は存在しない。

年分及び平成28年分については、収入
金額及び本件外注費の額を、それぞれ
収支内訳書に過少に記載し、本件各年
分について約340万円から約780万円も
の多額の所得を過少に申告していたの
であり、これは、当初から過少申告を
意図し、その意図を外部からもうかが
い得る特段の行動をした上、その意図
に基づく過少申告をしたような場合に
該当する。

(2) 消費税等については、国税庁長官発遣
の「消費税及び地方消費税の更正等及び
加算税の取扱いについて（事務運営指
針）」（平成12年7月3日付課消2−17ほ
か）第2Ⅳ2《所得税等に不正事実があ
る場合》は、所得税等につき通則法第68
条第1項又は第2項に規定する課税標準
等又は税額等の計算の基礎となるべき事
実の全部又は一部を隠蔽し、又は仮装し
ていたこと（以下「不正事実」という。）
があり、所得税等について重加算税を賦
課する場合には、当該不正事実が影響す
る消費税等の不正事実に係る増差税額に
ついては重加算税を課する旨定めている
ところ、上記(1)のとおり、請求人の本件
各年分の所得税等につき不正事実が認め
られ、重加算税を賦課することとなるか
ら、請求人の本件各課税期間の消費税等
については、重加算税を賦課することと

(2) 消費税等についても、上記(1)のとお
り、請求人には所得税等につき不正事実
がなく、また、原処分庁が主張する請求
人の行為をもって過少申告の意図を「外
部からもうかがい得る特段の行動」と評
価することはできない。

なる。	

4 当審判所の判断

(1) 法令解釈

　　重加算税の制度は、納税者が過少申告をするにつき、又は法定申告期限までに納税申告書を提出しなかったことにつき隠蔽又は仮装という不正手段を用いていた場合に、過少申告加算税又は無申告加算税よりも重い行政上の制裁を科することによって、悪質な納税義務違反の発生を防止し、もって申告納税制度による適正な徴税の実現を確保しようとするものである。

　　したがって、重加算税を課すためには、納税者のした過少申告行為又は法定申告期限までに納税申告書を提出しなかったことそのものが隠蔽、仮装に当たるというだけでは足りず、それらとは別に、隠蔽、仮装と評価すべき行為が存在し、これに合わせた過少申告がされたこと、又は法定申告期限までに納税申告書が提出されなかったことを要するものである。

　　しかし、上記の重加算税制度の趣旨に鑑みれば、架空名義の利用や資料の隠匿等の積極的な行為が存在したことまで必要であると解するのは相当でなく、納税者が、当初から所得を過少に申告すること、又は法定申告期限までに申告しないことを意図し、その意図を外部からもうかがい得る特段の行動をした上、その意図に基づく過少申告をし、又は法定申告期限までに申告をしなかったような場合には、上記重加算税の賦課要件が満たされるものと解すべきである。

(2) 本件各メモの記載の要旨

　イ　平成26年メモ

　　(イ)　平成26年メモのうち1枚には、1月から12月までの各月の右部に「1,156,000」から「3,187,000」までの各金額が、その下部に「計　22,410,000-」が、それぞれ記載され、さらにその下部には「12067164」と記載されている。

　　(ロ)　また、平成26年メモのうち1枚には、「接待代」、「工具代」、「ガソリン代」、「飲食」、「駐車場代」及び「ETC代」と記載の上、それぞれ金額が記載され、さらに上記各金額の合計額を矢印で示して「¥1905,618」（メモに記載のとおり）と記載されている。その下部には「支払い合計　¥（11,173,300）」と記載され、その左部には「11,173,300」にその8％相当額を加えた金額である「¥

12,067,164　税込」と記載された後に抹消された痕跡がある。そして、上記「¥1905,618」及び「支払い合計　¥（11,173,300）」がプラス記号により合算され、その結果が矢印の先に「¥13,078,918」と記載されている。

ロ　平成27年メモ

　　㈠　「年間のきゅうりょう　○○○○」と記載されている。

　　㈡　「飲食代」、「燃料代」、「接待代」、「ETC代」及び「道具代」と記載の上、それぞれ金額が記載されている。

ハ　平成28年メモ

　　㈠　平成28年メモのうち1枚には、「合　○○○○」と記載されている。

　　㈡　平成28年メモのうち2枚には、「飲食代」、「駐車・タクシー」、「ガソリン代」、「接待代」、「工具、部品代」、「J（水）」などと記載の上、それぞれ金額が記載されている。

(3)　認定事実

　　請求人提出資料、原処分関係資料並びに当審判所の調査及び審理の結果によれば、以下の事実が認められる。

イ　請求人は、本件各年分の所得税等の確定申告に当たり、自ら又は請求人の子に指示して、申告の準備として収入金額や必要経費に関するメモを作成していた。

　　請求人は、本件各メモのうちその年分のメモを持参して、K税務署が開設した申告相談会場へ赴き、当該メモに記載された金額を収支内訳書のどの科目に記載するかなどを申告相談会場の担当職員に相談しながら、収支内訳書を作成して確定申告した。

　　上記(2)の本件各メモに記載された各支出に係るメモの金額（同イ㈡、ロ㈡及びハ㈡の各金額）は、平成26年分ないし平成28年分の各収支内訳書の「経費」欄の各科目にそれぞれ振り分けて記載されている。

　　また、上記(2)ロ㈠及びハ㈠の金額（平成27年分は、千円未満の端数切捨て）は、平成27年分及び平成28年分の各収支内訳書の「売上（収入）金額」欄にそれぞれ記載されている。

ロ　平成25年分の本件受注先に係る収入金額は、○○○○円であった。

　　また、平成26年分における請求人の収入金額のうち、本件受注先からの各月の入金額の状況は、別表4の「入金額」欄のとおりであり、その他同年中に本件受

注先以外の複数の受注先からの約○○○○円の収入金額があった。

(4) 検討

イ 所得税等について

(イ) 平成26年分、平成27年分及び平成28年分について

A 請求人は、平成26年分、平成27年分及び平成28年分の3年分にわたり、収入金額について、別表2の「②割合」欄のとおり、修正申告に係る収入金額の約22.2％から約35.3％までしか申告せず、また、収入金額から本件外注費の額を差し引いた金額（同表「④差引金額」欄）をみた場合であっても、同表の「⑤割合」欄のとおり、修正申告に係る差引金額の約43.6％から約66.6％までの申告にとどまるものであり、多額の所得を継続的に過少に申告していたことが認められる。

このことは、次に述べる本件各メモの記載の状況とあいまって、当初から所得を過少に申告する意図があったと認められるものである。

B すなわち、請求人は、上記1(3)ニのとおり、自ら本件出面帳を基に受注先に対する各月の請求金額を計算して請求書を発行し、また、収入金額が振り込まれる唯一の口座である本件口座の預金通帳を自ら管理し、かつ、月に一回程度はその通帳に記帳をしていたこと、他方、上記1(3)ハ及びへのとおり、請求人は、本件出面帳に、作業に従事した者の氏名又は略称、人工の数、請求人が本件各外注先に対して支払う対価の額（外注先別の各月の合計額）などを記載するとともに、本件各外注先から受領した請求書に基づいて本件外注費を支払っていたことが認められ、これらの事実からすると、請求人は、本件事業に係る収入金額及び本件外注費のおおよその金額を認識していたものと認められる。

そして、平成26年メモの記載事項をみると、上記(2)イ(イ)の月ごとに記載された金額（別表4の「平成26年メモ」欄）が、本件受注先からの各月の入金額（別表4の「入金額」欄）とほぼ合致しているから、平成26年メモに記載された各月の金額及びその下部に記載された金額は、複数ある受注先のうち、本件受注先からの各月の入金額及び集計金額を記載したものと認められる。また、上記(2)イ(ロ)のとおり、平成26年メモに「支払い合計　¥（11,173,300）」として記載されている金額は、上記(3)イのとおり、これが平成26年分の必要

経費として申告された各科目とともにその合計額が記載され、また、平成26年分の本件外注費の額（11,657,800円）に近似していることからすれば、請求人が当該メモの作成当時において、同年分の本件外注費の額として算出していた金額であると認められる。請求人は、申告の準備段階において、上記のような集計金額及び算出金額を記載したメモを作成しつつ、平成26年分の収支内訳書の「売上（収入）金額」欄には、修正申告に係る収入金額である○○○○円を大幅に下回る「○○○○円」と記載し（上記1(4)イ、ロ、別表2の「平成26年分」の「①収入金額」欄の「確定申告」欄及び「修正申告」欄）、「経費」の各欄に本件外注費を含まない必要経費の額を記載して、所得金額を少なく偽った当該収支内訳書を作成した上、それに基づく確定申告をしたことが認められる。

C　さらに、請求人は、上記Bのとおり、本件事業に係る収入金額及び本件外注費の額を認識しつつも、その後の平成27年分及び平成28年分の申告の準備段階において、本件外注費以外の各支出の額及び修正申告に係る収入金額とは全く異なる「年間のきゅうりょう　○○○○」及び「合　○○○○」を申告すべき収入金額であるとして平成27年メモ及び平成28年メモに記載した上（上記(2)ロ(イ)及びハ(イ)）、これらのメモに基づいて平成27年分及び平成28年分の各収支内訳書の「売上（収入）金額」及び「経費」の各欄にそれぞれ金額を記載し（上記(3)イ）、所得金額を大幅に少なく偽った収支内訳書を作成して、各確定申告をしたことが認められる。

D　以上のとおり、請求人は、正当に申告すべき収入金額及び本件外注費の額を認識した上で、少なくとも3年間にわたり、真実の所得金額よりも大幅に少なく偽った所得金額を申告する目的で、そのためのメモを作成した上で申告相談会場に赴き、そのメモに基づいて所得金額を大幅に偽った収支内訳書を作成して過少申告行為を継続的に行っていたものである。これらの一連の行為は、請求人が、当初から所得を過少に申告する意図を有し、その意図を外部からもうかがい得る特段の行動と評価することができる。

(ロ)　平成25年分について

　　請求人は、上記(3)イのとおり、平成25年分の確定申告に当たり、申告のために収入金額や必要経費に関するメモを作成していたと認められるものの、当該

— 27 —

メモが把握されていないためその記載内容は明らかでない。そして、別表2のとおり、平成25年分において確定申告された収入金額（○○○○円）をみると、上記(3)ロのとおり、その金額が本件受注先からの収入金額（○○○○円）に近似するものの、それであるとは明らかでなく、また、修正申告に係る収入金額と申告金額との差額も平成26年分ないし平成28年分に比べると大きいとはいえない。また、本件外注費の額については、平成26年分ないし平成28年分と異なり、平成25年分の収支内訳書の「給料賃金」欄に記載されていることからすると、その過少申告の形態がそれ以後の年分と同様であったとまではいえない。

そうすると、平成25年分は、請求人が、過少申告する意図を有し、その意図を外部からもうかがい得る特段の行動があったとまで認めることはできない。

また、その他に、請求人に重加算税の賦課要件を満たす隠蔽又は仮装の行為と評価される行為があったとは認められない（なお、原処分庁は、本件各提示書類以外の必要経費の領収証等を散逸するに任せていた旨を隠蔽又は仮装の事実として主張しているが、上記1(3)トのとおり、請求人は、本件調査において平成25年分以前の必要経費に関する資料を提示しているから、散逸するに任せていたとはいえない。）。

(ハ) 小括

以上のとおり、請求人の平成26年分、平成27年分及び平成28年分の所得税等について、通則法第68条第1項に規定する重加算税の賦課要件を満たし、平成25年分の所得税等については、これを満たさないというべきである。

ロ 消費税等について

請求人は、平成26年課税期間、平成27年課税期間及び平成28年課税期間の各課税期間の期限後申告による消費税等の額のうち、平成26年分、平成27年分及び平成28年分の所得税等の各確定申告における収入金額及び必要経費の額に基づき計算した消費税等の額を超える部分については、上記イ(イ)のとおり、正当に申告すべき収入金額及び本件外注費の額を認識した上で、連年にわたり真実の所得金額を過少に申告し、申告の準備段階においてそのためのメモを作成していることから、当初から法定申告期限までに申告しないことを意図し、その意図を外部からもうかがい得る特段の行動をした上、その意図に基づき法定申告期限までに申告しなかったといえるから、当該部分については、通則法第68条第2項に規定する

重加算税の賦課要件を満たしているというべきである。

　一方、平成25年課税期間については、上記イ(ロ)のとおり、作成されたメモの記載内容は明らかではないところ、当初から法定申告期限までに申告しないことの意図を外部からもうかがい得る特段の行動があったとまで認めることはできず、その他に、請求人に重加算税の賦課要件を満たす隠蔽又は仮装の行為と評価される行為があったとは認められないことから、通則法第68条第2項に規定する重加算税の賦課要件を満たさない。

ハ　請求人の主張について

　請求人は、本件各外注先が外注先であるという認識がなく、本件外注費の額に相当する金額が請求人の収入金額を構成しないと考えていたのであるから、「隠蔽し、又は仮装し」た事実はない旨主張する。

　しかしながら、請求人は、上記(2)イ(ロ)のとおり、平成26年メモにおいて、外注費の額として算出した「11,173,300」とその他の必要経費の額として算出した「1905,618」とを合算して「￥13,078,918」と記載しているところ、本件外注費の額に相当する金額が自己の収入金額を構成しないとする請求人の主張に立てば、このように、平成26年分の必要経費について本件外注費の額を含む総額を認識した上で請求人の収入金額を構成することを前提とする計算は不要であり、逆に、当該メモの記載内容からすると、請求人は本件外注費の額に相当する収入金額及び本件外注費を自己の収入金額及び必要経費と認識していたものと解される。したがって、請求人の主張には理由がない。

　なお、請求人の平成26年分ないし平成28年分の各申告をみると、請求人の上記主張のとおり本件外注費の額に相当する金額が請求人の収入金額を構成しないと考えたとしても別表2の各「修正申告」欄の「④差引金額」欄の金額を収入金額として申告するはずであるところ、請求人は、各年分とも、当該各金額を大幅に下回る金額を収入金額として申告していることに加え、そのうち平成26年分については、平成26年メモのうち1枚において、上記(3)ロのとおり、本件受注先以外の複数の受注先からの約○○○○円の収入金額があるにもかかわらず、これを含めずに本件受注先からの入金額のみを集計した金額を記載した上で、別表2の平成26年分の「確定申告」欄の「①収入金額」欄のとおり、当該金額とも異なる金額を収支内訳書に記載している。これらのことからすると、本件外注費の額に相

当する金額が自己の収入金額を構成するか否かにかかわらず、過少申告の意図を有し、その意図に基づき本件各メモ及び各収支内訳書を作成したものといえる。

(5) 原処分の適法性について

イ 平成25年分の所得税等に係る重加算税の賦課決定処分（上記1(4)チの変更決定処分後のもの）

上記(4)イ(ロ)のとおり、平成25年分の所得税等については、通則法第68条第1項に規定する重加算税の賦課要件を満たさない。

他方、標記の賦課決定処分は、通則法第65条第1項所定の要件を充足するところ、同年分の修正申告に基づき納付すべき税額（上記1(4)チの更正処分後のもの）の計算の基礎となった事実が、修正申告前の税額の基礎とされなかったことについて、同条第4項に規定する「正当な理由」があるとは認められない。

そして、平成25年分の所得税等に係る過少申告加算税の額については、その計算の基礎となる金額及び計算方法につき請求人は争わず、当審判所において同年分の所得税等に係る過少申告加算税の額を計算すると、○○○○円となる。

したがって、標記の賦課決定処分のうち過少申告加算税相当額○○○○円を超える部分は違法である。

ロ 平成26年分、平成27年分及び平成28年分の所得税等に係る重加算税の各賦課決定処分（いずれも上記1(4)チの変更決定処分後のもの）

上記(4)イ(イ)のとおり、標記の各年分の所得税等については、通則法第68条第1項に規定する重加算税の賦課要件を満たす。

そして、標記の各年分の所得税等に係る重加算税の額については、その計算の基礎となる金額及び計算方法につき請求人は争わず、当審判所において標記の各年分の重加算税の額を計算すると、標記の各賦課決定処分の額といずれも同額であると認められる。

したがって、標記の各賦課決定処分は、いずれも適法である。

ハ 平成25年課税期間の消費税等に係る重加算税の賦課決定処分（上記1(4)への再調査決定後のもの）

上記(4)ロのとおり、平成25年課税期間の消費税等については、通則法第68条第2項に規定する重加算税の賦課要件を満たさない。

他方、標記の賦課決定処分は、通則法第66条第1項所定の要件を充足するとこ

ろ、期限内申告書の提出がなかったことについて、同項に規定する「正当な理由」があるとは認められない。

そして、平成25年課税期間の消費税等に係る無申告加算税の額については、その計算の基礎となる金額及び計算方法につき請求人は争わず、当審判所において平成25年課税期間の消費税等に係る無申告加算税の額を計算すると、○○○○円となる。

したがって、標記の賦課決定処分のうち無申告加算税相当額○○○○円を超える部分は違法である。

ニ　平成26年課税期間、平成27年課税期間及び平成28年課税期間の消費税等に係る重加算税の各賦課決定処分（いずれも上記1(4)への再調査決定後のもの）

上記(4)ロのとおり、標記の各課税期間の消費税等については、通則法第68条第2項に規定する重加算税の賦課要件を満たす。

そして、標記の各課税期間の消費税等に係る重加算税の額については、その計算の基礎となる金額及び計算方法につき請求人は争わず、当審判所において標記の各課税期間の重加算税の額を計算すると、標記の各賦課決定処分の額といずれも同額であると認められる。

したがって、標記の各賦課決定処分は、いずれも適法である。

(6)　結論

よって、審査請求には理由があるから、原処分の一部を取り消すこととする。

別表1　審査請求に至る経緯（所得税及び所得税等）（省略）

別表2　収入金額及び本件外注費の額（省略）

別表3　審査請求に至る経緯（消費税等）（省略）

別表4　本件受注先からの平成26年の各月の入金額等の状況（省略）

別紙1　取消額等計算書（省略）

別紙2　取消額等計算書（省略）

事例3 （重加算税　隠ぺい、仮装の認定　認めなかった事例）

個人名義のクレジットカードにより支払われた飲食店等に対する支出について、請求人代表者の個人的な飲食等にかかる金額であるとは言い切れないから、請求人に仮装をした事実は認められないとして、重加算税の賦課決定処分を取り消した事例（①平成25年7月1日から平成26年6月30日まで、平成26年7月1日から平成27年6月30日まで及び平成27年7月1日から平成28年6月30日までの各事業年度の法人税に係る重加算税の各賦課決定処分、②平成25年7月1日から平成26年6月30日までの課税事業年度の復興特別法人税に係る重加算税の賦課決定処分、③平成27年7月1日から平成28年6月30日までの課税事業年度の地方法人税に係る重加算税の賦課決定処分、④平成25年7月1日から平成26年6月30日まで、平成26年7月1日から平成27年6月30日まで及び平成27年7月1日から平成28年6月30日までの各課税期間の消費税及び地方消費税に係る重加算税の各賦課決定処分、①②④一部取消し③全部取消し・平成30年9月21日裁決）

《ポイント》

　本事例は、請求人会社の代表取締役がその個人名義のクレジットカード等を用いて、飲食店で飲食したことについて、原処分庁の職員の調査を受けて、交際費勘定等に計上した費用は損金の額に算入されないなどとして法人税等の修正申告を提出したところ、原処分庁は、当該費用は代表取締役の個人的な飲食等の費用であることを認識しながら損金の額に算入したという隠ぺい又は仮装の事実があったとして法人税等の重加算税の賦課決定処分をしたことについて、代表者がそのような認識をしていたとは認められないことを理由として、重加算税の賦課決定処分を取り消したものである。

《要旨》

　原処分庁は、請求人が交際費勘定等（本件費用勘定）に計上し、損金の額に算入していた飲食等代金（本件飲食等代金）について、請求人の代表者（本件代表者）が、本件飲食等代金は請求人の業務に関連するものではなく、本件代表者が一人で飲食したものや知人との飲食に係るものである上、個人で飲食等をした代金であると申述（本件申述）していることから、請求人は、本件飲食等代金が費用として計上できないものと認

識しながら、その全部又は一部を損金の額に算入し、そのことが隠蔽又は仮装の事実に該当する旨主張する。

　しかしながら、本件申述は、本件飲食等代金について概括的に述べたものであり、個々の支出について言及したものではなく、具体性が乏しい上、その内容を裏付ける客観的証拠は認められず、また、本件代表者が、本件飲食等代金が個人的な飲食等に係る金額であることを認識しながら、当該金額を本件費用勘定に計上したとする仮装の事実が認めるに足りる証拠もないことからすれば、本件飲食等代金を本件費用勘定に計上したことに隠蔽又は仮装の事実は認められない。

《参照条文等》
　国税通則法第68条第1項

（平成30年9月21日裁決）

《裁決書（抄）》

1 事　実

　(1)　事案の概要

　　　本件は、審査請求人（以下「請求人」という。）が、原処分庁所属の職員の調査
　　を受け、交際費勘定等に計上した費用は損金の額に算入されないなどとして法人税
　　等の修正申告書を提出したところ、原処分庁が、当該費用については、請求人の代
　　表取締役の個人的な飲食等の費用を損金の額に算入したという隠ぺい又は仮装の事
　　実があったなどとして法人税等に係る重加算税の賦課決定処分をしたのに対し、請
　　求人が、隠ぺい又は仮装の事実はないとして、原処分の一部の取消しを求めた事案
　　である。

　(2)　関係法令

　　　国税通則法（平成28年法律第15号による改正前のものをいい、以下「通則法」と
　　いう。）第68条《重加算税》第1項は、通則法第65条《過少申告加算税》第1項の
　　規定に該当する場合において、納税者がその国税の課税標準等又は税額等の計算の
　　基礎となるべき事実の全部又は一部を隠ぺいし、又は仮装し、その隠ぺいし、又は
　　仮装したところに基づき納税申告書を提出していたときは、当該納税者に対し、政
　　令で定めるところにより、過少申告加算税の額の計算の基礎となるべき税額に係る
　　過少申告加算税に代え、当該基礎となるべき税額に100分の35の割合を乗じて計算
　　した金額に相当する重加算税を課する旨規定している。

　(3)　基礎事実及び審査請求に至る経緯

　　　当審判所の調査及び審理の結果によれば、以下の事実が認められる。

　　イ　請求人は、平成20年7月○日に設立された、宣伝、広告の企画、制作等及び飲
　　　食店の企画、経営等を目的とする法人である。

　　ロ　請求人は、平成25年7月1日から平成26年6月30日まで、平成26年7月1日か
　　　ら平成27年6月30日まで及び平成27年7月1日から平成28年6月30日までの各事
　　　業年度（以下、順次「平成26年6月期」、「平成27年6月期」及び「平成28年6月
　　　期」といい、これらを併せて「本件各事業年度」という。）の総勘定元帳におい
　　　て、別表1の「勘定科目」欄記載の各勘定科目（以下「本件各費用勘定」とい
　　　う。）に、同表の「計上金額」欄記載の各金額を計上した。

— 35 —

なお、請求人は、請求人が行う取引に係る消費税及び地方消費税（以下「消費税等」という。）の経理処理については、平成26年6月期及び平成27年6月期は税抜経理方式を、平成28年6月期は税込経理方式を、それぞれ採用していた。

ハ　請求人は、本件各事業年度の法人税、平成25年7月1日から平成26年6月30日までの課税事業年度（以下「平成26年6月課税事業年度」という。）の復興特別法人税及び平成27年7月1日から平成28年6月30日までの課税事業年度（以下「平成28年6月課税事業年度」という。）の地方法人税について、青色の確定申告書又は申告書にそれぞれ別表2及び別表4の各「確定申告」欄又は別表3の「申告」欄のとおり記載して、いずれも法定申告期限までに申告した。

　また、請求人は、平成25年7月1日から平成26年6月30日まで、平成26年7月1日から平成27年6月30日まで及び平成27年7月1日から平成28年6月30日までの各課税期間（以下、順次「平成26年6月課税期間」、「平成27年6月課税期間」及び「平成28年6月課税期間」といい、これらを併せて「本件各課税期間」という。）の消費税等について、確定申告書に別表5の「確定申告」欄のとおり記載し、いずれも法定申告期限までに申告した。

ニ　原処分庁所属の調査担当職員（以下「本件調査担当職員」という。）は、請求人に対する法人税等に関する実地の調査において、別表1の「計上金額」欄記載の各金額のうち、現金、銀行振込又は請求人の代表取締役であるE（以下「E代表」という。）の個人名義の複数のクレジットカード（以下「本件各カード」という。）の利用により支払われた飲食店等に対する支出で、同表の「飲食等の代金」欄記載の各金額（以下「本件各飲食等代金」という。）については、E代表の個人的な飲食等に係る金額であり、請求人の本件各事業年度の損金の額に算入されず、また、本件各飲食等代金（税抜経理方式を採用している課税期間については消費税等相当額との合計額）は本件各課税期間の課税仕入れに係る支払対価の額には該当しないことを指摘した。

ホ　請求人は、上記ニの指摘を受けて、平成29年5月15日に、別表2ないし別表5の各「修正申告」欄のとおりとする各修正申告書を提出した。

　なお、本件各事業年度の法人税に係る各修正申告書（以下「本件法人税各修正申告書」という。）には、次の内容が記載されている。

（イ）　本件法人税各修正申告書に添付された別表四「所得の金額の計算に関する明

細書（次葉）」の「加算」項目の「総額」欄に、本件各飲食等代金が記載された上で、別表五（一）「利益積立金額及び資本等の額の計算に関する明細書」の「貸付金」項目の「当期の増減」の「増」欄に、本件各飲食等代金（税抜経理方式を採用している事業年度については消費税等相当額との合計額）が記載されている。

(ロ) 本件法人税各修正申告書に添付された別表四「所得の金額の計算に関する明細書（次葉）」の「加算」項目の「総額」欄に、「受取利息計上もれ」として次の金額が記載されている。

A 平成26年6月期 ○○○○円

B 平成27年6月期 ○○○○円

C 平成28年6月期 ○○○○円

ヘ 請求人は、平成29年5月18日付で、E代表との間で、要旨次の内容の金銭消費貸借契約書（以下「本件金銭消費貸借契約書」という。）を作成した。

(イ) 請求人は、次の合計金額○○○○円をE代表に貸し渡し、E代表は確かにこれを借り受け受領した。

平成26年6月30日 金○○○○円

平成27年6月30日 金○○○○円

平成28年6月30日 金○○○○円

(ロ) E代表は、上記金員を平成30年6月30日に返済する。

ト 原処分庁は、平成29年5月31日付で、別表2ないし別表5の各「賦課決定処分」欄のとおり、本件各事業年度の法人税、平成26年6月課税事業年度の復興特別法人税、平成28年6月課税事業年度の地方法人税及び本件各課税期間の消費税等につき、それぞれに係る重加算税の各賦課決定処分（以下「本件各賦課決定処分」という。）をした。

チ 請求人は、本件各賦課決定処分を不服として、平成29年6月19日に再調査の請求をしたところ、再調査審理庁は、同年9月28日付でいずれも棄却の再調査決定をした。

リ 請求人は、再調査決定を経た後の本件各賦課決定処分に不服があるとして、平成29年10月24日に審査請求をした。

2 争 点

通則法第68条第1項に規定する隠ぺい又は仮装の事実はあるか否か。

3 争点についての主張

原処分庁	請求人
次のとおり、請求人には、隠ぺい又は仮装の事実があった。	次のとおり、請求人には、隠ぺい又は仮装に該当する事実はない。
(1) 請求人は、本件各飲食等代金について損金の額に算入されないとして所得の金額に加算し、また、本件各飲食等代金（消費税等を含んだ金額）を課税仕入れに係る支払対価の額から除いて法人税、復興特別法人税、地方法人税及び消費税等に係る修正申告書を提出しているところ、E代表は、E代表の個人名義のカードである本件各カードの利用明細書に記載のある飲食等の代金はE代表が利用したクラブやレストランの飲食等の代金を決済したものであり、平成25年7月以降は請求人の業務に関連するものではなく、E代表が個人で飲食等をした代金であると申述するとともに、請求人の取引先と利用することはなく、E代表が1人で行ったものや知人と利用したものである旨申述している。	(1) 原処分庁は、請求人が支出した交際費等のうち、E代表の個人名義のカードである本件各カードで決済したものを、E代表1人で飲食したものであるからとの理由で、請求人の業務に関連するものではないとして全額を個人的な飲食等の代金と認定しているところ、本件各カードで決済したのは、請求人名義のクレジットカードを作成していないためであり、また、1人で飲食したとあるが、大部分は取引先との飲食であり、1人分の飲食についても飲食店で得意先と同席して自分の分のみ負担したものや得意先の飲食店を利用しての1人での飲食であり、全て請求人の費用である。
また、本件各カードの利用明細書に記載のある「G店」の平成26年1月から同年6月まで及び平成28年1月から同年6月までのE代表の利用状況においては、E代表のみ又は2名で利用していることが認められる。	原処分庁が平成25年7月以降に本件各カード等で決済した本件各飲食等代金の全てを法人の業務に関連するものではないとしている根拠は、「請求人の取引先と利用することはなく、私が一人で行ったものや知人と利用したものである。」というE代表の申述のみであり、原処分庁は、当該申述のみに固執して事実確認を十分に行っていない。

以上のことからすると、E代表は、本件各飲食等代金については、その全てがE代表個人で利用したものに係る支出の額であり、請求人の費用として計上できないものであると認識しながら、請求人の経理担当者に指示して、本件各飲食等代金を本件各費用勘定に請求人の費用として計上して、その金額の全部又は一部を損金の額に算入するとともに、本件各飲食等代金（消費税等を含んだ金額）を本件各課税期間の課税仕入れに係る支払対価の額に含めていたと認められる。

(2)　請求人は、本件法人税各修正申告書において、本件各飲食等代金について損金の額に算入されないとして所得の金額に加算するとともに、これと同額の貸付金の額を記載した上で、当該貸付金に係る受取利息の額を所得の金額に加算しているところ、請求人とE代表は、当該貸付金と同額をE代表に貸し渡し、E代表は確かにこれを借り受け受領した旨の記載がある本件金銭消費貸借契約書を作成したことからすると、請求人とE代表は、本件各飲食等代金を基礎として算出された金額を請求人からE代表に対する貸付金とすることに合意していたものと認められる。

　そうすると、当該合意により、本件各事業年度において、総勘定元帳等に記載

(2)　上記(1)のとおり、本件各飲食等代金は、全て請求人の費用であり、E代表に対する貸付金は発生しないことから、当該貸付金に係る受取利息も発生しない。

されていない当該貸付金（資産）から生	
じた利息収入について、本件各事業年度	
の総勘定元帳等の帳簿にいずれも記載し	
なかったと認められる。	

4　当審判所の判断

(1)　法令解釈

　　通則法第68条に規定する重加算税は、納税者がその国税の課税標準等又は税額等の計算の基礎となる事実の全部又は一部を隠ぺいし、又は仮装し、その隠ぺい、又は仮装したところに基づき納税申告書を提出しているときに課されるものである。ここでいう「事実を隠ぺいする」とは、課税標準等又は税額等の計算の基礎となる事実について、これを隠ぺいし又は故意に脱漏することをいい、また、「事実を仮装する」とは、所得、財産あるいは取引上の名義等に関し、あたかも、それが真実であるかのように装う等、故意に事実をわい曲することをいうものと解するのが相当である。

(2)　認定事実

　　請求人提出資料、原処分関係資料並びに当審判所の調査及び審理の結果によれば、以下の事実が認められる。

イ　「G店」の利用状況について

　　本件調査担当職員は、本件各カードの利用明細書に記載された飲食店等のうち、「G店」を経営しているH社の事務所へ平成29年3月21日に臨場し、同社に保管されていた「御勘定明細書」を確認したところ、平成26年1月23日から同年6月12日までの期間及び平成28年1月14日から同年6月13日までの期間における当該「御勘定明細書」のうち、「氏名」欄に「E」と記載があるものが16件あり、このうち、「人数」欄に「1名」と記載があるものが14件、「2名」と記載があるものが2件あった。

ロ　「J店」の利用状況について

　　再調査審理庁所属の職員は、本件各カードの利用明細書に記載された飲食店等である「J店」を経営しているK社の事務所へ平成29年8月24日に臨場し、同社に保管されていた「御勘定明細書」を確認したところ、平成27年7月2日から平

成28年６月14日までの期間における当該「御勘定明細書」のうち、「得意先」欄に「Ｅ」と記載がある「御勘定明細書」が８件あり、その「人数」欄には、全て複数の人数が記載されていた。

ハ　Ｅ代表の日程表について

　　請求人が平成29年12月14日に当審判所に提出した本件各事業年度に係るＥ代表の日程表には、時刻の記載とともに「Ｌ」と記載がある日が認められ、当該記載のある日のうちに、本件各カードの利用明細書において本件各飲食等代金に係る支出をしていることが確認できる日がある。

ニ　本件各飲食等代金について

　　本件各事業年度の総勘定元帳において、本件各飲食等代金に係る飲食等の相手方又は当該飲食等の目的等の記載はなく、当審判所の調査においても、これらの点を明らかにする資料等は認められなかった。

(3)　Ｅ代表の申述等について

イ　Ｅ代表の申述

　　Ｅ代表は、平成29年４月６日、本件調査担当職員に対し、本件各カードは、以前は売上先の接待等で利用した際の決済に使っていたが、平成25年７月以降の利用分については請求人の業務に関連するものではなく、Ｅ代表が個人で利用した飲食代等であり、請求人の取引先と利用することはなく、Ｅ代表が１人で行ったものや知人と利用したものである旨申述し、その旨を記載した同日付の質問応答記録書（以下「本件記録書」という。）に署名及び押印した。また、本件調査担当職員が作成した平成29年４月６日付調査報告書には、Ｅ代表は、本件調査担当職員に対し、総勘定元帳に計上された現金支払の飲食代金等も個人的費用であると申述した旨記載されている。

ロ　Ｅ代表の答述

　　Ｅ代表は、平成30年１月25日、当審判所に対し、本件記録書は内容が全く違う旨本件調査担当職員に対し反論したが、当時の顧問税理士からもサインするように言われて署名及び押印したもので、その内容は全て真実に反しており、実際には、本件各飲食等代金は、個人的な飲食等に係る金額ではなく全て交際費である旨答述した。

ハ　請求人の取引先の従業員の答述

請求人の取引先の一つであるM社の従業員であるL（以下「L氏」という。）
は、平成30年4月11日、当審判所に対し、E代表とは業務上の必要から面識があ
り、E代表と飲食し、その際にE代表が代金を支払ったことが何度かある旨答述
した。

(4) 検討

イ 本件各飲食等代金について

(イ) 「G店」の利用状況について

上記(2)のイのとおり、「G店」の「御勘定明細書」のうち、「人数」欄に「1
名」と記載があるものが14件認められるものの、その利用の目的・態様は明ら
かではなく、当該店舗の全ての利用がE代表の個人的な飲食等であることを裏
付ける証拠は認められない。そうすると、「G店」の利用状況をもって、本件
各飲食等代金について、その全てがE代表の個人的な飲食等に係る金額である
と認めるには足りない。

(ロ) 「J店」の利用状況について

再調査審理庁所属の職員が「J店」において確認した上記(2)のロの事実は、
そもそも当該店舗の利用がE代表の個人的な飲食等であることを推認させるも
のではない。

(ハ) L氏との飲食等について

上記(3)のハのとおり、L氏は、当審判所に対し、E代表と共に飲食を行って
いる旨答述し、かつ、上記(2)のハのE代表の日程表に「L」と記載がある日に、
本件各カードの利用明細書において本件各飲食等代金に係る支出をしている日
がある。そうすると、本件各飲食等代金の中には、E代表が請求人の取引先の
従業員であるL氏と共に飲食等を行ったものが含まれていると推認される。当
該飲食等がどのような目的・態様で行われたか等については明らかではないも
のの、少なくとも当該飲食等について、E代表が、請求人の事業に関係のある
者との飲食等ではなく個人的な飲食等であると認識していたとは認め難い。

(ニ) E代表の申述及び答述について

E代表は、本件調査担当職員に対し、上記(3)のイのとおり、平成25年7月以
降の本件各カードの利用による飲食代の全てが個人的な飲食代である旨申述し
ているが、当該申述の内容は、本件各飲食等代金について概括的に述べたもの

— 42 —

であり、個々の支出について言及したものではなく、具体性が乏しい上、上記
(イ)ないし(ハ)のとおり、その内容を裏付ける客観的証拠は認められない。そして、
E代表は、当審判所に対し、上記(3)のロのとおり、本件記録書に署名及び押印
したものの、その内容は全て真実に反しており、本件各飲食等代金は、個人的
な飲食等に係る金額ではなく全て交際費である旨答述している。

　　上記(2)のニのとおり、本件各飲食等代金の全てについて請求人の交際費であ
ることを明らかにする証拠書類等はないことから、当審判所において本件各飲
食等代金は全て交際費であるとの認定はできないものの、同(2)のロの「J店」
の利用状況や、上記(ハ)のL氏との飲食等の状況などからすると、E代表の答述
を直ちに信用性を欠くものとして排斥できない。

(ホ)　結論

　　以上の事実のほか、その他の証拠及び当審判所の調査によっても、本件各飲
食等代金の全てについてE代表の個人的な飲食等に係る金額であることを推認
させるに足りる証拠はない。また、本件各飲食等代金の全てについて、E代表
が個人的な飲食等に係る金額であることを認識しながら、請求人の本件各事業
年度の総勘定元帳の本件各費用勘定に計上したとする仮装の事実を認めるに足
りる証拠もないことからすれば、本件各飲食等代金の全てについて、個人的な
費用であることをE代表が認識しながら本件各費用勘定に請求人の費用として
計上したとは認められない。したがって、本件各飲食等代金について、通則法
第68条第1項に規定するところの隠ぺい又は仮装の事実は認められない。

ロ　受取利息について

　　上記1の(3)のホ及びへのとおり、請求人とE代表との間において、本件各飲食
等代金を基礎として算出された金額を請求人からE代表に対する貸付金とする旨
の合意があり、本件金銭消費貸借契約書が作成されたことが認められる。しかし
ながら、上記イのとおり、当該貸付金の発生の基因となる事実について、隠ぺい
又は仮装の行為があったとは認められないことからすれば、請求人が故意に当該
貸付金の計上を脱漏していたものとは認められない。したがって、当該貸付金に
係る利息についても、通則法第68条第1項に規定するところの隠ぺい又は仮装の
事実は認められない。

ハ　原処分庁の主張について

原処分庁は、①本件各カードがいずれもＥ代表の個人名義のカードであること、②Ｅ代表が、本件各飲食等代金は請求人の業務に関連するものではなく、Ｅ代表の個人的な飲食等に係る金額である旨申述していること及び③「Ｇ店」の利用状況を隠ぺい又は仮装の事実があったとする主張の根拠としている。

　しかしながら、本件各カードがＥ代表の個人名義のカードであることのみをもって、本件各飲食等代金はＥ代表の個人的な飲食等に係る金額であるとまではいえない。また、上記イの(ニ)のとおり、Ｅ代表の申述については、本件各飲食等代金について概括的に述べたものでその内容を裏付ける客観的証拠は認められず、その後のＥ代表の答述についても直ちに信用性を欠くものとして排斥できない。さらに、上記イの(イ)のとおり、「Ｇ店」の利用状況をもってして、当該店舗の全ての利用がＥ代表の個人的な飲食等であると認められる証拠とはならない。

　以上からすれば、原処分庁の主張は、隠ぺい又は仮装の事実が認められないとの上記イ及びロの認定を覆すものではない。

(5)　本件各事業年度の法人税に係る重加算税の各賦課決定処分の適法性について

　上記(4)のイの(ホ)及び同(4)のロのとおり、本件各事業年度において、請求人に隠ぺい又は仮装の事実があるとは認められず、通則法第68条第1項に規定する重加算税の賦課要件を満たしていない。他方、本件各事業年度の修正申告に基づき納付すべき税額の計算の基礎となった事実のうちに、その修正申告前の税額の計算の基礎とされていなかったことについて、請求人に通則法第65条第4項に規定する正当な理由があるとは認められない。

　以上のことから、本件各事業年度の法人税に係る重加算税の各賦課決定処分のうち、過少申告加算税相当額を超える部分の金額については、それぞれ違法であるから、いずれも別紙1ないし別紙3の「取消額等計算書」のとおり取り消すべきである。

　なお、本件各事業年度の法人税に係る重加算税の各賦課決定処分のその他の部分については、請求人は争わず、当審判所に提出された証拠資料等によっても、これを不相当とする理由は認められない。

(6)　平成26年6月課税事業年度の復興特別法人税に係る重加算税の賦課決定処分の適法性について

　上記(4)のイの(ホ)及び同(4)のロのとおり、平成26年6月課税事業年度において、請

求人に隠ぺい又は仮装の事実があるとは認められず、通則法第68条第1項に規定する重加算税の賦課要件を満たしていない。他方、平成26年6月課税事業年度の修正申告に基づき納付すべき税額の計算の基礎となった事実のうちに、その修正申告前の税額の計算の基礎とされていなかったことについて、請求人に通則法第65条第4項に規定する正当な理由があるとは認められない。

以上のことから、平成26年6月課税事業年度の復興特別法人税に係る重加算税の賦課決定処分のうち、過少申告加算税相当額を超える部分の金額については、違法であるか、別紙4の「取消額等計算書」のとおり取り消すべきである。

なお、平成26年6月課税事業年度の復興特別法人税に係る重加算税の賦課決定処分のその他の部分については、請求人は争わず、当審判所に提出された証拠資料等によっても、これを不相当とする理由は認められない。

(7) 平成28年6月課税事業年度の地方法人税に係る重加算税の賦課決定処分の適法性について

上記(4)のイの(ホ)及び同(4)のロのとおり、平成28年6月課税事業年度において、請求人に隠ぺい又は仮装の事実があるとは認められず、通則法第68条第1項に規定する重加算税の賦課要件を満たしていない。他方、平成28年6月課税事業年度の修正申告に基づき納付すべき税額の計算の基礎となった事実のうちに、その修正申告前の税額の計算の基礎とされていなかったことについて、請求人に通則法第65条第4項に規定する正当な理由があるとは認められない。

以上のことから、平成28年6月課税事業年度の地方法人税に係る重加算税の賦課決定処分のうち、過少申告加算税相当額を超える部分の金額については違法であるが、通則法第65条第1項の規定により過少申告加算税相当額を計算すると○○○○円になる。そして、通則法第119条《国税の確定金額の端数計算等》第4項の規定により、加算税の額が5,000円未満であるときは、その全額を切り捨てることとなるので、その全部を取り消すべきである。

(8) 本件各課税期間の消費税等に係る重加算税の各賦課決定処分の適法性について

上記(4)のイの(ホ)及び同(4)のロのとおり、本件各課税期間において、請求人に隠ぺい又は仮装の事実があるとは認められず、通則法第68条第1項に規定する重加算税の賦課要件を満たしていない。他方、本件各課税期間の修正申告に基づき納付すべき税額の計算の基礎となった事実のうちに、その修正申告前の税額の計算の基礎と

されていなかったことについて、請求人に通則法第65条第4項に規定する正当な理由があるとは認められない。

　以上のことから、本件各課税期間の消費税等に係る重加算税の各賦課決定処分のうち、過少申告加算税相当額を超える部分の金額については、それぞれ違法であるから、いずれも別紙5ないし別紙7の「取消額等計算書」のとおり取り消すべきである。

　なお、本件各課税期間の消費税等に係る重加算税の各賦課決定処分のその他の部分については、請求人は争わず、当審判所に提出された証拠資料等によっても、これを不相当とする理由は認められない。

(9)　結論

　よって、審査請求には理由があるから、原処分の一部を取り消すこととする。

別表1　本件各費用勘定の計上状況等（省略）

別表2　審査請求に至る経緯（法人税）（省略）

別表3　審査請求に至る経緯（復興特別法人税）（省略）

別表4　審査請求に至る経緯（地方法人税）（省略）

別表5　審査請求に至る経緯（消費税等）（省略）

別紙1　取消額等計算書（省略）

別紙2　取消額等計算書（省略）

別紙3　取消額等計算書（省略）

別紙4　取消額等計算書（省略）

別紙5　取消額等計算書（省略）

別紙6　取消額等計算書（省略）

別紙7　取消額等計算書（省略）

事例4 （重加算税　隠ぺい、仮装の認定　認めなかった事例）

当初から過少に申告することを意図し、その意図を外部からもうかがい得る特段の行動をしたとは認められないとして、**重加算税の賦課決定処分を取り消した事例**（平成24年分の所得税等に係る重加算税の賦課決定処分、平成25年分から平成28年分に係る所得税及び復興特別所得税に係る重加算税の各賦課決定処分、平成26年1月1日から平成26年12月31日まで、平成27年1月1日から平成27年12月31日まで及び平成28年1月1日から平成28年12月31日までの各課税期間の消費税及び地方消費税に係る重加算税の各賦課決定処分・一部取消し・平成31年4月9日裁決）

《ポイント》

　本事例は、請求人の意思によって提出されたと認められる内容虚偽の住民税申告書は1年分に限られ、また、請求人の電話答弁を虚偽であると評価することもできないことから、請求人が当初から過少に申告することを意図し、その意図を外部からうかがい得る特段の行動をしたと評価することはできないとしたものである。

《要旨》

　原処分庁は、個人で事業を営む請求人が、調査年分に係る所得税等及び消費税等の各確定申告書を各法定期限までに提出していなかったことについて、請求人が、確定申告の必要性を認識した上で、①自らの収入金額及び所得金額を零円とした虚偽の住民税申告書を提出したこと（本件各住民税申告）、及び②原処分庁の調査担当職員からの電話に対し、会社員である旨の虚偽の答弁をしたこと（本件電話答弁）は、請求人が、当初から所得税等の申告をしないことを意図し、その意図を外部からもうかがい得る特段の行動をしたと評価できるから、国税通則法第68条《重加算税》第2項に規定する「隠ぺいし、又は仮装し」に該当する旨主張する。

　しかしながら、本件各住民税申告のうち請求人の意思によって提出されたと認められるのは1年分にとどまるものであり、かつ、それが直接原処分庁に対してなされたものではないことから、仮に請求人が所得税等の確定申告の必要性を認識していたとしても、当該1年分の住民税の申告のみをもって、請求人が、当初から所得税等の申告をしないことを意図し、その意図を外部からもうかがい得る特段の行動をしたと評価することは

できない。また、本件電話答弁については、本件電話答弁時の状況からすれば、社会通念に照らして不合理ではなく、当時の請求人が給与を得ていた事実を併せ考えれば、請求人が、当初から所得税等の申告をしないことを意図し、その意図を外部からもうかがい得る特段の行動をしたと評価することはできない。さらに、原処分庁が作成した質問応答記録書の内容は、請求人の本件各住民税申告書の提出の動機に係る申述が不自然かつ不合理であり、重要な部分に関する解明が不足しているため信用できない。したがって、請求人に国税通則法第68条《重加算税》第２項に規定する「隠ぺいし、又は仮装し」と評価すべき行為があるとは認められない。

《参照条文等》

　国税通則法第68条第２項

《参考判決・裁決》

　最高裁平成７年４月28日第二小法廷判決（民集49巻４号1193頁）

（平成31年4月9日裁決）

《裁決書（抄）》

1 事　実

(1)　事案の概要

　　本件は、電気計装工事業を営む審査請求人（以下「請求人」という。）が、原処
　分庁所属の調査担当職員の調査を受けて、所得税等及び消費税等の各期限後申告を
　行ったところ、原処分庁が、当該各期限後申告について、それぞれ課税要件事実を
　隠蔽又は仮装したところに基づくものであるとして重加算税の賦課決定処分を行っ
　たのに対し、請求人が、隠蔽又は仮装の事実はないとして、原処分の一部の取消し
　を求めた事案である。

(2)　関係法令

　　国税通則法（平成28年法律第15号による改正前のもの。以下「通則法」という。）
　第68条《重加算税》第2項は、通則法第66条《無申告加算税》第1項の規定に該当
　する場合において、納税者がその国税の課税標準等又は税額等の計算の基礎となる
　べき事実の全部又は一部を隠ぺいし、又は仮装し、その隠ぺいし、又は仮装したと
　ころに基づき法定申告期限までに納税申告書を提出せず、又は法定申告期限後に納
　税申告書を提出していたときは、当該納税者に対し、政令で定めるところにより、
　無申告加算税の額の計算の基礎となるべき税額に係る無申告加算税に代え、当該基
　礎となるべき税額に100分の40の割合を乗じて計算した金額に相当する重加算税を
　課する旨規定している。

(3)　基礎事実

　　当審判所の調査及び審理の結果によれば、次の事実が認められる。

　イ　請求人の状況

　　(イ)　請求人は、電気計装工事業を営む個人事業主である（以下、請求人の事業を
　　　「本件事業」という。）。

　　(ロ)　請求人は、平成23年9月20日、当時の勤務先であるF社を退職した。

　　(ハ)　請求人は、平成27年ないし平成29年にG社から給与として収入を得ていた。

　ロ　請求人の市民税・県民税の申告の状況

　　(イ)　請求人の収入金額及び所得金額を○○○○円とする平成25年度の市民税・県
　　　民税申告書（以下「本件平成25年度住民税申告書」といい、市民税と県民税を

併せて「住民税」という。）が平成25年9月25日付でH市役所に提出された。

  ㈹ 請求人の収入金額及び所得金額を○○○○円とする平成26年度の住民税の申告書（以下「本件平成26年度住民税申告書」といい、本件平成25年度住民税申告書と併せて「本件各住民税申告書」という。）が平成26年8月28日付でH市役所に提出された。

 ハ 本件事業に係る会計帳簿等の状況

  ㈤ 請求人が、原処分庁所属の調査担当職員（以下「本件調査担当職員」という。）に対して提示したノートパソコン（以下「本件パソコン」という。）には、平成24年1月から平成28年12月までの本件事業に係る各月の受注先への請求金額、外注工賃等の支払金額及び当該請求金額と支払金額との差額が表示された集計表（以下「本件集計表」という。）のデータが保存されていた。

  ㈹ 本件パソコンには、本件事業について請求人が受注先へ送付するために作成した平成24年1月分から平成28年12月分までの工事代金請求書（以下「本件請求書」という。）のデータが保存されていた。

 ニ 本件調査担当職員による質問調査の状況

  ㈤ 本件調査担当職員は、平成29年12月19日、請求人に対して初めて電話連絡をした。その際、本件調査担当職員が自ら税務職員であることを伝えた上で、「個人で事業を行っていますか。」と質問したことに対し、請求人は、「会社員です。」と回答した。

  ㈹ 本件調査担当職員は、平成30年1月31日、請求人に対して、質問調査を行ったところ、請求人は、質問応答の要旨を記録した質問応答記録書（以下「本件質問応答記録書」という。）の問答末尾に署名指印するとともに、本件質問応答記録書の各ページに設けられた「確認印」欄に指印した。

⑷ 審査請求に至る経緯

 イ 請求人は、平成24年分の所得税、平成25年分ないし平成28年分の所得税及び復興特別所得税（以下「所得税等」といい、平成24年分ないし平成28年分を併せて「本件各年分」という。）並びに平成26年1月1日から平成26年12月31日まで、平成27年1月1日から平成27年12月31日まで及び平成28年1月1日から平成28年12月31日までの各課税期間（以下「本件各課税期間」という。）の消費税及び地方消費税（以下「消費税等」という。）の各確定申告書を法定申告期限までに提出

しなかった。

ロ　請求人は、本件調査担当職員の調査を受けて、平成30年2月9日に本件各年分の所得税等及び本件各課税期間の消費税等の各確定申告書に別表1及び別表2の「確定申告」欄のとおり記載して原処分庁に提出した。

ハ　原処分庁は、請求人が本件各年分の所得税等及び本件各課税期間の消費税等の各期限後申告について、それぞれ課税要件事実を隠蔽又は仮装したところに基づくものであるとして、平成30年2月28日付で、別表1及び別表2の「賦課決定処分」欄のとおり、無申告加算税及び重加算税の各賦課決定処分（以下、この重加算税の各賦課決定処分を「本件各賦課決定処分」という。）をした。

ニ　請求人は、原処分に不服があるとして、平成30年5月15日に審査請求をした。

2　争　点

(1)　本件各住民税申告書は、請求人の意思によって提出したものか否か（争点1）。

(2)　請求人に、通則法第68条第2項に規定する「隠ぺいし、又は仮装し」に該当する行為はあるか（争点2）。

3　争点についての主張

(1)　争点1（本件各住民税申告書は、請求人の意思によって提出したものか否か。）について

原処分庁	請求人
イ　本件平成25年度住民税申告書について 　請求人は、平成25年度の住民税の申告について、当時婚姻関係にあった元配偶者が行ったと思う旨申述していることから、元配偶者が当該申告を行ったものと推認される。 　なお、元配偶者の当該行為は、家族という関係からその行為を容易に認識することができ、その行為の是正や防止の措置を講ずることができたにもか	イ　本件平成25年度住民税申告書について 　請求人は、本件平成25年度住民税申告書を提出した記憶がなく、どのような経緯で提出されたものかは分からない。 　仮に当時婚姻関係にあった元配偶者が本件平成25年度住民税申告書を提出していたとしても、提出があったとされる時点では既に別居しており、元配偶者が勝手に提出した可能性がある。

かわらず、これを放置したものと認められることから、当該行為は、請求人本人の行為と同一視できると認められる。	
ロ　本件平成26年度住民税申告書について 　　請求人は、本件平成26年度住民税申告書を、請求人が提出した旨申述していることに加え、本件平成26年度住民税申告書に押印された印影は請求人のものであると認められる。	ロ　本件平成26年度住民税申告書について 　　請求人は、本件平成26年度住民税申告書について、その書面が提出されたことは否定しないが、自ら提出した記憶がなく、どのような経緯及び内容で提出されたかは分からない。
ハ　よって、本件各住民税申告書は、請求人の意思によって提出したものと認められる。	

(2)　争点2（請求人に、通則法第68条第2項に規定する「隠ぺいし、又は仮装し」に該当する行為はあるか。）について

原処分庁	請求人
請求人には、次のとおり、通則法第68条第2項に規定する「隠ぺいし、又は仮装し」に該当する行為がある。	請求人には、次のとおり、通則法第68条第2項に規定する「隠ぺいし、又は仮装し」に該当する行為はない。
イ　本件各住民税申告書について、請求人又は元配偶者は、収入金額及び所得金額を○○○○円とした虚偽の申告書を提出しており、当該行為は、次のロ及びハのことを考慮すると、当初から所得税等及び消費税等の納付を免れようとする請求人の意図を外部からもうかがい得る特段の行動と評価できるか	イ　請求人は、本件平成26年度住民税申告書を自ら提出した記憶がなく、どのような経緯及び内容で提出されたか不明であり、仮に本件平成26年度住民税申告書を請求人が提出したとしても、当該行為は「隠ぺいし、又は仮装し」に該当する行為ではない。

ら、「隠ぺいし、又は仮装し」に該当
する行為である。

ロ 本件質問応答記録書の内容は、本件
調査担当職員が請求人へ本件質問応答
記録書の読み聞かせを行い、内容に間
違いがないことを確認した上で、請求
人の署名及び指印を受けていることか
ら、信用性があるところ、請求人は、
本件各住民税申告書の提出について、
「利益があることがH市役所に知られ
ると税務署にも知られてしまい、住民
税以外に税務署にも税金を払うことに
なるのが嫌だった。」旨申述している。

ロ 本件質問応答記録書の内容は、正確
ではなく、更に請求人が申述していな
いことまで付け加えられており、事実
とは異なる。

また、本件質問応答記録書の訂正を
求めたが、応じられなかった。

よって、本件質問応答記録書には信
用性がない。

ハ 請求人は、本件パソコンを使用して
本件集計表を作成し、利益を把握して
いたこと、及び本件請求書を作成する
に当たっては、消費税等に関する知識
が不可欠であること、また、本件調査
担当職員に対して、「同業者が調査を
受けており、いずれ私も確定申告をし
なければならないという思いがあった
が、確定申告はしなかった。」旨申述
していることから、本件各年分の所得
税等及び本件各課税期間の消費税等に
ついて、確定申告の必要性を認識して
いた。

ハ 請求人が本件集計表を作成した目的
は、本件事業における請求及び支払を
正確に行うためであって、利益を把握
するためではないし、同業者に関して
話したことは、同業者が請求人との取
引で生じた税金の一部に負担義務があ
ると思い込み、支払ったという趣旨で
ある。

また、平成23年にF社を退職してか
ら、税に関して支払うべきものがある
なら通知があるだろうと考えていたた
め、確定申告の必要性の認識はなかっ
た。

ニ 請求人が、本件調査担当職員からの
電話で「個人で事業を行っています
か。」と質問されたのに対し、「会社員

ニ 本件電話答弁は、請求人自身、給与
収入を得ている会社員との認識であっ
たためであり、虚偽答弁ではない。

です。」と答えたこと（以下「本件電話答弁」という。）は、本件事業に係る収入を明らかにしない意図をもった虚偽答弁と認められ、当該行為からは本件事業に係る収入を明らかにしない意図を合理的に推認でき、当初から所得税等及び消費税等の納付を免れようとする請求人の意図を外部からもうかがい得る特段の行動と評価できるから、「隠ぺいし、又は仮装し」に該当する行為である。	

4　当審判所の判断

(1)　争点1（本件各住民税申告書は、請求人の意思によって提出したものか否か。）について

イ　認定事実

　　請求人提出資料、原処分関係資料並びに当審判所の調査及び審理の結果によれば、次の事実が認められる。

(イ)　本件平成25年度住民税申告書の署名欄には、手書きで「Ｄ１」と記載され、その横の押印欄には「Ｄ２」という、いわゆる三文判と思われる印影が存在する。

　　　そして、この署名欄の筆跡は、請求人や請求人の元配偶者の筆跡と明らかに異なっている。

(ロ)　他方、本件平成26年度住民税申告書の署名欄には、ワープロ等で印字されたと思われる文字で「Ｄ１」と記名され、その横の押印欄には、「Ｄ２」という印影が存在する。この印影は、平成30年1月4日付「預り証」と題する書面中の「預り証（交付用）を、確かに受領しました。」の確認印としての「Ｄ２」という印影、同年5月16日付「審査請求書」の「審査請求人」押印欄の押印部分の印影、同年9月14日付当審判所における「質問調書」の末尾の本人署名欄の押印部分の印影、並びに、同年8月22日付及び9月28日付「審査請求人意見

書の提出について」の「審査請求人」押印欄の押印部分の印影とそれぞれ一致すると認められる。

(ハ) 平成25年3月から平成26年2月までの間、本件事業に係る工事現場がe県f市であり、請求人は、当該工事現場の近隣に滞在していた。

ロ　検討

(イ) 本件平成25年度住民税申告書について

A　本件平成25年度住民税申告書は、上記イの(イ)のとおり、その押印欄に「D2」なる印影が押されているものの、容易に入手可能な三文判のような印鑑で押印されたものと認められる上、署名欄の「D1」なる手書きで記載された文字の筆跡は請求人の筆跡と明らかに相違していると認められる。

そして、請求人は、上記イの(ハ)のとおり、本件平成25年度住民税申告書の提出がされた平成25年9月25日を含めて前後約11か月にわたり、住所地であるa県b市g町から遠方であるe県f市内の工事現場の近隣に滞在していたことが常態であったと認められるから、請求人自身が本件平成25年度住民税申告書に押印をすること等が困難な事情があったと認められる。

また、当審判所の調査によっても、請求人が、その元配偶者を含めて請求人以外の者に対し、本件平成25年度住民税申告書への押印を指示するような委任をした事実を認めることはできず、ましてや本件平成25年度住民税申告書の提出を委任した事実を認めることもできない。

したがって、本件平成25年度住民税申告書は、請求人の意思による押印がされたものとは認められず、また、請求人の意思で提出したものと認めることもできない。

B　原処分庁は、本件平成25年度住民税申告書の作成及び提出を請求人の元配偶者が行ったものと認定した上で、元配偶者の当該提出行為は、請求人本人の行為と同一視できると認められる旨主張する。

原処分庁が本件平成25年度住民税申告書の提出を元配偶者が行ったものと主張する根拠は、請求人の本件質問応答記録書のみであるところ、本件質問応答記録書には「（平成25年9月）当時妻と結婚していましたので妻が行ったのだと思います。」との記載がされている。

しかしながら、元配偶者が当時、g町内に在住していたことは認められる

ものの、本件平成25年度住民税申告書の署名欄の筆跡は、元配偶者が自署した筆跡とも明らかに異なる上、元配偶者自身も審判所に対する答述において、本件平成25年度住民税申告書の作成や提出に関わったことを認めておらず、また、この答述内容を虚偽であると認めるに足りる証拠もない。

　　　したがって、元配偶者が本件平成25年度住民税申告書を作成及び提出したことを認めることができないから、原処分庁の主張には理由がない。

㈣　本件平成26年度住民税申告書について

　　　本件平成26年度住民税申告書の氏名欄には、上記イの㈣のとおり、「Ｄ１」とワープロ等で印字されたと思われる文字による記名がされ、その横の押印欄には「Ｄ２」という印影が存在する。

　　　そして、この印影は、請求人本人が自署し、かつ、自らが押印したと明らかに認められる審判所における質問調書の末尾の署名押印部分の印影、本件調査担当職員に対する預り証の受領確認部分の印影、審判所に対して提出された審査請求書や意見書などに押印された印影とそれぞれ一致することが認められることから、本件平成26年度住民税申告書の押印欄は、請求人の意思で押印されたものと強く推認される。

　　　また、請求人は、当審判所に対して、本件平成26年度住民税申告書について、その作成や提出をした記憶がないと言いつつも自ら提出した可能性も考えられる旨をも答述し、自らの意思で押印をした事実を明確に否定していないことを考えれば、本件平成26年度住民税申告書の押印部分は、請求人が自らの意思で押印したものと認められ、そうすると、請求人が自らの意思で本件平成26年度住民税申告書を作成したものと認められる。

　　　したがって、本件平成26年度住民税申告書は、請求人の意思に基づき作成かつ提出されたものと認められる。

(2)　争点２（請求人に、通則法第68条第２項に規定する「隠ぺいし、又は仮装し」に該当する行為はあるか。）について

イ　法令解釈

　　　通則法第68条第２項に規定する重加算税は、同法第66条第１項に規定する無申告加算税に代えて課されるものであるところ、この重加算税の制度は、納税者が法定申告期限までに納税申告書を提出しないことについて隠蔽又は仮装という不

正手段を用いていた場合に、無申告加算税よりも重い行政上の制裁を課することによって、悪質な納税義務違反の発生を防止し、もって申告納税制度による適正な徴税の実現を確保しようとするものである。

したがって、重加算税を課するためには、納税者が法定申告期限までに納税申告書を提出しなかったことそのものが隠蔽、仮装に当たるというだけでは足りず、これとは別に、隠蔽、仮装と評価すべき行為が存在し、これに合わせて法定申告期限までに納税申告書が提出されなかったことを要するものである。

しかし、上記の重加算税制度の趣旨に鑑みれば、架空名義の利用や資料の隠匿等の積極的な行為が存在したことまで必要であると解するのは相当ではなく、納税者が、当初から課税標準等及び税額等を申告しないことを意図し、その意図を外部からもうかがい得る特段の行動をした上、その意図に基づき期限内申告書を提出しなかったような場合には、重加算税の賦課要件が満たされるものと解するのが相当である。

ロ　検討

原処分庁は、請求人が本件各住民税申告書を提出した行為及び本件電話答弁等は、請求人が、当初から課税標準等及び税額等を申告しないことを意図し、その意図を外部からもうかがい得る特段の行動をしたことに該当する旨主張することから、以下のとおり検討する。

(イ)　本件各住民税申告書の提出について

A　上記(1)のロのとおり、本件各住民税申告書のうち、請求人の意思に基づき提出したものと認めることができるのは、本件平成26年度住民税申告書のみである上、当該書面は、H市役所に提出されたものであって、直接、原処分庁に提出されたものではないことから、仮に、請求人が確定申告の必要性を認識していたとしても、本件平成26年度住民税申告書を提出したことだけでは、直ちに、所得税等及び消費税等の確定申告をしないことを意図し、その意図を外部からもうかがい得る特段の行動をしたと評価することはできない

B　原処分庁は、請求人が、確定申告の必要性を認識し、住民税の申告により請求人の所得が税務署に把握されるとの知識を有した上で、当該所得を把握されないために、あえて住民税についても積極的に虚偽の申告をしたと認められることから、本件各住民税申告書を提出した行為は、請求人が、当初か

ら所得税等及び消費税等の確定申告をしないことを意図し、その意図を外部からもうかがい得る特段の行動をしたことに該当する旨主張する。

確かに、上記3の(2)の「原処分庁」欄のロのとおり、請求人が、本件質問応答記録書において、本件平成26年度住民税申告書を提出した動機について「利益があることがH市役所に知られると税務署にも知られてしまい、住民税以外に税務署にも税金を払うことになるのが嫌だった。」旨を申述していることは事実である。

しかしながら、本件質問応答記録書の内容を検討するに、請求人は、平成26年度の住民税の申告状況を尋ねる質問に、利益があることがH市役所に知られると税務署にも知られてしまうのが嫌だったと申述する一方、「正直にお話ししますと、どのような経緯で申告したかについては、昔のことですので、覚えていません。」などとも申述し、同一の文書である本件質問応答記録書の中で、請求人の申告状況に関する申述が不合理に変遷しているといわざるを得ない。

そして、この住民税の申告状況に関する申述内容は原処分庁が主張する請求人の虚偽申告に係る動機となっている事柄であって、これは原処分庁が主張する論拠の根幹部分というべきであり、その根幹部分に係る申述が、同一の文書である本件質問応答記録書の中で不自然に変遷していると評価せざるを得ない。

また、請求人は、当審判所に対し、本件平成26年度住民税申告書を提出した動機に係る上記の「利益があることがH市役所に知られると税務署にも知られてしまい、住民税以外に税務署にも税金を払うことになるのが嫌だった。」という申述内容を否定する答述をしているところ、本件質問応答記録書の申述のように、請求人があえて住民税の申告書を提出するためだけにわざわざH市役所に赴いたというのも不自然である上、請求人が、そもそもいかなる目的のために住民税の申告書の提出が必要だったのかという点が本件質問応答記録書では明らかにされていないため、本件質問応答記録書では重要な部分に関する解明が不足しており、その申述内容も不自然かつ不合理であると評価せざるを得ない。

よって、本件平成26年度住民税申告書を提出した動機に係る上記の申述は、

合理性及び一貫性に乏しく、信用することはできない。

　そうすると、請求人の申述が信用できない以上、仮に上記3の(2)の「原処分庁」欄のハの主張のとおり、請求人が確定申告の必要性を認識していたとしても、その認識だけでは、本件平成26年度住民税申告書の提出について、請求人が、所得税等及び消費税等の確定申告をしないことを意図し、その意図を外部からもうかがい得る特段の行動をしたと認めることはできないというべきである。

　したがって、本件各住民税申告書の提出について、請求人が、所得税等及び消費税等の確定申告をしないことを意図し、その意図を外部からもうかがい得る特段の行動をしたと認めることはできない。

C　原処分庁は、本件質問応答記録書における申述のほかに、請求人が、本件パソコンを用いて本件集計表を作成し、利益を把握していたこと等から、本件各住民税申告書の提出について、所得税等及び消費税等の確定申告をしないことを意図し、その意図を外部からもうかがい得る特段の行動をしたとも主張する。

　しかしながら、原処分庁の主張は、請求人が確定申告の必要性を認識していたと主張するものと認められるところ、上記Bのとおり、請求人が確定申告の必要性を認識していたとしても、その認識だけでは、本件各住民税申告書の提出について、請求人が、所得税等及び消費税等の確定申告をしないことを意図し、その意図を外部からもうかがい得る特段の行動をしたと認めることはできない。

　さらに、本件集計表を客観的にみると、上記1の(3)のハの(イ)のとおり、本件事業によって生じる売上等を記載する欄があるものの、本件事業の形態から想定される費用である通信費、宿泊費、車両費及び保険料等を記載する欄がなく、本件事業の利益を計算する目的としては内容が不足しているといわざるを得ない。

　そうすると、請求人が主張するように、本件集計表の作成目的は、本件事業における請求及び支払を正確に行うために作成していたものとも評価できるものであって、利益を把握するためのものではなかったと認められる。

　したがって、本件においては、請求人が本件集計表等の作成をしていたか

らといって、それが確定申告の必要性を基礎づける一つの要素とはなり得ても、それ以上に、請求人が、所得税等及び消費税等の確定申告をしないことを意図し、その意図を外部からもうかがい得る特段の行動をしたと評価することはできず、原処分庁の主張には理由がない。

(ロ) 本件電話答弁について

原処分庁は、請求人が本件電話答弁をしたことを、所得税等及び消費税等の確定申告をしないことを意図し、その意図を外部からもうかがい得る特段の行動をしたと主張する。

確かに、請求人が、上記1の(3)のニの(イ)のとおり、本件電話答弁において、本件調査担当職員に対し、「会社員です。」と答えたことは事実である。

しかしながら、本件電話答弁は、請求人が本件調査担当職員から、初めて連絡を受けたときの請求人の回答である。請求人は、当審判所に対し、本件調査担当職員が税務職員を名乗ってはいたものの、詐欺などの可能性もあり、詳細にわたる回答を避けつつ答弁していた旨答述するところ、社会通念に照らしてみれば、その答述内容を一概に不合理であると評価することはできない。

また、請求人は、上記1の(3)のイの(ハ)のとおり、本件電話答弁をした当時、G社から給与として収入を得ていたことが認められるのであって、このことも併せ考えれば、請求人が、本件調査担当職員に対し「会社員です。」と答えたことだけを捉えて、虚偽の答弁であると評価することはできず、このような本件電話答弁について、請求人が、所得税等及び消費税等の確定申告をしないことを意図し、その意図を外部からもうかがい得る特段の行動をしたと評価することもできない。

(ハ) 小括

上記(イ)及び(ロ)からすると、原処分庁が主張する事情をみても、請求人が、当初から課税標準等及び税額等を申告しないことを意図し、その意図を外部からもうかがい得る特段の行動を行ったと評価することはできない。

また、当審判所における調査によっても、請求人が当初から課税標準等及び税額等を申告しないことを意図し、その意図を外部からもうかがい得る特段の行動を行ったとするようなことは認められず、そのほか隠蔽又は仮装と評価できる行為も認められない。

したがって、請求人に通則法第68条第2項に規定する「隠ぺいし、又は仮装
し」と評価すべき行為があるとは認められない。

(3) 本件各賦課決定処分の適法性について

上記(2)のロの(ハ)のとおり、請求人が法定申告期限までに確定申告書を提出しなか
ったことについては、通則法第68条第2項に規定する重加算税の賦課要件を満たさ
ない。

また、請求人の本件各年分の所得税等及び本件各課税期間の消費税等の各期限後
申告について、通則法第66条第1項に規定する「正当な理由」があるとは認められ
ず、当審判所においてこれらの期限後申告に係る各加算税の額を計算すると、別表
3の「審判所認定額」欄のとおりであると認められる。

なお、本件各賦課決定処分のその他の部分については、請求人は争わず、当審判
所に提出された証拠資料等によっても、これを不相当とする理由は認められない。

したがって、本件各賦課決定処分のうち無申告加算税相当額を超える部分は違法
であるから、別紙1ないし別紙8の「取消額等計算書」のとおり、いずれもその一
部を取り消すべきである。

(4) 結論

よって、審査請求には理由があるから、原処分の一部を取り消すこととする。

別表1　審査請求に至る経緯（所得税又は所得税等）（省略）

別表2　審査請求に至る経緯（消費税等）（省略）

別表3　本件各年分の所得税又は所得税等及び本件各課税期間の消費税等に係る各加算
　　　　税の額（省略）

別紙1　取消額等計算書（省略）

別紙2　取消額等計算書（省略）

別紙3　取消額等計算書（省略）

別紙4　取消額等計算書（省略）

別紙5　取消額等計算書（省略）

別紙6　取消額等計算書（省略）

別紙7　取消額等計算書（省略）

別紙8　取消額等計算書（省略）

事例5 （重加算税　隠ぺい、仮装の認定　認めなかった事例）

収支内訳書に虚偽記載があったものの、隠ぺい仮装があったとは認められないと判断した事例（①平成24年課税期間の消費税等に係る重加算税の賦課決定処分、②平成25年から平成28年の各課税期間の消費税等に係る重加算税の各賦課決定処分、③平成24年分の所得税の更正処分及び重加算税の賦課決定処分、④平成25年分から平成28年分の各年分の所得税等の各更正処分並びに重加算税の各賦課決定処分、⑤平成24年課税期間の消費税等の更正処分並びに無申告加算税及び重加算税の各賦課決定処分、⑥平成25年から平成28年の各課税期間の消費税等の各更正処分並びに無申告加算税及び重加算税の各賦課決定処分、⑦平成25年4月から平成29年9月の各月分の源泉徴収に係る所得税等の各納税告知処分並びに不納付加算税の各賦課決定処分（平成25年7月及び平成29年9月の各月分は各納税告知処分のみ、平成25年12月、平成26年12月、平成27年12月及び平成28年12月の各月分は不納付加算税の各賦課決定処分のみ）・①③⑤全部取消し、②④⑥一部取消し、⑦棄却・令和元年6月24日裁決）

《ポイント》

　本事例は、売上金額の一部とそれに対応する必要経費の金額を含めなかったほか、適当な金額を記載した収支内訳書を作成したことについて、請求人に当初から過少申告の意図があったと認められるものの、隠ぺい仮装と評価すべき行為とは認められず重加算税の賦課要件を満たさないとしたものである。

《要旨》

　原処分庁は、請求人が、過少申告の意図に基づき①売上金額が1,000万円を超えないように調整した過少な売上金額を算出するためのメモ（本件売上メモ）を請求人の妻に作成させたこと、①本件売上メモに基づいて算定した過少な売上金額を収支内訳書に記載したこと、③所得税等の確定申告をした後に、本件売上メモを廃棄したこと、④申告した売上金額は、請求人の事業に係る総収入金額の半分以下の金額であったこと、⑤除外した売上金額に対応する経費が毎年合計600万円以上ありながら、収支内訳書に必要経費の金額として計上しなかったことという一連の行為は、国税通則法第68条《重加算税》第1項及び第2項に規定する「隠蔽し、又は仮装し」に該当する行為又は過少申告

の意図を外部からもうかがい得る特段の行動に該当し、重加算税の賦課要件を満たす旨主張する。しかしながら、請求人には、過少申告の意図があったことは認められるものの、上記①ないし③の本件売上メモについては、作成及び廃棄の事実が認められないこと、上記④及び⑤については、請求人が本件従業員分の売上げや費用の存在を認識しつつこれらを本件各収支内訳書に計上せず、過少の申告をしたというだけでは、隠蔽又は仮装の行為があったということはできないことから、原処分庁が主張する請求人の行為は、「隠蔽し、又は仮装し」に該当する行為又は過少申告の意図を外部からもうかがい得る特段の行動とは認められず、重加算税の賦課要件を満たさない。

《参照条文等》

　国税通則法第68条第1項及び第2項

《参考判決・裁決》

　最高裁平成7年4月28日第二小法廷判決（民集49巻4号1193頁）

　平成27年7月1日裁決（裁決事例集 No.100）

　平成28年9月30日裁決（裁決事例集 No.104）

（令和元年6月24日裁決）

《裁決書（抄）》

1　事　実

(1)　事案の概要

　　本件は、原処分庁が、運送業を営む審査請求人（以下「請求人」という。）に対してした調査に基づき、更正処分等をしたところ、請求人が、①請求人の事業所得の金額は、実額計算の方法ではなく推計の方法により算定すべきである、②請求人の妻に係る事業専従者控除の額を、請求人の事業所得の金額の計算上差し引くべきである、③請求人が帳簿を作成及び保存していなくても、領収証等を保存しているのだから、仕入税額控除を認めるべきである、④請求人に、「隠蔽し、又は仮装し」に該当する事実はない、⑤請求人に、「偽りその他不正の行為」に該当する事実はない、⑥請求人の従業員に対して支払った給与に係る源泉所得税等の金額の算定に当たり、源泉徴収税額表の甲欄を適用すべきであるなどとして、原処分の一部の取消しを求めた事案である。

(2)　関係法令

　　関係法令は、別紙3のとおりである。

　　なお、別紙3で定義した略語については、以下、本文及び別表においても使用する。

(3)　基礎事実及び審査請求に至る経緯

　　当審判所の調査及び審理の結果によれば、以下の事実が認められる。

　イ　請求人の事業の概要等

　(イ)　請求人は、運送業（以下「本件事業」という。）を営む個人事業主である。

　(ロ)　請求人は、平成26年3月以前はJ社、同年4月以降はK社（以下、J社及びK社を併せて「本件各取引先」という。）を介して売上代金を受け取っていた。ただし、請求人は、運送業務自体は本件各取引先の元請先であるL社から直接受注しており、請求人の実質的な取引先は同社であった。

　(ハ)　請求人は、平成21年から平成29年までの間、Mを従業員（以下「本件従業員」という。）として雇用し、本件事業に従事させていた。

　ロ　請求人の確定申告の状況等

　(イ)　請求人は、平成24年分の所得税並びに平成25年分ないし平成28年分の所得税

及び復興特別所得税（以下「所得税等」という。）について、各確定申告書（以下「本件各所得税等申告書」という。）に、別表1の「確定申告」欄のとおり記載し、それぞれ収支内訳書（一般用）（以下「本件各収支内訳書」という。）を添付して、いずれも法定申告期限までに申告した（以下、平成24年分から平成28年分までの各年分を「本件各年分」という。）。

なお、請求人は、本件各所得税等申告書に、請求人の妻であるN（以下「本件妻」という。）について、所得税法第83条《配偶者控除》に規定する配偶者控除の適用を受ける旨を記載したが、同法第57条第3項に規定する事業専従者控除（以下「専従者控除」という。）の適用を受ける旨は記載しなかった。

(ロ) 請求人は、平成24年1月1日から同年12月31日まで、平成25年1月1日から同年12月31日まで、平成26年1月1日から同年12月31日まで、平成27年1月1日から同年12月31日まで及び平成28年1月1日から同年12月31日までの各課税期間（以下、順次「平成24年課税期間」、「平成25年課税期間」、「平成26年課税期間」、「平成27年課税期間」及び「平成28年課税期間」といい、これらを併せて「本件各課税期間」という。）の消費税及び地方消費税（以下「消費税等」という。）について、いずれも法定申告期限までに確定申告をしていなかった。

(ハ) 請求人は、本件従業員に対して支払った給与（以下「本件給与」という。）について、本件各年分を通じて源泉徴収に係る所得税及び復興特別所得税（以下「源泉所得税等」という。）の徴収をしておらず、法定納期限までに原処分庁に納付しなかった。

ハ 原処分庁による調査の状況等

(イ) 請求人は、平成29年10月20日に、原処分庁所属の調査担当職員（以下「本件調査担当職員」という。）から、通則法第74条の9《納税義務者に対する調査の事前通知等》第1項に規定する「実地の調査」として請求人の自宅に同年11月1日に臨場する旨、電話連絡を受けた。

(ロ) 請求人から税務代理を委任されたP税理士（以下「本件税理士」という。）は、平成29年10月31日に、Q税務署を訪れ、本件調査担当職員に対して、請求人は、売上金額を半分程度しか申告していない旨、また、請求人は消費税の課税事業者に該当するところ、帳簿を作成していないが、仕入税額控除を認めて欲しい旨及び請求人と本件従業員の合計2名で本件事業に従事している旨それ

ぞれを説明した。

(ハ) 本件調査担当職員は、平成29年11月1日に、請求人の本件各年分の所得税等及び本件各課税期間の消費税等並びに平成25年4月から平成29年9月までの各月分（以下「本件各月分」という。）の源泉所得税等の調査（以下「本件調査」という。）を開始した。

(ニ) 請求人は、消費税の納税義務者に該当すること（消費税法第5条《納税義務者》第1項、同法第9条《小規模事業者に係る納税義務の免除》第1項参照）を前提に、平成30年2月1日に、本件各課税期間の消費税等について、別表2の「期限後申告」欄のとおりとする各確定申告書を原処分庁に提出した。

なお、上記の各確定申告書の「控除対象仕入税額」欄には、課税標準額に対する消費税額の約50％に相当する金額が記載されている。

(ホ) 請求人は、本件調査担当職員から、本件従業員の扶養控除等申告書を提出するよう求められた際、本件従業員から、扶養控除等申告書を受理していなかったため、提出することができなかった。

(ヘ) 請求人は、平成30年1月11日及び同年2月5日に、本件各月分の本件従業員の源泉所得税等について、別表3の「自主納付分」欄のとおり、原処分庁に納付した。

なお、請求人が原処分庁に納付した本件各月分の本件従業員の源泉所得税等の金額のうち、平成25年分ないし平成28年分の金額は、年末調整後の年税額を計算し、当該各年税額を各年12月分として納付した金額であり、平成29年1月から同年9月までの各月分の金額は、各月分の給与支払額に対応した源泉徴収税額表の甲欄（扶養親族等の数0人）を適用して算出した金額であった。

ニ　原処分

(イ) 原処分庁は、請求人の本件各課税期間の消費税等の期限後申告（上記ハの(ニ)）に対し、平成30年4月26日付で、別表2の「①賦課決定処分」欄のとおりの重加算税の各賦課決定処分をした。

(ロ) 原処分庁は、請求人の本件各年分の所得税等について、平成30年4月27日付で、別表1の「更正処分等」欄のとおり各更正処分及び重加算税の各賦課決定処分をし、また、本件各課税期間の消費税等について、同日付で、別表2の「②更正処分等」欄のとおり各更正処分並びに無申告加算税及び重加算税の各

賦課決定処分をした。さらに、原処分庁は、請求人の本件各月分の源泉所得税等について、同日付で、別表3の「納税告知処分」欄及び「賦課決定処分」欄のとおり各納税告知処分及び不納付加算税の各賦課決定処分をした。

　なお、原処分庁が、請求人に対して納税告知処分をした源泉所得税等の金額は、源泉徴収税額表の乙欄を適用して算出した金額であり、上記ハの(ヘ)で請求人が納付した源泉所得税等の金額との差額（不足額）である。

ホ　再調査の請求

　請求人は、上記ニの各処分に不服があるとして、平成30年5月11日付で再調査の請求をしたところ、再調査審理庁は、平成30年7月6日付で再調査の請求をいずれも棄却する旨の決定をした。

ヘ　審査請求

　請求人は、再調査決定を経た後の原処分に不服があるとして、平成30年8月3日に審査請求をした。

2　争　点

(1)　請求人の事業所得の金額は、推計の方法により算定すべきか否か（争点1）。

(2)　本件妻に係る専従者控除の額は、請求人の事業所得の金額の計算上差し引くことができるか否か（争点2）。

(3)　本件各課税期間において、仕入税額控除が適用されるか否か（争点3）。

(4)　請求人に、通則法第68条第1項及び第2項に規定する「隠蔽し、又は仮装し」に該当する事実があったか否か（争点4）。

(5)　請求人に、通則法第70条第4項第1号に規定する「偽りその他不正の行為」に該当する事実があったか否か（争点5）。

(6)　本件給与に係る源泉所得税等の金額の算定に当たり、源泉徴収税額表の甲欄又は乙欄のいずれを適用すべきか（争点6）。

3　争点についての主張

(1)　争点1（請求人の事業所得の金額は、推計の方法により算定すべきか否か。）について

請求人	原処分庁
原処分庁が主張する実額計算の方法	請求人は、本件調査担当職員に本件事

請求人	原処分庁
は、飽くまで、本件事業に係る経費のうち、領収証等の保存があるものを必要経費の金額に算入したにすぎない。 　請求人には、領収証等の保存がない必要経費の金額が相当額あり、原処分庁が主張する実額計算による方法では、適切な所得金額を算定したとはいえないので、必要経費の金額を合理的な方法により推計計算して、事業所得の金額を算定すべきである。	業に係る経費の領収証等を提示しており、実額計算の方法により所得金額を算定することができるから、推計の方法により算定するべきではない。 　また、所得税法第156条は、税務署長が各種所得の金額又は損失の金額を推計することができる旨規定しているが、当該規定は、納税者からの求めに応じて推計をしなければならないものではない。

(2) 争点2（本件妻に係る専従者控除の額は、請求人の事業所得の金額の計算上差し引くことができるか否か。）について

請求人	原処分庁
請求人が、本件各所得税等申告書において、生計を一にする本件妻につき、配偶者控除を選択したのは、税に関する無知がゆえであり、所得税法第57条第6項が規定する「やむを得ない事情」が認められるから、本件事業の従事内容からしても専従者控除への変更を認めるべきである。 　現に、所得税法第2条第1項第33号には、専従者控除から配偶者控除への付け替えができない旨の規定はあるが、その逆の規定はないから、配偶者控除から専従者控除への付け替えは可能である。 　したがって、本件妻に係る専従者控除の額は、請求人の事業所得の金額の計算	請求人は、本件各所得税等申告書において、生計を一にする本件妻につき、配偶者控除を適用する旨記載して申告していたものであって、専従者控除の適用を受ける旨の記載はなく、本件各収支内訳書にも、「専従者控除」欄に記載はないので、請求人の本件各年分に係る事業所得の金額の計算上専従者控除の額を差し引くことはできない。 　なお、請求人の税の知識が乏しいという主観的な事情は、専従者控除を適用すべきとする「やむを得ない事情」があったものとは認められない。 　また、専従者控除は所得税法第57条第3項に、配偶者控除は同法第83条に、そ

上差し引くことができる。	れぞれ規定されており、いずれの控除を適用するかは、これらの各規定に基づき判断するのであって、控除対象配偶者に関する規定である同法第2条第1項第33号のみに基づき判断するものではない。 　したがって、本件妻に係る専従者控除の額は、請求人の事業所得の金額の計算上差し引くことはできない。

(3) 争点3（本件各課税期間において、仕入税額控除が適用されるか否か。）について

原処分庁	請求人
請求人は、本件各課税期間において、消費税法第30条第7項に規定する課税仕入れの税額の控除に係る帳簿を作成しておらず、これを保存していなかったものと認められるから、当該保存のない課税仕入れの税額については、仕入税額控除は適用されない。	請求人は、本件事業の必要経費の領収証等を保存しており、それによって、①課税仕入れの相手方の氏名又は名称、②課税仕入れを行った年月日、③課税仕入れに係る資産又は役務の内容、④課税仕入れに係る支払対価の額が明らかとなるのであるから、これらを消費税法第30条第8項第1号に規定する「帳簿」とみなし、仕入税額控除は適用される。

(4) 争点4（請求人に、通則法第68条第1項及び第2項に規定する「隠蔽し、又は仮装し」に該当する事実があったか否か。）について

原処分庁	請求人
イ　隠蔽、仮装があることについて 　以下の事情に照らせば、請求人には、所得税等及び消費税等について「隠蔽し、又は仮装し」に該当する事	イ　隠蔽、仮装があるとは認められないことについて 　以下の事情に照らせば、請求人には、「隠蔽し、又は仮装し」に該当す

実があったといえる。

　請求人は、本件事業に係る毎月の売上金額を把握しつつ、税金を免れるために、以下の行為をした。

㈠　請求人は、本件従業員の運送分（以下「本件従業員分」という。）の売上げを本件各年分の売上げの集計から除外し、売上金額が1,000万円を超えないように調整した過少な売上金額を算定するためのメモ（以下「本件売上メモ」という。）を本件妻に作成させた。

㈡　請求人は、本件売上メモに基づいて算定した過少な売上金額を、本件各収支内訳書に記載した。

㈢　請求人は、本件各年分の所得税等を申告した後に、本件売上メモを廃棄した。

㈣　請求人が本件各収支内訳書において記載した「売上（収入）金額」は、本件事業に係る売上金額の半分以下の金額であった。

㈤　請求人は、本件給与など、本件従業員分の経費が毎年合計600万円以上ありながら、これらを本件各収支内訳書に必要経費の金額として計上しなかった。

る事実があったとはいえない。

㈠　本件妻は、本件売上メモを作成していない。本件妻は、本件各収支内訳書を作成するに当たって、本件各取引先から送付される請求人の運送分（以下「請求人分」という。）と本件従業員分の支払明細のうち、請求人分のみの支払明細の「支払合計」欄の金額を1年間分合計した後、作業服代や接待交際等の、領収書等の保存がない本件事業に係る経費を概算で差し引いた適当な金額を算定した上、当該金額を本件各収支内訳書の「売上（収入）金額」欄に記載したものであり、その計算は容易であるから、原処分庁の主張する本件売上メモなどの書類を別途作成する必要はなかった。

㈡　本件事業に係る売上金額について、売上げに係る資料及び売上金額が入金される預金通帳を全て保存していること、売上先が常に一社であることから極めて容易に売上げを把握できる状況であり、請求人や本件妻は、これらに関して何らの仮装・隠蔽もしていない。

㈢　本件妻は、本件従業員分の経費であることが明らかである分を除いた領収書等の証拠がある費用を、本件

	各収支内訳書に必要経費の金額として記載したにすぎず、経費の架空計上をしたわけではない。
	(ニ) 請求人は、本件調査の過程においても、極めて協力的に調査を受けてきたほか、調査着手前に売上金額を過少に申告していることを本件調査担当職員に誠実に伝えた。
ロ 所得税等及び消費税等について特段の行動があったといえることについて 上記イでみた各事情に照らせば、請求人は、当初から所得を過少に申告することを意図し、その意図を外部からもうかがい得る特段の行動をしたものといえる。	ロ 所得税等及び消費税等について特段の行動があったとはいえないことについて 上記イでみた各事情に照らせば、請求人は、当初から所得を過少に申告することを意図していたといえるものの、その意図を外部からもうかがい得る特段の行動をしたとまではいえない。

(5) 争点5（請求人に、通則法第70条第4項第1号に規定する「偽りその他不正の行為」に該当する事実があったか否か。）について

原処分庁	請求人
上記(4)の「原処分庁」欄に記載した事情に照らせば、請求人には、「偽りその他不正の行為」に該当する事実があったといえる。	上記(4)の「請求人」欄に記載した事情に照らせば、請求人には、「偽りその他不正の行為」に該当する事実があったとはいえない。

(6) 争点6（本件給与に係る源泉所得税等の金額の算定に当たり、源泉徴収税額表の甲欄又は乙欄のいずれを適用すべきか。）について

原処分庁	請求人

請求人は、本件調査担当職員から、本件従業員の扶養控除等申告書を提出するよう求められた際、扶養控除等申告書の作成をしていない旨回答し、当該扶養控除等申告書を提出しなかった。 　したがって、本件給与に係る源泉所得税等の金額の算定に当たっては、源泉徴収税額表の乙欄を適用すべきである。	本件従業員は、他に給与の支払を受けていないのであるから、単に扶養控除等申告書を提出していない事実のみをもって、形式的に乙欄を適用した納税告知をすべきでない。 　したがって、本件給与に係る源泉所得税等の金額の算定に当たっては、源泉徴収税額表の甲欄を適用すべきである。 　なお、平成25年分ないし平成28年分の源泉徴収税額の計算については、甲欄を用いて年末調整した上で年税額を納税告知すべきである。

4　当審判所の判断

(1)　争点1（請求人の事業所得の金額は、推計の方法により算定すべきか否か。）について

　イ　法令解釈

　　　所得税法第156条は、税務署長は、青色申告の承認を受けた者の事業所得等の金額を除き、納税者の各年分の各種所得の金額を推計によって更正することができる旨規定しているが、この推計課税の規定は、課税庁が納税者の各種所得の金額の計算に当たり、当該納税者の収入金額、必要経費等の実額を把握することが不可能若しくは著しく困難な場合等、いわゆる実額課税によって各種所得の金額を計算できない場合に、飽くまでも実額課税を補完するものとして設けられているものであり、当該納税者の保存、提示した帳簿書類等によって当該納税者の収入金額、必要経費等の実額を把握することが可能な場合には当然に推計課税によることなく、把握した収入金額、必要経費等の実額により各種所得の金額を計算することとなる。

　ロ　認定事実

　　　原処分関係資料並びに当審判所の調査及び審理の結果によれば、以下の事実が認められる。

(イ) 請求人は、前記1の(3)のイの(ロ)のとおり、実質的な取引先がL社1社のみで
　あり、かつ、本件各取引先との取引に関する支払明細、請求書（控）及び入金
　先である請求人名義の預金通帳を保存していた。本件調査担当職員は、これに
　基づき別表4の「更正処分額」欄のとおり、本件各年分の本件事業に係る売上
　金額を実額により把握した。

(ロ) 請求人は、本件各年分の本件事業に係る帳簿を作成していなかった。しかし、
　請求人は、売上金額に係る支払明細、請求書（控）及び預金通帳並びに費用に
　係る領収証等を保存しており、本件調査の際、これらの資料を本件調査担当職
　員に提示した。

(ハ) 本件調査担当職員は、上記(ロ)で把握した費用に係る領収証等のうち、本件事
　業の遂行上必要と認められるものについて、請求人の必要経費の金額に算入し
　た上で、本件各年分の事業所得の金額を算定した。

ハ　当てはめ

　　上記ロのとおり、請求人は、本件事業に係る帳簿こそ作成していなかったもの
　の、売上金額の計算の基礎となる支払明細、請求書（控）及び入金先である請求
　人名義の預金通帳や必要経費の金額の計算の基礎となる領収証等を保存し、本件
　調査の際には、これらの書類を本件調査担当職員に提示していたものと認められ
　るほか、請求人の売上先が本件各年分にわたり実質的に1社のみであったという
　事情をも考慮すると、本件調査において、請求人の所得金額を実額で把握するこ
　とが不可能若しくは著しく困難であったとは認められず、請求人の事業所得の金
　額を推計により算定する必要があったとは認められない。

　　したがって、請求人の事業所得の金額については、これを推計の方法により算
　定すべきものとは認められない。

ニ　請求人の主張について

　　請求人は、前記3の(1)の「請求人」欄のとおり、領収証等の保存がない必要経
　費の金額が相当額あるところ、実額計算の方法では、適切な所得金額を算定でき
　ず、合理的な方法により推計計算をして事業所得の金額を算定すべきである旨主
　張する。

　　しかしながら、請求人の本件各年分の事業所得の金額につき、これを推計の方
　法により算定する必要があると認められないことは上記ハのとおりである。

したがって、請求人の主張を採用することはできない。

なお、請求人の事業所得の金額の計算上、まだ算入されていないと請求人が主張する必要経費の存在については、当審判所の調査及び審理の結果によっても、その事実を確認することができない。

したがって、この点に関する請求人の主張には理由がない。

(2)　争点2（本件妻に係る専従者控除の額は、請求人の事業所得の金額の計算上差し引くことができるか否か。）について

イ　検討

居住者が、所得税法第57条第3項所定の専従者控除の適用を受けるためには、その手続的要件として、確定申告書に同項の規定の適用を受ける旨及び同項の規定により必要経費とみなされる金額に関する事項をそれぞれ記載しなければならないとされている（同条第5項）。

これを本件についてみると、請求人が提出した本件各所得税等申告書には、前記1の(3)のロの(イ)のとおり、いずれも所得税法第57条第3項の規定の適用を受ける旨の記載はなく、また、同項の規定により必要経費とみなされる金額に関する事項の記載もない。したがって、請求人の本件各年分の事業所得の金額の計算上、本件妻に係る専従者控除の額を差し引くことができないというべきである。

ロ　請求人の主張について

(イ)　請求人は、前記3の(2)の「請求人」欄のとおり、専従者控除に関する規定を知らなかったことは、所得税法第57条第6項に規定する「やむを得ない事情」に該当する旨主張する。

しかしながら、所得税法第57条第6項に規定する「やむを得ない事情」とは、納税者の責めに帰すことができない客観的な事情をいい、税の不知や事実の誤認などの納税者の主観的な事情は、「やむを得ない事情」に当たらないと解するのが相当である。そうすると、請求人が専従者控除の規定を知らなかったため、本件各所得税等申告書に本件妻に係る専従者控除の適用を受ける旨を記載していなかったとしても、そのことは請求人の主観的な事情にすぎないから、当該事情は「やむを得ない事情」には当たらない。

(ロ)　また、請求人は、所得税法第2条第1項第33号には、専従者控除から配偶者控除への付け替えができない旨の規定はあるが、その逆の規定はないから、配

偶者控除から専従者控除への付け替えは可能であると主張する。

　　しかしながら、所得税法第2条第1項第33号は、その規定上、「居住者の配偶者でその居住者と生計を一にするもの」から、青色事業専従者給与の支払を受けるもの（同法第57条第1項）及び事業専従者に該当するもの（同条第3項）を除くとしているにすぎず、専従者控除から配偶者控除への付け替えの可否を定めた規定ではない。そして、専従者控除の規定の適用を受けるには、所定の手続的要件が具備していることを要するところ、本件において当該手続的要件が充足しないことは上記イのとおりである。したがって、本件妻に係る配偶者控除の適用に代えて専従者控除を適用することはできない。

（ハ）　したがって、請求人の主張にはいずれも理由がない。

(3)　争点3（本件各課税期間において、仕入税額控除が適用されるか否か。）について

イ　法令解釈

　　消費税法第30条第7項によれば、事業者が帳簿及び請求書等を保存していない場合には、仕入税額控除が適用されないことになるが、このような法的不利益が特に定められたのは、資産の譲渡等が連鎖的に行われる中で、広く、かつ、薄く資産の譲渡等に課税するという消費税により適正な税収を確保するには、帳簿及び請求書等という確実な資料を保存させることが必要不可欠であると判断されたためであると考えられる。

　　以上によれば、事業者が、消費税法施行令第50条《課税仕入れ等の税額の控除に係る帳簿等の保存期間等》第1項に規定するとおり、消費税法第30条第7項に規定する仕入税額控除に係る帳簿及び請求書等を整理し、これらを所定の期間及び場所において、通則法第74条の2《当該職員の所得税等に関する調査に係る質問検査権》第1項第3号に基づく税務職員による検査に当たって適時にこれを提示することが可能なように態勢を整えて保存していなかった場合は、消費税法第30条第7項にいう「事業者が当該課税期間の課税仕入れ等の税額の控除に係る帳簿及び請求書等を保存しない場合」に当たり、事業者が災害その他やむを得ない事情により当該保存ができなかったことを証明しない限り（同項ただし書）、同条1項の規定は適用されないものというべきである。

ロ　認定事実

原処分関係資料並びに当審判所の調査及び審理の結果によれば、以下の事実が認められる。

(イ) 本件調査担当職員は、平成29年11月１日に、請求人の自宅へ臨場した際、消費税法第30条第７項に規定する帳簿及び請求書等の提示を求めたところ、請求人は、本件各課税期間に係る帳簿は作成しておらず、本件各収支内訳書に記載した「経費」科目の金額は、本件事業に係る必要経費の領収証等を集計したものである旨申述し、当該領収証等を提示した。

(ロ) 本件調査担当職員は、平成29年12月13日に、本件税理士から電話連絡を受けた際、消費税等の仕入税額控除のために必要な帳簿等（消費税法第30条第７項に規定する帳簿及び請求書等）の作成及び保存の有無を再度確認した。

これに対して、本件税理士からは、本件各課税期間に係る帳簿は作成しておらず、本件調査担当職員に対して提示した領収証等が全てである旨の申立てがあった。

ハ 当てはめ

上記ロのとおり、本件調査担当職員は、本件調査を通じて、請求人及び本件税理士に対して、消費税法第30条第７項に規定する帳簿及び請求書等の提示を求めたところ、そもそも請求人において、本件各課税期間に係る帳簿の作成がされていないことが認められる。このことからすれば、請求人は、消費税法第30条第７項に規定する事業者が当該課税期間の課税仕入れの税額の控除に係る帳簿及び請求書等を保存しない場合に該当する。

そして、当審判所の調査の結果によれば、請求人において、課税仕入れの税額の控除に係る帳簿を保存することができなかったことについて、消費税法第30条第７項ただし書に規定する「災害その他やむを得ない事情」も認められない。

したがって、本件各課税期間の仕入税額控除は適用されない。

ニ 請求人の主張について

請求人は、前記３の(3)の「請求人」欄のとおり、領収証等の保存があるから、当該領収証等を消費税法第30条第８項第１号に規定する「帳簿」とみなし、領収証等の保存がある部分については、本件各課税期間の仕入税額控除が適用される旨主張する。

しかしながら、消費税法第30条第１項の仕入税額控除の規定は、上記イのとお

り、事業者が当該課税期間の課税仕入れ等の控除に係る帳簿及び請求書等を保存しない場合には適用されないのであり（同条第7項）、また、同条第1項の規定の適用上、領収証等を帳簿（同条第8項第1号）とみなすことができるとした法令上の根拠もない。

したがって、請求人の上記の主張は請求人独自の見解に基づくものであり、採用できない。

(4) 争点4（請求人に、通則法第68条第1項及び第2項に規定する「隠蔽し、又は仮装し」に該当する事実があったか否か。）について

イ 法令解釈

(イ) 通則法第68条第1項は、過少申告をした納税者が、その国税の課税標準等又は税額等の計算の基礎となるべき事実の全部又は一部を隠蔽し、又は仮装し、その隠蔽し、又は仮装したところに基づき納税申告書を提出していたときは、その納税者に対して重加算税を課する旨規定している。

「この重加算税の制度は、納税者が過少申告をするについて隠ぺい、仮装という不正手段を用いていた場合に、過少申告加算税よりも重い行政上の制裁を科すことによって、悪質な納税義務違反の発生を防止し、もって申告納税制度による適正な徴税の実現を確保しようとするものである。

したがって、重加算税を課するためには、納税者のした過少申告行為そのものが隠ぺい、仮装に当たるというだけでは足りず、過少申告行為そのものとは別に、隠ぺい、仮装と評価すべき行為が存在し、これに合わせた過少申告がされたことを要するものである。しかし、右記の重加算税制度の趣旨にかんがみれば、架空名義の利用や資料の隠匿等の積極的な行為が存在したことまで必要であると解するのは相当でなく、納税者が、当初から所得を過少に申告することを意図し、その意図を外部からもうかがい得る特段の行動をした上、その意図に基づく過少申告をしたような場合には、右重加算税の賦課要件が満たされるものと解すべきである。」（最高裁平成7年4月28日第二小法廷判決・民集49巻4号1193頁参照）

(ロ) また、通則法第68条第2項は、納税者がその国税の課税標準等又は税額等の計算の基礎となるべき事実の全部又は一部を隠蔽し、又は仮装し、その隠蔽し、又は仮装したところに基づき法定申告期限までに納税申告書を提出せず、又は

法定申告期限後に納税申告書を提出していたときは、その納税者に対して重加算税を課する旨規定している。このような場合に重加算税を課する制度の趣旨は、上記(イ)の同条第1項の趣旨と同様であると解されるから、重加算税を課するためには、上記(イ)と同様に、必ずしも架空名義の利用や資料の隠匿等の積極的な行為が存在したことまでは必要ではなく、納税者が、当初から課税標準等及び税額等を申告しないことを意図し、その意図を外部からもうかがい得る特段の行動をした上、その意図に基づいて法定申告期限までに申告しなかったような場合には、重加算税の賦課要件が満たされるものと解するのが相当である。

ロ　請求人、本件妻及び本件調査担当職員の申述等

(イ)　請求人は、本件調査担当職員に対し、所得税等の申告の経緯について、要旨以下のとおり申述した。

A　平成28年分の取引先から送付される請求人分と本件従業員分の支払明細を合計した金額と、請求人の申告した事業所得の売上金額に差額がある理由は、事業経営が困難で、税金の負担を少なくし、少しでも支出を抑えたかったので、売上げを少なく申告したからである。

B　本件従業員分の売上げを申告していなかったことから、本件従業員分の経費についても申告しなかった。

C　所得税等の確定申告の時期になると、本件妻が請求人分に対応する支払明細と、本件各取引先から振り込まれる預金通帳及び本件各取引先の元請先から振り出された手形を取り立てする預金通帳を確認しながら、本件事業に係る売上金額を年間集計してそれをメモに記載し、その記載された金額を本件各収支内訳書に記載した。そのメモは、ただ売上金額を集計したメモ書であったため、確定申告が終了した後、必要がなくなり捨てた。

D　本件各取引先から送付される支払明細は、請求人分と本件従業員分の2通に分けて作成されていたところ、請求人分に対応する支払明細に記載された諸経費を相殺した後の金額を合計し、当該合計額が1,000万円を超えていたことから、請求人が本件妻に指示をして、1,000万円を超えないように適当な金額を本件各収支内訳書に記載させた。

(ロ)　請求人は、当審判所に対し、所得税等の申告の経緯について、要旨以下のとおり答述した。

A　請求書の作成や確定申告などの事務的なことは全て本件妻に任せていたので、具体的な指示をしたりしたことはない。

B　請求人及び本件従業員が使用するトラック2台分に係る費用を払っていたときは本当に経費の支払が困難で、手形が完全に回っていなかったこともあり、少しでも手元に資金を残しておきたいと考えていた。

(ハ)　本件妻は、当審判所に対し、所得税等の申告の経緯について、要旨以下のとおり答述した。

A　本件各所得税等申告書及び本件各収支内訳書を作成したのは本件妻である。

B　確定申告をするために、広告の裏紙などに一旦請求人分に対応する支払明細に記載された金額を合計した数字を記載した記憶があるが、飽くまで電卓で計算した結果を記載した程度のものである。

C　請求人分の経費に相当するもののうち、領収証等の資料があるものについて集計し、合計額を本件各収支内訳書に記載していた。

D　消費税等を支払わないようにするために1,000万円を超えないような金額で申告をするという考えはなかった。消費税に関する知識がなく、本件従業員を雇用する前に請求人が一人で事業を行っていたときと大体同じ程度の金額を記載すればよいと考えていた。

E　売上金額については、請求人分に対応する支払明細のみを1年分合計していたが、その際、知識がなく、当該支払明細に記載されている、諸経費を控除した後の金額を合計し、その合計額をそのまま本件各収支内訳書に記載したこともあれば、従前の申告額を参考に金額を変更したこともあった。そのような操作をした理由は、領収証等の資料はなくとも、経費がかかったことは事実であるので、その分を経費に計上するのではなく、売上げを下げる形で反映させればよいと考えたからである。このような操作といっても、細かい計算をしたわけではなく、大雑把に金額を減らしたかも知れないし、毎年行っていたわけでもない。本件従業員分の売上げについては、資金繰りが厳しく、税金が支払えないと思ったため計上しなかった。

F　最終的に税金が支払える程度の金額になればよいと考えたが、パソコンも持っていないし、複雑な税金の計算もできないので、税額から逆算して売上げや経費を求めるなどという難しいことはできず、前年度分と同じくらいに

なればいいという程度の考えで金額を決めていた。

㈡　本件調査担当職員は、当審判所に対し、本件調査の際の状況について、要旨以下のとおり答述した。

A　本件売上メモについて、請求人及び本件妻の回答は調査段階から曖昧であり、本件売上メモの作成を月ごとにしたかどうか、経費も記載したのか等については記憶にないというので、平成29年11月１日に録取した質問応答記録書（以下「本件質問応答記録書」という。）にはメモとしか書けなかった。本件売上メモをいつからいつまで作成していたかどうかは確認しておらず、本件売上メモから本件各収支内訳書に転記する際のやり方については、売上げを減らして写したという程度の回答であった。

B　本件質問応答記録書には、本件各収支内訳書に「適当な金額」を書いていた旨記載したが、その趣旨は、何らかの計算式のようなもので算出されたという関係性は見出せない、本当に適当だという意味である。

C　当初、本件各収支内訳書の記載については、本件妻から話を聞いていたが、途中で請求人が「これは全部私の指示です」と言って話に入ってきた。請求人が本件妻をかばおうとしている様子だと感じた。こういった経緯もあり、本件質問応答記録書は、売上げを計上する過程など、全て請求人本人がやったような体裁になっている。

ハ　認定事実

原処分関係資料並びに当審判所の調査及び審理の結果（以下「本件全証拠等」という。）によれば、以下の事実が認められる。

㈠　本件事業に係る売上金額

A　請求人は、本件各取引先（平成26年３月以前はＪ社、同年４月以降はＫ社）を介して本件事業に係る売上代金を得ていたところ（前記１の⑶のイの㈣）、各月分の売上代金の支払を本件各取引先に請求する際、請求書を請求人分と本件従業員分とに分けて作成し、これを本件各取引先に交付していた。請求人が当該請求書を分けて作成した理由は、本件従業員分の売上金額に基づいて歩合計算した額を、毎月、給与（本件給与）として本件従業員に支払うためであった。

B　本件各取引先は、請求人から交付を受けた上記Ａの請求書に応じ、各月分

の支払明細を請求人分と本件従業員分とに分けて作成し、これをいずれも請求人に交付していた。本件従業員分の支払明細には、請求人の氏名の下に括弧書で本件従業員の氏名が記載されていた（以下、これら支払明細を併せて「本件各支払明細書」という。）。

なお、本件各支払明細書には、各月分の①売上金額、②売上金額から相殺される諸経費、③手形による支払額、④振込みによる支払額及び⑤支払金額（売上金額から諸経費を控除した後の金額）などが記載されていた。

C 本件各支払明細書に記載された各月分の支払金額のうち、約半分の金額がR信用金庫○○支店の請求人名義の普通預金口座に振り込まれ、その残額が本件各取引先の元請先であるL社から振り出された手形により支払われていた。請求人は、当該手形をS銀行（現、T銀行）○○支店の請求人名義の普通預金口座にて取り立てをしていた（以下、これら各金融機関の各預金通帳を併せて「本件各預金通帳」という。）。

(ロ) 本件事業に係る必要経費

請求人は、本件事業に関し、本件従業員に対する給与（本件給与）のほか、ガソリン代、修理代及び自動車保険料等の費用を支払っていた。

(ハ) 本件各収支内訳書の作成

A 請求人は、上記(1)のロの(ロ)のとおり、本件各年分において、本件事業に係る帳簿を作成していなかった。このため、所得税の各確定申告時期に本件事業に係る売上金額や必要経費の金額をそれぞれ１年間分まとめて集計し、その集計額を本件各収支内訳書の各欄に記載するという方法を採っていた。

なお、請求人は、確定申告関係の書類の作成を本件妻に任せており、上記の集計作業や本件各収支内訳書の作成等は本件妻が行っていた。

B 本件妻は、本件事業に係る年間の売上げを集計する際、請求人分の売上げ（請求人分の本件各支払明細書の支払金額）のみを集計し、本件従業員分の売上げについてはその集計計算に含めていなかった。そして、請求人分の売上げの集計額からさらに領収証の保存のない分の金額を適宜差し引くなどし、あるいは従前に申告した売上金額を参考にするなどした適当な金額を本件各収支内訳書の「収入（売上）金額」の欄に記載していた。本件妻が、本件従業員分の売上げを売上金額の集計計算に含めなかった理由は、税金が支払え

ないと考えたからであった。

　　なお、本件妻は、本件各年分の売上金額の集計作業の過程で、広告の裏紙などを利用し、そこに電卓で集計した金額を記載することもあったが、当該メモは申告が終了した後に廃棄していた。

C　また、本件妻は、本件事業に係る必要経費の金額についても、保存のあった領収証やカードの支払明細書等を基に、科目ごとに分類した費用の額を1年間分まとめて集計し、これを本件各収支内訳書の必要経費の各欄に記載していたが、本件従業員に支払った本件給与の額やガソリン代等の本件従業員分の費用の金額については、上記の集計計算から除いていた。これは、本件従業員分の売上げを本件各収支内訳書に計上していないためであった。

D　本件各収支内訳書に記載された売上金額は、それぞれ別表4の「当初申告額」欄に記載のとおりであり（上記(1)のロの(イ)）、当該各金額は、いずれの年分においても実際の売上金額の5割に満たないものであった。

　　また、本件各収支内訳書に記載された必要経費の金額は、それぞれ別表5の「当初申告額」欄に記載のとおりであるが、その後、平成30年4月27日付でされた本件各年分の所得税等の各更正処分により、本件給与の額などの費用が本件事業に係る必要経費として追加認容された（上記(1)のロの(ハ)及び別表5の「更正処分額」欄参照）。

㈡　本件各所得税等申告書の作成とその提出

　　本件妻は、本件各収支内訳書の記載に基づいて本件各所得税等申告書を作成した。そして、請求人は、前記1の(3)のロの(イ)のとおり、本件各所得税等申告書に本件各収支内訳書を添付した上、これらをいずれも法定申告期限までに原処分庁に提出した。

㈢　本件事業に係る申告関係書類の保存状況等

　　請求人は、上記(1)のロの(ロ)のとおり、本件各年分に係る本件各支払明細書の全て（本件従業員分のものを含む。）を保存していたほか、本件各預金通帳や必要経費に係る領収証等（本件従業員分のものを含む。）を保存していた。

　　なお、請求人は、本件調査の際、その当初から売上金額を過少に計上した事実を、本件税理士を通じて認めた上（前記1の(3)のハの(ロ)）、本件各支払明細書や領収証等の書類を本件調査担当職員に提示していた。

二　検討

　㋑　過少申告の意図について

　　　上記ハの認定事実によれば、請求人の本件各年分の所得税等の申告がいずれ
　　も過少となった主な要因は、本件従業員分の売上げが事業所得の金額の計算上
　　売上金額に算入されなかったことにあると認められる。

　　　そして、請求人が、税負担を抑えるという動機から本件従業員分の売上げを
　　本件各収支内訳書に計上しなかったことは、請求人又は本件妻の申述等によっ
　　ても明らかであり、請求人は、当初から所得を過少に申告するという意図を有
　　していたものと認められる。

　㋺　隠蔽又は仮装行為の有無について

　　　上記ロの請求人又は本件妻の申述等並びに上記ハの認定事実によれば、請求
　　人は、本件従業員分の売上げやその費用の額が本件事業に係る事業所得の金額
　　の計算上売上金額又は必要経費の金額に算入されるべきことを認識しつつ、こ
　　れらをあえてその集計計算から除くなどして本件各年分の売上金額及び必要経
　　費の金額を算出し、その算出したところに基づいて本件各収支内訳書を作成の
　　上、これに基づく本件各所得税等申告書を提出することで過少申告行為に及ん
　　だものと認められる。

　　　しかしその一方で、本件全証拠等によっても、上記の各過少申告に至る過程
　　で、請求人が架空名義の請求書を作成し、架空名義の本件各支払明細書を作成
　　させ、あるいは、他人名義の預金口座に売上代金を入金させたというような事
　　実は認められず、本件各支払明細書や領収証等の取引に関する書類を改ざんし、
　　あるいは本件売上メモを作成し、又はこれらの書類を意図的に破棄・隠匿した
　　などの事実も認められない。

　　　そして、本件妻が、本件各支払明細書や領収証等の書類の一部（本件従業員
　　に係るもの）を売上金額及び必要経費の金額の集計計算の基礎から作為的に除
　　いていたという行為自体についても、上記ハの㋭の認定事実のとおり、請求人
　　が本件各支払明細書や本件各預金通帳の全てを保存し、本件調査の際には、当
　　初から売上金額の過少計上の事実を認めつつ、これらの書類を本件調査担当職
　　員に提示していたという事情に鑑みると、当該行為をもって真実の所得解明に
　　困難が伴う状況を作出するための隠蔽又は仮装の行為と評価することは困難で

ある。

　これらのことからすると、上記の各過少申告に至る過程で、請求人に隠蔽又は仮装と評価すべき行為があったということはできない。

(ハ)　原処分庁の主張について

　A　原処分庁は、請求人が、本件事業に係る毎月の売上金額を把握しつつ税金の負担を免れるために、本件従業員分の売上げを除外し、売上金額が1,000万円を超えないように調整した過少な売上金額を算定するための本件売上メモを本件妻に作成させ、本件売上メモに基づいて算定した過少な売上金額を本件各収支内訳書に記載した上、各申告後に本件売上メモを廃棄していたとし、これらの行為が隠蔽又は仮装の行為に該当する旨主張する（前記3の(4)の「原処分庁」欄のイの(イ)ないし(ハ)）。

　　しかしながら、原処分庁が主張する本件売上メモについては、各申告後に現存していないことは当事者間に争いがなく、本件全証拠等によっても、本件売上メモが存在したという事実自体明らかではなく、そこに原処分庁が主張する趣旨の内容が記載されていたとも認められない。仮に、原処分庁の主張する本件売上メモが、本件妻が売上金額の集計作業の過程で広告の裏紙などを利用して作成していたとする何らかのメモを意味するものであったとしても、請求人の申述又は本件妻の答述に照らすと、当該メモは、飽くまで集計過程の金額を備忘的かつ一時的に記載した単なる手控えにすぎないと認めるのが相当であるから、そのようなメモを請求人又は本件妻が申告後に廃棄していたとしても、これを隠蔽行為と評価することは困難である。

　B　また、原処分庁は、請求人が本件各収支内訳書に記載した売上金額が本件事業に係る売上金額の半分以下であったこと、また、請求人が本件従業員分の経費が毎年600万円以上ありながらこれらを本件各収支内訳書に必要経費として計上しなかったことをもって、隠蔽又は仮装行為に該当する旨主張する（前記3の(4)の「原処分庁」欄のイの(ニ)及び(ホ)）。

　　確かに、本件各収支内訳書に記載された売上金額は、いずれの年分においても原処分庁が本件各年分の所得税等の各更正処分によって認定した売上金額の5割に満たない金額であり、また、本件各収支内訳書に記載された必要経費の合計額に本件給与の額など本件従業員分の費用の額が計上されていな

かったことから、上記の各更正処分において必要経費の金額がそれぞれ追加認容されたものと認められる（上記ハの(ハ)のD）。

しかし、通則法第68条第1項に規定する重加算税を課すためには、上記イのとおり、過少申告行為そのものとは別に、隠蔽又は仮装と評価すべき行為が存在し、これに合わせた過少申告がされたことを要するから、本件において、請求人が本件従業員分の売上げや費用の存在を認識しつつこれらを本件各収支内訳書に計上せず、申告対象から除外したというだけでは、重加算税の賦課要件が満たされるものではないというべきである。

C さらに原処分庁は、請求人は当初から所得を過少に申告することを意図し、その意図を外部からもうかがい得る特段の行動をしたといえる旨主張する（上記3の(4)の「原処分庁」欄のロ）。

しかし、原処分庁が主張する「特段の行動」とは、結局のところ、請求人が、①本件売上メモを本件妻に作成させ、②本件売上メモに基づいて算定した過少な売上金額を本件各収支内訳書に記載し、③本件各年分の所得税等の申告後に本件売上メモを廃棄したこと及び④本件各収支内訳書に記載した売上金額が本件事業に係る売上金額の半分以下の金額であり、また、本件各収支内訳書に本件従業員分の経費を必要経費として計上しなかったことをいうものであるところ、本件売上メモが作成されていたと認められないことは上記Aのとおりであり、また、本件収支内訳書に過少の売上金額や必要経費の金額を記載したというだけでは、隠蔽又は仮装の行為があったということができないことは上記Bのとおりである。

したがって、本件において、過少申告行為そのものとは別に、隠蔽又は仮装の行為が存在し、これに合わせた過少申告がされたものと評価し得るような「特段の行動」が請求人にあったとは認められない。

(二) 結論

以上のとおりであるから、本件において、請求人に通則法第68条第1項及び第2項に規定する「隠蔽し、又は仮装し」に該当する事実があったとは認められない。

したがって、請求人の本件各年分の所得税等の過少申告行為については、同条第1項に規定する重加算税を課すべき場合には該当せず、また、請求人の本

件各課税期間の消費税等の無申告行為についても、同条第2項に規定する重加

算税を課すべき場合には該当しないというべきである。

(5) 争点5（請求人に、通則法第70条第4項第1号に規定する「偽りその他不正の行

為」に該当する事実があったか否か。）について

イ　法令解釈

通則法第70条第4項第1号に規定する「偽りその他不正の行為」とは、税額を

免れる意図の下に、税の賦課徴収を不能又は著しく困難にするような何らかの偽

計その他の工作を伴う不正な行為を行っていることをいうものと解すべきである。

そうすると、単なる不申告行為はこれに含まれないものの、納税者が真実の課税

標準を秘匿し、それが課税の対象となることを回避する意思の下に、課税標準を

殊更に過少にした内容虚偽の確定申告書を提出することにより、納付すべき税額

を過少にして、本来納付すべき税額との差額を免れようとするような態様の過少

申告行為も、単なる不申告に止まらず、偽りの工作的不正行為ということができ

るから、上記の「偽りその他不正の行為」に該当するというべきである。

ロ　当てはめ

上記(4)のニの(ロ)のとおり、本件で認定できる請求人の行為をみても、請求人に

おいて、税額を免れる意図の下に、税の賦課徴収を不能又は著しく困難にするよ

うな何らかの偽計その他の工作を伴う不正の行為を行っているとはいえず、また、

納税者が真実の課税標準を秘匿し、それが課税の対象となることを回避する意図

の下に、課税標準を殊更に過少にした内容虚偽の確定申告書を提出したともいえ

ない。

したがって、所得税等及び消費税等の申告について、通則法第70条第4項第1

号に規定する「偽りその他不正の行為」に該当する事実があったとは認められな

い。

ハ　原処分庁の主張について

原処分庁は、前記3の(5)の「原処分庁」欄のとおり主張する。

しかしながら、本件売上メモが作成された事実が認められないのは、上記(4)の

ニの(ハ)のAのとおりであるから、本件売上メモの存在を前提とした原処分庁の主

張は、いずれもその前提を欠く。また、当審判所の調査及び審理の結果によって

も、申告行為そのものである本件各収支内訳書の提出以外に、所得税等の過少申

告又は消費税等の無申告に向けた何らかの積極的な行為があったとは認められない以上、税の賦課徴収を不能又は著しく困難にするような何らかの偽計その他の工作を伴う不正の行為があったとは認められないし、納税者が真実の課税標準を秘匿し、それが課税の対象となることを回避する意思の下に、課税標準を殊更に過少にした内容虚偽の確定申告書を提出したと評価する根拠もない。

したがって、原処分庁の主張には理由がない。

(6) 争点6（本件給与に係る源泉所得税等の金額の算定に当たり、源泉徴収税額表の甲欄又は乙欄のいずれを適用すべきか。）について

イ　検討

前記1の(3)のロの(ハ)のとおり、請求人は源泉所得税等を徴収しておらず、また前記1の(3)のハの(ホ)のとおり、本件調査担当職員が、請求人に対して、平成25年分ないし平成29年分の本件従業員の扶養控除等申告書を提出するよう求めた際、請求人は、扶養控除等申告書を受理していない旨申述し、当該扶養控除等申告書を提出しなかったのであるから、請求人は当該扶養控除等申告書を受理していなかったと認められる。そうすると、本件において、扶養控除等申告書の提出を前提とする所得税法第185条第1項第1号イの規定（甲欄）を適用することはできない。

したがって、本件給与は、支払期が毎月と定められていることから、当該給与に係る源泉所得税等の金額の算定においては、所得税法第185条第1項第2号イの規定（乙欄）が適用され、源泉徴収税額表の乙欄に基づき、税額を算定することとなる。

ロ　請求人の主張について

請求人は、前記3の(6)の「請求人」欄のとおりそれぞれ主張するが、いずれも所得税法第185条及び同法第190条《年末調整》の規定に反する主張であるから採用できない。

(7) 本件各年分の所得税等に係る各更正処分の適法性について

イ　平成24年分の所得税に係る更正処分の適法性について

上記(5)のロのとおり、請求人に、通則法第70条第4項第1号に規定する「偽りその他不正の行為」に該当する行為があるとは認められない。そうすると、請求人の平成24年分の所得税の更正処分は、同号が掲げる更正決定等には当たらない

から、同条第１項第１号が定める期限から７年を経過する日まですることができる場合には該当しない。

　　　したがって、平成24年分の所得税に係る更正処分は、同条第１項柱書に規定する更正の期間制限を超えてされた違法なものであり、その全部を取り消すべきである。

　　ロ　平成25年分ないし平成28年分の所得税等に係る各更正処分の適法性について

　　　上記(1)のハのとおり、請求人の本件各年分の事業所得の金額の算定について、所得税法第156条に規定する推計の方法によるべきとは認められず、また上記(2)のイのとおり、本件妻に係る専従者控除の額は本件各年分に係る事業所得の金額の計算上差し引くことができない。

　　　これに基づき、請求人の平成25年分ないし平成28年分の総所得金額及び納付すべき税額を計算すると、いずれも平成25年分ないし平成28年分の所得税等に係る各更正処分の金額と同額となる。

　　　また、平成25年分ないし平成28年分の所得税等に係る各更正処分のその他の部分については、請求人は争わず、当審判所に提出された証拠資料等によっても、これを不相当とする理由は認められない。

　　　したがって、平成25年分ないし平成28年分の所得税等に係る各更正処分は、いずれも適法である。

(8)　本件各年分の所得税等に係る重加算税の各賦課決定処分の適法性について

　　イ　平成24年分の所得税に係る重加算税の賦課決定処分の適法性について

　　　上記(7)のイのとおり、平成24年分の所得税に係る更正処分は違法であり、その全部を取り消すべきであるから、これに起因する平成24年分の重加算税の賦課決定処分についても、その全部を取り消すべきである。

　　ロ　平成25年分ないし平成28年分の所得税等に係る重加算税の各賦課決定処分の適法性について

　　　上記(4)のニの㈡のとおり、請求人の本件各年分の所得税等の過少申告行為について、通則法第68条第１項に規定する重加算税の賦課要件を満たしていないところ、平成25年分ないし平成28年分の所得税等の各更正処分に基づき納付すべき税額の計算の基礎となった事実が、当該各更正処分前の税額の計算の基礎とされていなかったことについて、通則法第65条第４項第１号（平成28年法律第15号によ

る改正前については同法第65条第4項）に規定する正当な理由があるとは認められず、他に計算の基礎となる金額及び計算方法につき請求人は争っていないから、平成25年分ないし平成28年分の所得税等に係る重加算税の各賦課決定処分のうち、過少申告加算税相当額を超える部分の金額については、いずれも別紙2-1ないし2-4の「取消額等計算書」のとおり取り消すべきである。

(9)　本件各課税期間の消費税等に係る各更正処分の適法性について

　イ　平成24年課税期間の消費税等に係る更正処分の適法性について

　　　上記(5)のロのとおり、請求人に、通則法第70条第4項第1号に規定する「偽りその他不正の行為」に該当する行為があるとは認められない。そうすると、請求人の平成24年課税期間の消費税等の更正処分は、同号が掲げる更正決定等には当たらないから、同条第1項第1号が定める期限から7年を経過する日まですることができる場合には該当しない。

　　　したがって、平成24年課税期間の消費税等の更正処分は、同条第1項柱書に規定する更正の期間制限を超えてされた違法なものであり、その全部を取り消すべきである。

　ロ　平成25年課税期間ないし平成28年課税期間の消費税等に係る各更正処分の適法性について

　　　上記(3)のハのとおり、請求人は、本件各課税期間において、課税仕入れの税額の控除に係る帳簿を保存していなかったとするのが相当であるから、本件各課税期間の仕入税額控除は適用できない。

　　　これに基づき、平成25年課税期間ないし平成28年課税期間の請求人の消費税の課税標準額及び納付すべき税額並びに地方消費税の納付すべき税額を計算すると、いずれも平成25年課税期間ないし平成28年課税期間の消費税等に係る各更正処分の金額と同額となる。

　　　また、平成25年課税期間ないし平成28年課税期間の消費税等に係る各更正処分のその他の部分については、請求人は争わず、当審判所に提出された証拠資料等によっても、これを不相当とする理由は認められない。

　　　したがって、平成25年課税期間ないし平成28年課税期間の消費税等に係る各更正処分は、いずれも適法である。

(10)　本件各課税期間の消費税等に係る無申告加算税及び重加算税の各賦課決定処分の

適法性について

イ　平成24年課税期間の消費税等に係る無申告加算税及び重加算税の各賦課決定処
分の適法性について

　　上記(9)のイのとおり平成24年課税期間の消費税等に係る更正処分は違法であり、
その全部を取り消すべきであるから、これに起因する平成24年課税期間の消費税
等に係る無申告加算税及び重加算税の各賦課決定処分についても、その全部を取
り消すべきである。

ロ　平成25年課税期間ないし平成28年課税期間の消費税等に係る無申告加算税及び
重加算税の各賦課決定処分の適法性について

　　上記(4)のニの(二)のとおり、請求人の本件各課税期間の消費税等の無申告行為に
ついて、通則法第68条第2項に規定する重加算税の賦課要件を満たしていないと
ころ、平成25年課税期間ないし平成28年課税期間の消費税等の期限内申告書の提
出がなかったことについて、通則法第66条第1項ただし書に規定する正当な理由
があるとは認められず、他に計算の基礎となる金額及び計算方法につき請求人は
争っていないから、同条第1項及び第2項並びに地方税法附則第9条の4《譲渡
割の賦課徴収の特例等》及び第9条の9《譲渡割に係る延滞税等の計算の特例》
第1項の規定に基づいてされた平成25年課税期間ないし平成28年課税期間の消費
税等に係る無申告加算税及び重加算税の各賦課決定処分のうち無申告加算税相当
額を超える部分の金額については、いずれも別紙2－5ないし2－8の「取消額
等計算書」のとおり取り消すべきである。

(11)　本件各月分の源泉所得税等に係る各納税告知処分の適法性について

　　上記(6)のイのとおり、本件従業員について源泉徴収税額表の乙欄が適用されると
ころ、本件給与の源泉所得税等の金額を計算すると、本件各月分の源泉所得税等の
各納税告知処分の額と同額となる。

　　なお、本件各月分の源泉所得税等の各納税告知処分のその他の部分については、
請求人は争わず、当審判所に提出された証拠資料等によっても、これを不相当とす
る理由は認められない。

　　したがって、本件各月分の源泉所得税等の各納税告知処分はいずれも適法である。

(12)　本件各月分の源泉所得税等に係る不納付加算税の各賦課決定処分の適法性につい
て

上記(11)のとおり、本件各月分の源泉所得税等に係る各納税告知処分は、適法であり、本件各月分の源泉所得税等に係る各納税告知処分の源泉所得税等の額を法定納期限までに納付しなかったことについて、通則法第67条《不納付加算税》第1項ただし書に規定する正当な理由があるとは認められず、他に計算の基礎となる金額及び計算方法につき請求人は争っていないから、同項の規定に基づき行われた本件各月分の源泉所得税等に係る不納付加算税の各賦課決定処分はいずれも適法である。

(13)　結論

　よって、審査請求には理由があるから、原処分の一部を取り消すこととする。

別表1　審査請求に至る経緯（所得税等）（省略）

別表2　審査請求に至る経緯（消費税等）（省略）

別表3　審査請求に至る経緯（源泉所得税等）（省略）

別表4　本件各年分の本件事業に係る売上金額（省略）

別表5　本件各年分の本件事業に係る必要経費の金額（省略）

別紙1　原処分（省略）

別紙2－1　取消額等計算書（省略）

別紙2－2　取消額等計算書（省略）

別紙2－3　取消額等計算書（省略）

別紙2－4　取消額等計算書（省略）

別紙2－5　取消額等計算書（省略）

別紙2－6　取消額等計算書（省略）

別紙2－7　取消額等計算書（省略）

別紙2－8　取消額等計算書（省略）

別紙3

関係法令

1 国税通則法

(1) 国税通則法（以下「通則法」という。）第68条《重加算税》（平成29年1月1日よ
り前に法定申告期限が到来するものについては、平成28年法律第15号による改正前
のもの。以下同じ。）第1項は、通則法第65条《過少申告加算税》第1項の規定に
該当する場合において、納税者がその国税の課税標準等又は税額等の計算の基礎と
なるべき事実の全部又は一部を隠蔽し、又は仮装し、その隠蔽し、又は仮装したと
ころに基づき納税申告書を提出していたときは、当該納税者に対し、政令で定める
ところにより、過少申告加算税の額の計算の基礎となるべき税額に係る過少申告加
算税に代え、当該基礎となるべき税額に100分の35の割合を乗じて計算した金額に
相当する重加算税を課する旨規定している。

　また、通則法第68条第2項は、通則法第66条《無申告加算税》第1項の規定に該
当する場合において、納税者がその国税の課税標準等又は税額等の計算の基礎とな
るべき事実の全部又は一部を隠蔽し、又は仮装し、その隠蔽し、又は仮装したとこ
ろに基づき法定申告期限までに納税申告書を提出せず、又は法定申告期限後に納税
申告書を提出していたときは、当該納税者に対し、政令で定めるところにより、無
申告加算税の額の計算の基礎となるべき税額に係る無申告加算税に代え、当該基礎
となるべき税額に100分の40の割合を乗じて計算した金額に相当する重加算税を課
する旨規定している。

(2) 通則法第70条《国税の更正、決定等の期間制限》第4項第1号（平成27年法律第
9号による改正前は通則法第70条第4項。以下同じ。）は、偽りその他不正の行為
によりその全部若しくは一部の税額を免れた国税（当該国税に係る加算税を含む。）
についての更正決定等は、同条第1項の規定にかかわらず、当該国税の法定申告期
限又は納税義務の成立の日から7年を経過する日まで、することができる旨規定し
ている。

2 所得税法

(1) 所得税法第2条《定義》第1項第33号（平成29年法律第4号による改正前のもの。

以下同じ。）は、「控除対象配偶者」とは居住者の配偶者でその居住者と生計を一にするもの（同法第57条《事業に専従する親族がある場合の必要経費の特例等》第1項に規定する青色事業専従者に該当するもので同項に規定する給与の支払を受けるもの及び同条第3項に規定する事業専従者に該当するものを除く。）のうち、合計所得金額が38万円以下である者をいう旨規定している。

(2) 所得税法第57条第3項は、居住者と生計を一にする配偶者その他の親族で専らその居住者の営む同条第2項に規定する事業に従事するもの（事業専従者）がある場合には、その居住者のその年分の当該事業に係る不動産所得の金額、事業所得の金額及び山林所得の金額の計算上、各事業専従者につき同項第1号又は第2号に掲げる金額のうちいずれか低い金額を必要経費とみなす旨規定する。また、同条第5項は、同条第3項の規定は確定申告書に同項の規定の適用を受ける旨及び同項の規定により必要経費とみなされる金額に関する事項の記載がない場合には適用しない旨規定している。

なお、同条第6項は、税務署長は、確定申告書の提出がなかった場合又は同条第5項の記載がない確定申告書の提出があった場合においても、その提出がなかったこと又はその記載がなかったことについてやむを得ない事情があると認めるときは、同条第3項の規定を適用することができる旨規定している。

(3) 所得税法第156条《推計による更正又は決定》は、税務署長は、居住者に係る所得税につき更正又は決定をする場合には、その者の財産若しくは債務の増減の状況、収入若しくは支出の状況又は生産量、販売量その他の取扱量、従業員数その他事業の規模によりその者の各年分の各種所得の金額又は損失の金額（その者の提出した青色申告書に係る年分の不動産所得の金額、事業所得の金額及び山林所得の金額並びにこれらの金額の計算上生じた損失の金額を除く。）を推計して、これをすることができる旨規定している。

(4) 所得税法第185条《賞与以外の給与等に係る徴収税額》第1項（平成27年12月31日以前に支払うべき給与等については、平成27年法律第9号による改正前のもの。以下同じ。平成28年1月1日以降に支払うべき給与等については、平成29年法律第4号による改正前のもの。以下同じ。）は、賞与以外の給与等について同法第183条《源泉徴収義務》第1項の規定により徴収すべき所得税の額は、給与所得者の扶養控除等申告書（以下「扶養控除等申告書」という。）を提出した居住者に支払う給

与等のうち、その支払期が毎月と定められている場合は、同法別表第二「給与所得の源泉徴収税額表（月額表）」（以下「源泉徴収税額表」という。）の甲欄に掲げる税額（同項第1号イ）を、また、扶養控除等申告書が提出されていない居住者に支払う給与等のうち、その支払期が毎月と定められている場合は、源泉徴収税額表の乙欄に掲げる税額（同項第2号イ）を適用する旨規定している。

(5)　所得税法第194条《給与所得者の扶養控除等申告書》第1項（平成27年12月31日以前に支払を受けるべき給与等について提出する扶養控除等申告書については、平成27年法律第9号による改正前のもの。平成28年1月1日以降に支払を受けるべき給与等について提出する扶養控除等申告書については、平成29年法律第4号による改正前のもの。以下同じ。）は、国内において給与等の支払を受ける居住者は、その給与等の支払者から毎年最初に給与等の支払を受ける日の前日までに、同項各号に掲げる事項を記載した申告書を、当該給与等の支払者を経由して、その給与等に係る所得税の同法第17条《源泉徴収に係る所得税の納税地》の規定による納税地の所轄税務署長に提出しなければならない旨規定している。

(6)　所得税法第198条《給与所得者の源泉徴収に関する申告書の提出時期等の特例》第1項は、同法第194条の規定による扶養控除等申告書がその提出の際に経由すべき給与等の支払者に受理されたときは、その扶養控除等申告書は、その受理された日に同条に規定する税務署長に提出されたものとみなす旨規定している。

(7)　所得税法施行規則第76条の3《給与所得者の源泉徴収に関する申告書の保存》（平成25年1月1日より前に給与等の支払者が受理する給与所得者の源泉徴収に関する申告書については平成24年財務省令第24号による改正前のもの。以下同じ。）は、所得税法第194条から第196条《給与所得者の保険料控除申告書》まで（給与所得者の源泉徴収に関する申告書）に規定する給与等の支払者がその給与等の支払を受ける居住者から受理したこれらの規定による申告書等は、同法第17条の規定による納税地の所轄税務署長が当該給与等の支払者に対しその提出を求めるまでの間、当該給与等の支払者が保存するものとする旨規定している。

3　消費税法

消費税法第30条《仕入れに係る消費税額の控除》第1項第1号（平成26年3月31日以前に行う課税仕入れについては平成24年法律第68号による改正前のもの。以下同じ。平成26年4月1日以降に行う課税仕入れについては、平成28年法律第15号による改正

前のもの。以下同じ。）は、事業者が、国内において行う課税仕入れについては、当該課税仕入れを行った日の属する課税期間の課税標準額に対する消費税額から、当該課税期間中に国内において行った課税仕入れに係る消費税額を控除する旨規定（以下、当該規定に基づく控除を「仕入税額控除」という。）しているところ、同条第7項は、同条第1項の規定は、事業者が当該課税期間の課税仕入れの税額の控除に係る帳簿及び請求書等を保存しない場合には、当該保存がない課税仕入れの税額については、適用しない旨規定している。

事例6 （徴収権の消滅時効　時効の中断）

> **債権差押処分における被差押債権の不存在又は消滅の主張は債権差押処分の違法又は無効事由と認められないとした事例**（不動産の差押処分・棄却・令和元年5月14日裁決）
>
> 《ポイント》
>
> 　本件は、滞納者や第三債務者による、被差押債権の不存在又は消滅を理由とする差押処分の違法又は無効の主張は、不存在又は消滅が明らかであるような事情、あるいは徴収権の濫用と認められる等の事情が無い限り、認められないと解されるとしたものである。

《要旨》

　請求人は、請求人が有する保証金の返還請求権（本件被差押債権）の差押処分（本件差押処分）時において、本件被差押債権は既に消滅しており存在しなかったから、本件差押処分は違法又は無効であり、滞納国税の徴収権の消滅時効は、本件差押処分によって中断していない、したがって、不動産差押処分時において滞納国税の徴収権は時効により消滅している旨主張する。

　しかしながら、被差押債権の存在を滞納処分による債権差押処分の要件とする旨の規定は存在せず、また、仮に滞納処分による債権差押処分を行った場合に被差押債権が存在せず又は既に消滅していたとしても、それは結果的に債権差押処分の執行が功を奏しなかったというだけにすぎず、権利者による権利行使がなされたことに変わりはない。したがって、仮に本件被差押債権が消滅しており存在しなかったとしても、そのことによって本件差押処分が違法又は無効になるものではないことから、滞納国税の徴収権の消滅時効は、本件差押処分によって中断している。

《参照条文等》

　国税通則法第72条

　民法第147条

《参考判決・裁決》

東京地裁平成12年12月21日判決（判時1735号52頁）

大阪高裁昭和37年 6 月18日判決（訟月 8 巻 8 号1351頁）

平成18年 3 月30日裁決（裁決事例集 No.71）

（令和元年5月14日裁決）

《裁決書（抄）》

1 事　実

(1) 事案の概要

　　本件は、原処分庁が、審査請求人（以下「請求人」という。）の滞納国税を徴収するため、請求人が所有する不動産について差押処分をしたのに対し、請求人が、当該滞納国税の徴収権は当該差押処分時において時効により消滅しているとして、原処分の全部の取消しを求めた事案である。

(2) 関係法令

　イ　国税通則法（以下「通則法」という。）第72条《国税の徴収権の消滅時効》第1項は、国税の徴収権は、その国税の法定納期限から5年間行使しないことによって、時効により消滅する旨、同条第3項は、国税の徴収権の時効については、同法第7章《国税の更正、決定、徴収、還付等の期間制限》第2節《国税の徴収権の消滅時効》に別段の定めがあるものを除き、民法の規定を準用する旨それぞれ規定している。

　ロ　国税徴収法（以下「徴収法」という。）第47条《差押の要件》第1項第1号は、滞納者が督促を受け、その督促に係る国税をその督促状を発した日から起算して10日を経過した日までに完納しないときは、徴収職員は、滞納者の国税につきその財産を差し押さえなければならない旨規定している。

　ハ　徴収法第54条《差押調書》第2号は、徴収職員は、滞納者の財産を差し押さえたときは、差押調書を作成し、その財産が債権であるときは、その謄本を滞納者に交付しなければならない旨規定している。

　ニ　徴収法第62条《差押えの手続及び効力発生時期》第1項は、債権の差押えは、第三債務者に対する債権差押通知書の送達により行う旨規定している。

　ホ　民法第147条《時効の中断事由》第2号は、時効は、差押えによって中断する旨規定している。

　ヘ　民法第154条《差押え、仮差押え及び仮処分》は、差押えは、権利者の請求により又は法律の規定に従わないことにより取り消されたときは、時効の中断の効力を生じない旨規定している。

(3) 基礎事実

当審判所の調査及び審理の結果によれば、以下の事実が認められる。

イ　D社（現、E社。以下「本件法人」という。）と請求人は、平成13年11月28日、賃貸人を本件法人、賃借人を請求人、賃貸借物件をa市d町所在の建物4階部分（以下「本件物件」という。）、賃料（消費税込み）を月額391,072円、共益費（消費税込み）を月額75,206円、賃貸借期間を同年12月28日から平成16年12月27日までとする賃貸借契約（以下「平成13年契約」という。）を締結した。

　　なお、平成13年契約には、賃借人は保証金として3,724,500円を賃貸人に預託する旨の条項が定められており（以下「本件保証金条項」という。）、請求人は、平成13年契約の締結に際し、本件保証金条項に基づく保証金として3,724,500円を本件法人に預託した（以下、本件保証金条項に基づき預託した保証金を「本件保証金」という。）。

ロ　本件法人とF（以下「本件賃借人1」という。）は、平成16年6月28日、賃貸人を本件法人、賃借人を本件賃借人1、賃貸借物件を本件物件、賃料（消費税込み）を月額391,072円、共益費（消費税込み）を月額75,206円、賃貸借期間を同年7月1日から平成19年6月30日までとし、本件保証金条項と同内容の条項を含む賃貸借契約（以下「平成16年契約」という。）を締結した。

　　平成16年契約に係る賃貸借契約書において、請求人は、本件法人との間で、平成16年契約に係る本件賃借人1の債務を連帯して保証する旨を合意した。

ハ　平成16年契約の締結に際し、請求人は、本件法人に対し、「保証金の返却として」3,724,500円を領収した旨を記載した平成16年6月28日付領収証（以下「本件領収証」という。）を交付していた上、本件法人も、本件賃借人1に対し、本件賃借人1から平成16年契約に基づく保証金として3,724,500円の預託を受けた旨を記載した同日付の「預り証」と題する文書（以下「本件預り証」という。）を交付していた。

ニ　本件法人とG（以下「本件賃借人2」という。）は、平成19年7月1日、賃貸人を本件法人、賃借人を本件賃借人2、賃貸借物件を本件物件、賃料（消費税込み）を月額391,072円、共益費（消費税込み）を月額75,206円、賃貸借期間を同日から平成22年6月30日までとし、本件保証金条項と同内容の条項を含む賃貸借契約（以下「平成19年契約」という。）を締結した。

　　平成19年契約に係る賃貸借契約書において、請求人は、本件法人との間で、平

成19年契約に係る本件賃借人2の債務を連帯して保証する旨を合意した。

ホ　本件法人とH（以下「本件賃借人3」という。）は、平成21年7月31日、賃貸
人を本件法人、賃借人を本件賃借人3、賃貸借物件を本件物件、賃料（消費税込
み）を月額391,072円、共益費（消費税込み）を月額75,206円、賃貸借期間を同年
8月1日から平成24年7月31日までとし、本件保証金条項と同内容の条項を含む
賃貸借契約（以下「平成21年契約」という。）を締結した。

　　平成21年契約に係る賃貸借契約書において、請求人は、本件法人との間で、平
成21年契約に係る本件賃借人3の債務を連帯して保証する旨を合意した。

(4)　審査請求に至る経緯

イ　J税務署長は、別表1記載の請求人の滞納国税（以下「本件滞納国税」とい
う。）について、同表の各「督促年月日」欄記載のとおり、平成21年6月26日か
ら同年9月25日までの間に、請求人に対し、通則法第37条《督促》第1項の規定
に基づき、順次、督促状によりその納付を督促した。

ロ　原処分庁は、本件滞納国税について、平成21年7月23日から同年10月20日まで
の間に、通則法第43条《国税の徴収の所轄庁》第3項の規定に基づき、J税務署
長から、順次、徴収の引継ぎを受けた。

ハ　原処分庁所属の徴収担当職員は、平成22年1月26日付で、本件滞納国税を徴収
するため、徴収法第47条第1項、同法第54条第2号及び同法第62条第1項の各規
定に基づき、請求人の本件法人に対する本件保証金の返還請求権（以下「本件被
差押債権」という。）を差し押さえ（以下「平成22年差押処分」という。）、本件
法人に債権差押通知書を送達した上、滞納者である請求人に差押調書の謄本を交
付した。

ニ　原処分庁は、平成30年3月28日付で、本件滞納国税を徴収するため、徴収法第
47条第1項並びに同法第68条《不動産の差押の手続及び効力発生時期》第1項及
び第3項の各規定に基づき、別表2記載の各不動産の請求人の各共有持分を差し
押さえ（以下「平成30年差押処分」という。）、平成30年3月29日受付で、平成30
年差押処分に係る差押登記がされた。

ホ　請求人は、平成30年差押処分を不服として、平成30年6月26日に審査請求をし
た。

2　争　点

本件滞納国税の徴収権の消滅時効は、平成22年差押処分によって中断したか否か。

3　争点についての主張

原処分庁	請求人
国税の滞納処分として行う債権差押処分は、被差押債権の存在を要件とするものではないから、被差押債権が存在していなかったとしても、当該処分が違法又は無効になることはない。したがって、本件被差押債権の存否が平成22年差押処分の違法又は無効の判断を左右することはなく、平成22年差押処分は、適法に行われているから、本件滞納国税の徴収権の消滅時効は、平成22年差押処分によって中断した。 　なお、以下の事情からすれば、本件被差押債権は平成22年差押処分時に存在していた上、原処分庁もその認識であったことは明らかであるから、その点でも、請求人の主張は理由がない。 (1)　本件領収証及び本件預り証は存在するものの、本件法人の代表者が、平成22年1月頃、原処分庁に対し、本件保証金の返還等は実際には行っていない旨などを申述した上、平成30年3月に面接した際にも、同趣旨の申述をするとともに、本件被差押債権に係る債務につき同年11月9日付で「債務承認（確認）書」と題する文書を原処分庁に提出したこと。 (2)　本件法人に対して交付された、請求人作成の平成21年8月1日付「確約書」と	民法第154条は、差押えが取り消されたときは、時効中断の効力を生じない旨規定しており、差押えが適法に行われていなければ、時効中断の効力は生じないところ、以下の事情によれば、本件被差押債権は平成22年差押処分の時点で既に消滅しており存在しなかった上、原処分庁も、そのことを認識していながら、殊更に本件被差押債権が存在すると称して、平成22年差押処分を行ったものであるから、平成22年差押処分は、違法又は無効である。したがって、平成22年差押処分によって、本件滞納国税の徴収権の消滅時効が中断することはない。 (1)　平成13年契約の合意解除及び平成16年契約の締結に伴い、本件保証金が請求人に返還され、本件賃借人1が新たに保証金を預託したことは、本件領収証及び本件預り証から明らかであること（なお、原処分庁が指摘する本件法人の代表者の申述等は、現金の授受をしていない事実を述べたにすぎない。）。 (2)　本件確約書等は、客観的事実を記載したものでも請求人の認識を記載したもの

題する文書、請求人及び本件賃借人２作成の同日付「保証金預託に関する確認書」と題する文書並びに請求人及び本件賃借人３作成の同日付「保証金預託に関する確認書」と題する文書（以下、これらの文書を併せて「本件確約書等」という。）には、請求人が本件被差押債権を有していることを前提にした記載があること。	でもなく、その記載内容から、請求人が本件保証金を預託した状態が続いているとは認められないこと。

4　当審判所の判断

(1)　争点について

　　通則法第72条第１項及び民法第147条第２号の各規定によれば、国税の徴収権の消滅時効は、滞納処分による差押えによって中断するところ、請求人は、本件被差押債権が平成22年差押処分の時点で既に消滅しており存在しなかったことを理由にして、平成22年差押処分が違法又は無効であると主張する。

　　そこで検討すると、徴収法等の関係法令には、被差押債権の存在を滞納処分による債権差押処分の要件とする旨の規定は存在せず、その存否を判断するために債務者や第三債務者を審尋すべきとする旨の規定も存在しない。また、仮に滞納処分による債権差押処分を行った場合に被差押債権が存在せず又は既に消滅していたとしても、それは結果的に債権差押処分の執行が功を奏しなかったというだけにすぎず、権利者による権利行使がなされたことに変わりはない。したがって、仮に被差押債権が存在せず又は消滅していたとしても、そのことによって債権差押処分が違法又は無効になるものではないと解するのが相当である。

　　以上によれば、仮に本件被差押債権が平成22年差押処分の時点で既に消滅しており存在しなかったとしても、そのことによって平成22年差押処分が違法又は無効になることはない。そして、平成22年差押処分のその他の要件については、争点になっておらず、審判所の調査及び審理の結果によっても、平成22年差押処分は徴収法等の関係法令に基づいて適法に行われたものと認められるから、本件滞納国税の徴収権の消滅時効は、平成22年差押処分によって中断したと認めるのが相当である。

(2) 請求人の主張について

　これに対し、請求人は、原処分庁が、請求人が本件被差押債権を有していないことを認識していながら、殊更にこれが存在すると称して平成22年差押処分を行ったことを理由にして、平成22年差押処分が違法又は無効であるとも主張する。

　確かに、本件領収証及び本件預り証がそれぞれ作成されているが、他方で、原処分関係資料並びに当審判所の調査及び審理の結果によれば、原処分庁所属の徴収担当職員は、平成22年差押処分を行うに当たり、本件法人の代表者と面談し、平成13年契約以降に賃借人が変更されたものの、本件保証金の返還は行っておらず、請求人が本件保証金を預託している旨の回答を受けたことが認められる上、他に原処分庁が本件被差押債権を存在しないことを認識しながら、あえて平成22年差押処分を行ったことを裏付けるに足りる証拠もないから、これを認めることはできない。

　したがって、請求人の主張は、その前提を欠くから理由がない。

(3) 平成30年差押処分の適法性について

　上記(1)のとおり、本件滞納国税の徴収権の消滅時効は、平成22年差押処分によって中断したところ、当審判所の調査及び審理の結果によれば、その後に当該中断の事由が終了したことをうかがわせる事情も存在しないから、平成30年差押処分の時点で、本件滞納国税の徴収権の消滅時効は完成していなかったものと認められる。

　また、平成30年差押処分のその他の部分については、請求人は争わず、当審判所に提出された証拠資料等によっても、これを不相当とする理由は認められない。

　したがって、平成30年差押処分は適法である。

(4) 結論

　よって、審査請求は理由がないから、これを棄却することとする。

別表 1　本件滞納国税の内訳（平成30年 3 月28日現在）（省略）

別表 2　不動産の内訳（省略）

二　所得税法関係

〈平成30年９月分及び
平成31年４月から令和元年６月分〉

事例7 （雑所得　収入すべき時期　貸付金利息）

　　社債と題する書面の額面金額と発行価額との差益は貸付金利息であると認められ、
　期間の経過により直ちに利息債権が発生し収入の原因となる権利が確定するものとし
　た事例（平成28年分の所得税及び復興特別所得税の更正処分並びに過少申告加算税の
　賦課決定処分・一部取消し・令和元年5月30日裁決）

　《ポイント》
　　本事例は、社債と題する書面の額面金額と発行価額との差益が貸付金利息であると
　認められ、期間の経過により直ちに利息債権が発生し収入の原因となる権利が確定す
　るものと解されるから、当該差益のその年に対応するものについては、その年分の雑
　所得に係る総収入金額に算入すべきであるとしたものである。

《要旨》
　請求人は、医療法人から発行を受けた社債と題する書面（本件債券）の額面金額と発
行価額との差益（本件差益）について、本件債券の契約によると本件債券の償還日まで
は本件差益の支払を請求することができないから、本件差益の収入すべき時期は、本件
債券の償還日である旨主張する。
　しかしながら、本件債券の契約は、請求人と当該医療法人との間における当該償還日
を弁済期として、請求人が払い込んだ金員（本件払込金）を貸し付けた契約（本件契
約）であり、本件差益は、当該医療法人が本件契約成立時から弁済期までの間、本件払
込金を使用することの対価、すなわち利息であると認められる。そして、貸付金利息は、
元本利用の対価であって元本が返還されるまで日々発生するものであるから、特段の事
情のない限り、現実の支払の有無を問わず、期間の経過により直ちに利息債権が発生し
収入の原因となる権利が確定するものと解される。そうすると、本件差益のその年の1
月1日から12月31日までの期間に対応する部分については、その年分の雑所得に係る総
収入金額に算入すべきである。
　なお、本件利息の計算に当たって、原処分庁は、一定の年複利率を用いて算出してい
ないため、これにより当該総収入金額に算入すべき金額を計算すべきである。

《参照条文等》

　　所得税法第36条

《参考判決・裁決》

　　最高裁昭53年 2 月24日第二小法廷判決（民集32巻 1 号43頁）

　　平成29年 8 月 2 日裁決（裁決事例集 No.108）

　　平成26年 9 月 1 日裁決（裁決事例集 No.96）

（令和元年 5 月30日裁決）

《裁決書（抄)》

1 事　実

(1)　事案の概要

　　本件は、審査請求人（以下「請求人」という。）が、医療法人から発行を受けた割引債の償還差益は源泉分離課税により納税が完結するとして、当該差益に係る所得を所得税等の確定申告書に記載せずに申告したところ、原処分庁が、請求人が取得したものは割引債に該当せず、当該差益は時の経過とともに日々実現するものであるから、平成28年中に実現したものは同年分の雑所得の総収入金額に算入すべきであるとして所得税等の更正処分等をしたのに対し、請求人が、当該差益は償還日の属する平成30年分の雑所得の総収入金額に算入すべきであるなどとして、原処分の全部の取消しを求めた事案である

(2)　関係法令

　イ　所得税法第36条《収入金額》第 1 項は、その年分の各種所得の金額の計算上収入金額とすべき金額又は総収入金額に算入すべき金額は、別段の定めがあるものを除き、その年において収入すべき金額とする旨規定している。

　ロ　租税特別措置法（平成25年法律第 5 号による改正前のもの。以下「措置法」という。）第41条の12《償還差益等に係る分離課税等》第 1 項は、個人が昭和63年 4 月 1 日以後に発行された割引債について支払を受けるべき償還差益については、所得税法第22条《課税標準》及び第89条《税率》並びに第165条《総合課税に係る所得税の課税標準、税額等の計算》の規定にかかわらず、他の所得と区分し、その支払を受けるべき金額に対し、100分の18の税率を適用して所得税を課する旨規定し、措置法第41条の12第 3 項は、昭和63年 4 月 1 日以後に発行された割引債の発行者は、政令で定めるところにより、当該割引債の発行の際これを取得する者からその割引債の券面金額から発行価額を控除した金額に100分の18の税率を乗じて計算した金額の所得税を徴収し、その徴収の日の属する月の翌月10日までに、これを国に納付しなければならない旨規定し、同条第 7 項は、同条前各項に規定する割引債とは、割引の方法で発行される公社債（政令で定めるものに限る。）である旨規定している。

　ハ　租税特別措置法施行令第26条の15《償還差益の分離課税等に係る割引債の範

囲》第１項は、措置法第41条の12第７項に規定する政令で定める公社債とは、国
債及び地方債、内国法人が発行する社債（会社以外の内国法人が特別の法律によ
り発行する債券を含む。）並びに外国法人が発行する債券をいう旨規定している。

ニ　会社法第２条《定義》第23号は、社債とは、同法の規定により会社が行う割当
てにより発生する当該会社を債務者とする金銭債権であって、同法第676条《募
集社債に関する事項の決定》各号に掲げる事項についての定めに従い償還される
ものをいう旨規定している。

ホ　医療法第54条の２《社会医療法人債の発行》第１項は、社会医療法人は、社会
医療法人債（同法第54条の７《会社法の準用》において準用する会社法の規定に
より社会医療法人が行う割当てにより発生する当該社会医療法人を債務者とする
金銭債権であって、同法第54条の３《募集社会医療法人債に関する事項の決定》
第１項各号に掲げる事項についての定めに従い償還されるものをいう。）を発行
することができる旨規定している。

(3)　基礎事実

当審判所の調査及び審理の結果によれば、次の事実が認められる。

イ　医療法人Ｄ会は、平成14年９月○日に設立された医療法人である。なお、Ｄ会
が社会医療法人の認定を受けたことはない。

ロ　請求人は、Ｄ会の設立以来、Ｄ会の理事長である。

ハ　Ｄ会は、平成27年10月○日、額面金額を○○○○円、発行価額を額面金額の○
○％の○○○○円（以下、額面金額と発行価額との差額○○○○円を「本件差
益」という。）、募集金額を○○○○円、利率を年複利○○％、発行日を平成27年
12月○日、償還日を平成30年12月○日、債券の種類を少人数私募債（割引債）と
する内容の「○○社債」を発行する旨を理事会で決議した。

ニ　請求人は、上記ハの募集に全額分応じ、請求人がＤ会に対して有する貸付金○
○○○円を充てることとしたほか、残金の○○○○円については、本件差益に対
する源泉所得税相当額の○○○○円と併せて、平成27年12月○日、Ｄ会名義の普
通預金口座に入金した。

ホ　Ｄ会は、平成27年12月○日、上記ニの請求人から入金された○○○○円と請求
人からの借入金○○○○円の合計額○○○○円を払込金（以下「本件払込金」と
いう。）として、別紙２のとおりの記載があり、かつ、Ｄ会の押印がある「○○

社債券　NO. ○○○○－○○○○」と題する書面（以下、この社債券と題する
書面を「本件債券」という。）を発行した。

　　　なお、本件債券の総発行口数は○口である。

　ヘ　本件債券の裏面に記載された本件債券の発行要項（以下「本件発行要項」とい
　　　う。）は、別紙3のとおりである。

　ト　D会は、平成28年1月6日、本件債券が措置法第41条の12第1項に規定する割
　　　引債に該当するとの前提の下、上記ニの請求人から入金された○○○○円を同条
　　　第3項に基づき国に納付した。

　チ　請求人は、平成27年12月○日から平成28年12月31日までの間、本件債券の総発
　　　行口数○口全てを保有していた。

(4)　審査請求に至る経緯等

　イ　請求人は、平成28年分の所得税及び復興特別所得税（以下「所得税等」とい
　　　う。）について、別表1の「確定申告」欄のとおり法定申告期限内に申告したが、
　　　本件差益に係る所得については、措置法第41条の12第1項の規定が適用され源泉
　　　分離課税により所得税等の納税が完結したものとして申告しなかった。

　ロ　原処分庁は、原処分庁所属の調査担当職員の調査により、平成30年3月30日付
　　　で、別表1の「更正処分等」欄のとおり、本件債券は措置法第41条の12第1項に
　　　規定する割引債に該当しないから、本件差益のうち平成28年1月1日から同年12
　　　月31日に対応する部分の金額を雑所得として、平成28年分の所得税等の更正処分
　　　（以下「本件更正処分」という。）及び過少申告加算税の賦課決定処分（以下「本
　　　件賦課決定処分」という。）をした。

　ハ　本件更正処分の雑所得の金額は、平成29年8月2日、請求人及びD会の税務代
　　　理人である税理士法人E（現在の名称は、税理士法人F）のG税理士が当該調査
　　　担当職員に対して提示した「私募債計算書」と題する書面（以下「本件計算書」
　　　という。）に基づいて算出したものであり、本件計算書には、要旨次のとおり記
　　　載されていた。

　　(イ)　「債券名」：○○社債

　　(ロ)　「年複利率」：○○％

　　(ハ)　「支払利息計上額（円／月）」：一口当たり○○○○円、総発行口数分 ○○○
　　　　○円

— 115 —

（ニ）「支払利息計上額（円／年）」：一口当たり○○○○円、総発行口数分 ○○○
○円

ニ　請求人は、上記ロの各処分に不服があるとして、平成30年6月27日に審査請求
をした。

なお、請求人は、本審査請求において、本件債券は措置法第41条の12第1項に
いう割引債に該当せず本件差益について確定申告をする必要があること、また、
本件差益の支払を請求する権利は、請求人のD会に対する利息債権であること
については、争わないこととした。

2　争　点

(1)　本件差益の収入すべき時期はいつか（争点1）。

(2)　本件差益につき平成28年分の雑所得の総収入金額に算入すべき金額（以下「本件
利息」という。）があると認められる場合、その金額は幾らか（争点2）。

3　争点についての主張

(1)　争点1（本件差益の収入すべき時期はいつか。）について

原処分庁	請求人
所得税法は、現実の収入がなくてもその収入の原因となる権利が確定した場合には、その時点で所得の実現があったものとして、その権利確定の時期の属する年分の課税所得を計算するものと解されるところ、貸付金利息は元本使用の対価であって、元本が返還されるまで日々発生するものであるから、特段の事情のない限り、現実の支払の有無を問わず、期間の経過により直ちに利息債権が発生し、収入の原因となる権利が確定するものと解するのが相当である。　したがって、本件差益のうち、平成28年1月1日から平成28年12月31日までの	本件債券の契約によると、本件債券の発行日から償還日までの期間の中途において、請求人はD会に対して時の経過に伴う利息相当額を請求することはできない。　したがって、本件差益は時の経過とともに日々実現するものではなく、本件差益の収入すべき時期は、本件債券の償還日である平成30年12月○日である。

期間に対応する部分の収入すべき時期は、平成28年12月31日である。	

(2)　争点2（本件利息があると認められる場合、その金額は幾らか。）について

原処分庁	請求人
イ　本件利息の金額を計算するに当たっては、本件計算書の「支払利息計上額（円／月）」及び「支払利息計上額（円／年)」の各欄に記載された金額を採用すべきである。 　　具体的には、本件差益を総発行口数○口で除し、更に償還期間である○か月で除した額である一口当たりの支払利息計上額（円／月）○○○○円に、請求人が保有していた口数である○口を乗じて得た○○○○円の12か月分である○○○○円である。 　　なお、年複利率○○％である旨の記載は、本件差益を○年間の年複利で計算した場合の利率を示したものにすぎず、年複利率○○％で計算した利息をもって、請求人及びD会が経理処理をしている事実はないから、D会と請求人との間で、上記利率により計算した利息をD会が請求人に支払うとの合意があったとは認められない。 ロ　また、本件債券の利息の計算には年複利率○○％を用いるべきであるとする請求人の主張は、本件債券が発行当	仮に、本件利息があると認められるとしても、本件利息の金額は、本件払込金に、本件債券に記載されている年複利率○○％を乗じて計算すべきである。 　　具体的には、一口当たりの発行価額○○○○円に対する平成27年12月○日から平成28年12月15日までの利息額○○○○円から、平成27年12月○日から同月○日までの○日間の利息額○○○○円を控除した上で、一口当たりの発行価額○○○○円に上記○○○○円を加えた○○○○円に対する平成28年12月○日から同月○日までの○日間の利息額○○○○円を加えると、平成28年1月1日から同年12月31日までの一口当たりの利息額は○○○○円となる。そのため、本件利息の金額は、その○口分である○○○○円である。

初から調達金額に年複利率〇〇％の利息を付する利付債としていたかのような主張であり、本件債券が割引債として有効に成立した法律関係であるとしていた請求人の当初の主張と矛盾する。	

4 当審判所の判断

(1) はじめに

イ 措置法第41条の12第1項にいう割引債とは、割引の方法で発行される公社債（政令で定めるものに限る。）（同条第7項）とされ、これを受けて租税特別措置法施行令第26条の15第1項では、政令で定める公社債とは国債及び地方債、内国法人が発行する社債（会社以外の内国法人が特別の法律により発行する債券を含む。）並びに外国法人が発行する債券をいう旨規定している。本件債券は、国債及び地方債並びに外国法人が発行する債券には該当しない。また、内国法人が発行する社債については、会社法第2条第23号の規定により、社債は会社を債務者とする金銭債権である旨定められているところ、D会は、会社法にいう会社ではないため、本件債券は同法にいう社債に該当しない。さらに、上記会社以外の内国法人が特別の法律により発行する債券として、医療法においては同法第54条の2の規定により、社会医療法人は、社会医療法人債を発行することができる旨定められているが、上記1の(3)のイのとおり、D会は社会医療法人ではないため、本件債券は社会医療法人債に該当しない。

以上のことから、本件債券は、措置法第41条の12第1項にいう割引債に該当せず、本件差益は源泉分離課税の対象ではないから、請求人は本件差益について確定申告をする必要がある。この点について、当事者間に争いはない。

ロ そして、社債契約は消費貸借契約に類似する契約であるところ、上記1の(3)のニないしへのとおり、D会は、請求人から〇〇〇〇円を受け取り、請求人に平成30年12月〇日に同額の金員を返還する約束があったものと認められ、請求人とD会との間には、平成27年12月〇日、請求人がD会に対して、弁済期を平成30年12月〇日として本件払込金を貸し付けた契約（以下「本件契約」という。）があっ

たものと認められる。

　また、本件債券及び本件発行要項によれば、請求人はＤ会に対して本件払込金を貸し付ける反面、Ｄ会は弁済期に本件払込金のみならず本件差益をも請求人に弁済する義務を負うことからすると、本件差益は、Ｄ会が本件契約成立時から弁済期までの〇年間本件払込金を使用することの対価であったと認められ、本件差益の支払を請求する権利は、請求人のＤ会に対する利息債権であると認められる。これらの点についても、当事者間に争いはない。

　以下、これらのことを前提に、争点について検討する。

(2)　争点1（本件差益の収入すべき時期はいつか。）について

イ　検討

(イ)　所得税法第36条第1項は、その年分の各種所得の金額の計算上収入金額とすべき金額又は総収入金額に算入すべき金額について、別段の定めがあるものを除き、その年において「収入すべき金額」と定め、収入した金額によるとしていないことからすると、当該規定は、現実の収入がない場合であってもその収入の原因となる権利が確定した場合には、その時点で所得の実現があったものとして上記権利確定の時期の属する年分の課税所得を計算するという建前（いわゆる権利確定主義）を採用しているものと解される。

　また、上記の収入の原因となる権利が確定する時期については、それぞれの権利の特質を考慮して決定されるべきものであるところ、貸付金利息については、元本使用の対価であって、元本が返還されるまで日々発生するものであるから、特段の事情のない限り、現実の支払の有無を問わず、期間の経過により直ちに利息債権が発生し、収入の原因となる権利が確定するものと解するのが相当である。

(ロ)　これを本件についてみると、本件差益は、上記(1)のロのとおり、Ｄ会が本件契約成立時から弁済期までの〇年間本件払込金を使用することの対価（利息債権）であり、本件差益のうち、平成28年1月1日から同年12月31日までの期間に対応する部分については、当該期間中に収入の原因となる権利が確定したものということができ、これと別異に解すべき特段の事情もない。

　したがって、本件差益の収入すべき時期は、平成28年1月1日から同年12月31日までの期間に対応する部分については、その年の末日（平成28年12月31日）

には到来していることとなる。

ロ　請求人の主張について

　　請求人は、上記3の(1)の「請求人」欄のとおり、本件債券の契約によると本件債券の償還日である平成30年12月○日までは本件差益の支払を請求することができないから、本件差益の収入すべき時期は、同日である旨主張する。

　　しかしながら、上記イの(イ)のとおり、貸付金利息は、現実の支払の有無を問わず、期間の経過により直ちに利息債権が発生し、収入の原因となる権利が確定するものであり、本件差益の収入すべき時期は、同(ロ)のとおりであるから、請求人の主張には理由がない。

(3)　争点2（本件利息があると認められる場合、その金額は幾らか。）について

イ　認定事実

　　請求人提出資料、原処分関係資料並びに当審判所の調査及び審理の結果によれば、次の事実が認められる。

(イ)　本件債券の発行は、H社が計画し、D会に提案したものであり、本件債券、本件発行要項及び本件計算書の内容は、いずれも同社の代表取締役であるJが考案した。

(ロ)　Jは、本件払込金に対し、本件債券の発行日から償還日までの○年間、年複利の利率を乗じて得られた額の合計額が本件差益となるように年複利率○○％を算出した。

(ハ)　Jは、D会に対し、平成28年1月○日以降の毎月○日に、社債利息として○○○○円（総発行口数分）を計上するよう助言した。

(ニ)　D会は、平成27年10月○日から平成28年9月○日までの事業年度に係る法人税の確定申告において、請求人を借入先とする期中の支払利息として、○○○○円の○月分に当たる○○○○円を計上した。

(ホ)　本件計算書は、Jが作成したものであるところ、同人は、本件債券が割引債に該当することを前提に、本件差益のD会における会計処理のために、本件計算書の「支払利息計上額（円／月）」及び「支払利息計上額（円／年）」の各欄にある金額を記載した。

(ヘ)　D会は、本件差益の計算方法についてJに一任していた。

ロ　検討

(イ)　本件利息の金額の計算方法について

　　　一口当たりの元本の額（○○○○円）に本件債券に記載された年複利率○○％を乗じると（ただし、１円未満切捨て。以下本件利息の金額の計算において同じ。）、○年間で○○○○円となり、○口合計で○○○○円が得られるところ、この金額は本件差益（○○○○円）とほぼ一致しており、Ｊが本件払込金に対し、本件債券の発行日から償還日までの○年間、年複利の利率を乗じて得られた額の合計額が本件差益となるように年複利率○○％を算出したとする上記イの(ロ)の事実を裏付けている。そうすると、○○％という年複利率は、本件差益が本件払込金を基に契約期間に応じて発生するように定められたものということができ、本件利息の金額を計算するに当たっては、年複利率○○％を用いて算出するのが相当である。したがって、この点について、上記３の(2)の「請求人」欄のとおり、請求人の主張には理由がある。

(ロ)　本件利息の金額について

　　　上記(イ)に基づき本件利息の金額を計算した結果は別表２のとおりである。すなわち、貸付け１年目（平成27年12月○日から平成28年12月15日まで）の一口当たりの元本○○○○円（①）に年○○％の利率を乗じて算出した○○○○円（②）を基に、これから平成27年12月○日から同月○日までの○日間の利息額である○○○○円（③）を控除するとともに、平成28年12月○日から同月○日までの○日間の利息額である○○○○円（④）を加えた額○○○○円（⑤）を一口当たりの平成28年中の利息の金額として算出する。そして、本件債券の総発行口数は○口であり、請求人は平成28年中これらを全て保有していたことから、本件利息の金額は○○○○円（⑥）となる。

ハ　原処分庁の主張について

(イ)　原処分庁は、上記３の(2)の「原処分庁」欄のイのとおり、本件利息の金額を計算するに当たっては、本件計算書の「支払利息計上額（円／月）」及び「支払利息計上額（円／年）」の各欄に記載された金額を採用すべきである旨主張する。

　　　しかしながら、本件利息の金額を計算するに当たっては、年複利率○○％を用いて算出するのが相当であることは上記ロのとおりであるところ、上記イの(ハ)ないし(ヘ)のとおり、本件計算書の「支払利息計上額（円／月）」及び「支払

— 121 —

利息計上額（円／年）」の各欄に記載された金額は、JがD会に対して、本件債券が割引債に該当することを前提に、D会における会計処理のために記載したものであり、本件利息の金額の算定のためにこれを使用すべき理由はない。

したがって、原処分庁の主張には理由がない。

㈹　また、原処分庁は、上記３の(2)の「原処分庁」欄のロのとおり、本件債券の利息の金額の計算には年複利率○○％を用いるべきであるとする請求人の主張は本件債券を利付債としていたかのような主張であり、本件債券が割引債として有効に成立した法律関係であるとしていた請求人の当初の主張と矛盾する旨主張する。

しかしながら、本件差益の支払を請求する権利が、請求人のD会に対する利息債権であると認められることは上記(1)のロのとおりである。したがって、原処分庁の主張には理由がない。

(4)　本件更正処分の適法性について

上記(3)のロの㈹のとおり、本件利息の金額は○○○○円となる。その結果、請求人の平成28年分の総所得金額及びその内訳並びに納付すべき税額は別表３の「審判所認定額」欄のとおりとなり、本件更正処分に係る総所得金額及び納付すべき税額を下回るから、本件更正処分は、その一部を別紙１「取消額等計算書」のとおり取り消すべきである。

なお、本件更正処分のその他の部分については、請求人は争わず、当審判所に提出された証拠資料等によっても、これを不相当とする理由は認められない。

(5)　本件賦課決定処分の適法性について

上記(4)のとおり、本件更正処分についてその一部を取り消されることに伴い、過少申告加算税の基礎となる税額は○○○○円となる。

また、この税額の計算の基礎となった事実が本件更正処分前の税額の計算の基礎とされていなかったことについて、国税通則法第65条《過少申告加算税》第４項第１号に規定する正当な理由があるとは認められない。そして、同条第１項及び第２項の規定に基づいて過少申告加算税の額を計算すると○○○○円となり、本件賦課決定処分の金額を下回るから、本件賦課決定処分は、別紙１「取消額等計算書」のとおりその一部を取り消すべきである。

(6)　結論

よって、審査請求には理由があるから、原処分の一部を取り消すこととする。

別表 1　審査請求に至る経緯（省略）

別表 2　本件利息の金額の計算（審判所認定額）（省略）

別表 3　総所得金額及び納付すべき税額等（審判所認定額）（省略）

別紙 1　取消額等計算書（省略）

別紙 2　本件債券（省略）

別紙 3　本件発行要項（抜粋）（省略）

事例8 （医療費控除　医療費の範囲）

> 　**漢方薬等の購入費用が医療費控除の対象となる医療費に該当しないとした事例**（平
> 成28年分の所得税及び復興特別所得税の更正処分並びに過少申告加算税の賦課決定処
> 分・棄却・令和元年5月22日裁決）
>
> 《ポイント》
>
> 　本事例は、4種の漢方薬等がいずれも「治療又は療養に必要な医薬品」に該当せず、
> その購入費用は医療費控除の対象となる医療費に該当しないとしたものである。

《要旨》

　請求人は、購入した4種の漢方薬等（本件漢方等）は、親族が治療に用いたものとし
て、いずれも所得税法第73条《医療費控除》第2項及び所得税法施行令第207条《医療
費の範囲》第2号に規定する「治療又は療養に必要な医薬品」に該当し、その購入費用
は、医療費控除の対象となる医療費に該当する旨主張する。

　しかしながら、これらの規定に規定する「医薬品」は、医薬品、医療機器等の品質、
有効性及び安全性の確保等に関する法律（薬機法）第2条《定義》第1項に規定する医
薬品をいうものと解するのが相当であるところ、本件漢方等のうちの2種の製品につい
ては、製薬会社が健康補助食品として製造販売し、その使用目的が食用に限定されたも
のであること等からすると、同項に規定する「医薬品」に該当しない。また、その他の
2種の製品（本件医薬品）については、薬機法第2条第1項に規定する「医薬品」に該
当するものの、虚弱体質や肉体疲労の場合などの滋養強壮を効能効果として、疲労回復
や健康維持のために用いられ、医師の処方せんがなくても薬局等で購入可能なものであ
るところ、請求人提出資料並びに当審判所の調査及び審理の結果によれば、本件医薬品
は、請求人の親族の「治療又は療養に必要な医薬品」でなかったというべきである。

　したがって、本件漢方等は、いずれも所得税法第73条第2項及び所得税法施行令第
207条第2号に規定する「治療又は療養に必要な医薬品」に該当せず、本件漢方等の購
入費用は医療費控除の対象となる医療費に該当しない。

《参照条文等》

所得税法第73条第 2 項、所得税法施行令第207条第 2 号

所得税基本通達73− 5

《参考判決・裁決》

最高裁昭和57年 9 月28日第三小法廷判決（刑集36巻 8 号787頁）

（令和元年5月22日裁決）

《裁決書（抄）》

1　事　実

　(1)　事案の概要

　　　本件は、審査請求人（以下「請求人」という。）が、漢方薬等の購入費用を医療費控除の対象として平成28年分の所得税等の確定申告をしたところ、原処分庁が、当該漢方薬等の購入費用は医療費控除の対象となる医療費に該当しないなどとして所得税等の更正処分等をしたのに対し、請求人が、原処分の全部の取消しを求めた事案である。

　(2)　関係法令等

　　　別紙のとおりである。なお、別紙で定義した略語については、以下、本文でも使用する。

　(3)　基礎事実及び審査請求に至る経緯

　　　当審判所の調査及び審理の結果によれば、以下の事実が認められる。

　　イ　請求人の実母であるF（以下「請求人母」という。）は、請求人と生計を一にする親族である。

　　ロ　請求人は、平成28年分の所得税及び復興特別所得税（以下、所得税及び復興特別所得税を併せて「所得税等」という。）について、確定申告書に別表1の「確定申告」欄のとおり記載して、法定申告期限までに申告した。

　　　　請求人は、別表2の「購入品目」欄に掲げるとおり、G社（以下「本件製薬会社」という。）を製造販売元とするH1、H2、H3及びH4（以下、これらを併せて「本件漢方等」という。また、「H1」及び「H2」を併せて「本件H1等」といい、「H3」及び「H4」を併せて「本件H3等」という。）をインターネットを通じて薬局等（ウェブショップ）から購入し、その購入費用を医療費控除の対象となる医療費の金額に含めて申告した。

　　ハ　原処分庁は、上記ロの医療費控除の額について、本件漢方等の購入費用は医療費控除の対象となる医療費に該当しないとして、平成30年3月16日付で、別表1の「更正処分等」欄のとおり、平成28年分の所得税等の更正処分（以下「本件更正処分」という。）及び過少申告加算税の賦課決定処分（以下「本件賦課決定処分」という。）をした。

ニ　請求人は、原処分に不服があるとして、平成30年6月1日に審査請求をした。

　　なお、本件H3等は、所得税法第73条第2項及び所得税法施行令第207条第2号（以下「本件各所得税法等規定」という。）に規定する「医薬品」に該当するものであり、このことについて当事者間に争いはない。

2　争点

　本件漢方等の購入費用は医療費控除の対象となる医療費に該当するか否か。

3　争点についての主張

原処分庁	請求人
本件漢方等の購入費用は、以下の理由から、いずれも医療費控除の対象となる医療費に該当しない。	本件漢方等の購入費用は、以下の理由から、いずれも医療費控除の対象となる医療費に該当する。
(1)　本件H1等は、以下のとおり、本件各所得税法等規定に規定する医薬品に該当しない。	(1)　本件H1等は、以下のとおり、本件各所得税法等規定に規定する医薬品に該当する。
イ　本件通達の定めによれば、医療費控除の対象となる医薬品は、薬機法第2条第1項に規定する医薬品をいうとされているところ、本件H1等は健康補助食品であり、同項に規定する医薬品に該当しない。 　　　なお、法的安定性及び課税上の公平の見地からすれば、医療費控除の対象となる医薬品について、社会通念に照らして医薬品と判断できるものと曖昧に広く解釈することはできない。	イ　薬機法第2条第1項の医薬品の定義は、もともと最高裁判例、学説及び厚生労働省通達において広く解されており、それらの見解に従えば、本件H1等はいずれも同項の医薬品に該当する。
ロ　薬機法第50条及び第51条には医薬品の直接の容器等に記載されていなければならない事項が規定されているが、本件H1等には当該記載事項の表示が	ロ　本件H1等は薬機法上の大臣指定された医薬品ではないが、H1の成分に含まれるステアリン酸Ca及びH2の主成分であるデキストリンは、日本薬

確認できないため、本件H１等は薬機法第２条第１項に規定する医薬品に該当しない。

局方に収載されている上、本件H１等は「使用目的・効能効果・用法用量」が表示され、「その販売方法」は薬局でのみ販売され、薬剤師の指導の下に治療に使用されているのであるから、いずれも薬機法第２条第１項の医薬品に該当する。

ハ　薬機法第50条の規定に第２類医薬品等の記載義務が含まれたのは、平成18年６月14日法律第69号による改正においてであり、原処分庁が依拠する本件通達は、当該改正前後で変わらず薬機法第２条第１項の規定を参照し続けていることからも、薬機法第50条の記載の表示義務の有無によって薬機法第２条第１項の医薬品該当性が判断されるものでないことは、明らかである。

ニ　所得税法は「医薬品」について特段の定義規定を置かず、薬機法の規定を参照する明文規定も欠いていることから、所得税法にいう「医薬品」の範囲については、社会通念に照らして医薬品と判断できるものが対象であり、薬局でのみ販売され、薬剤師等の指導の下に治療として用いられているものは、社会通念上「医薬品」に該当する。

　　また、本件通達は、医薬品の定義について薬機法第２条第１項を参照して

いるものの、これは一切の例外を許容し
ないものではなく、課税上の取扱いをみ
れば、丸山ワクチンや平成20年10月以前
のサリドマイドはいずれも薬機法にいう
医薬品の定義から外れているものの、そ
の購入費用が医療費控除の対象に含まれ
るものとされている。

　そうすると、仮に、本件Ｈ１等が、薬
機法上の医薬品に該当しないとしても、
医療費控除の対象に含まれると解するの
が相当である。

(2)　仮に、本件漢方等が「医薬品」に該当
するとしても、本件漢方等の購入が請求
人母の治療又は療養に必要なものであっ
たとは認められないことから、本件各所
得税法等規定に規定する「治療又は療養
に必要」な医薬品の購入に該当しない。

イ　薬剤師作成の文書

　　請求人は本件漢方等をインターネッ
トを利用して購入しているところ、そ
の購入先であるＬ１薬剤師及びＬ２薬
剤師に、請求人母との間にその治療の
ために必要だと判断できるだけの面識
があるとは考えられない。

　　また、請求人には、Ｌ３薬剤師のい
るＬ４社（以下「本件薬局」という。）
での本件漢方等の購入はなく、Ｌ３薬
剤師の文書では本件漢方等が請求人母
の治療のために必要であることを確認

(2)　本件漢方等の購入は本件各所得税法等
規定に規定する「治療又は療養に必要」
な医薬品の購入に該当し、このことは、
以下のとおり立証されている。

イ　本件漢方等が請求人母の「治療又は
療養に必要」であることの判断権者は
医師に限定されるものではなく、少な
くとも薬剤師も含まれることは、本件
各所得税法等規定の文理解釈、これら
の規定の制定の沿革、所得税法上の医
療費控除の対象となる「医薬品」概念
等の通説、裁判例、所得税法が医療費
控除を設けた立法趣旨及び薬機法の規
定から明らかとなっている。

　　また、薬剤師が、薬効が記載された
医薬品添付文書を添えた書面によっ

できない。

ロ　健康診断結果の通知書

　　請求人母の健康診断の結果と本件漢方等の効果の因果関係は必ずしもあるとはいえず、このことをもって本件漢方等が治療に必要であるとは認められない。

ハ　医師の診断書

　　請求人は、医療法人Ｍ１会Ｍ２病院のＭ３医師の診断書によると、内服薬の処方は不要であり、単に、健康維持のために本件漢方等を服用していると考えるのが自然である。

て、治療の必要性を明らかにした場合には、その治療に必要であることの具体的な主張立証があるので、医療費控除の要件を満たしていると解すべきである。

ロ　請求人母の病状が、○○、○○、○○、○○（以下「本件各症状」という。）であることは、請求人が作成し原処分庁に提出した平成29年９月11日付文書から明らかである。

ハ　本件漢方等が請求人母の「治療又は療養に必要」なものであることは、Ｌ１薬剤師、Ｌ２薬剤師及びＬ３薬剤師の文書並びに健康診断結果通知書のほか、Ｍ３医師の診断書などの各証拠から、本件漢方等ごとに、その効能、服用に至った経緯、その効果の三点にわたって検討し、請求人母の治療に必要性があったとの結論が明らかとなっている。

　　原処分庁の主張は、各証拠を分断して判断したものにすぎず、請求人の立証に対する総合的判断を欠いたものである。

4　当審判所の判断

(1)　認定事実

　　請求人提出資料、原処分関係資料並びに当審判所の調査及び審理の結果によれば、以下の事実が認められる。

イ　本件漢方等について

　(イ)　本件Ｈ１等

　　Ａ　Ｈ１

　　　(A)　本件製薬会社の回答によれば、Ｈ１の製造販売について薬機法第14条第
　　　　　１項に規定する厚生労働大臣の承認を受けておらず、健康補助食品として
　　　　　販売し、本製品の説明文書等に記載された使用期限、用法、用量等が守ら
　　　　　れなかった場合、身体への何らかの影響は懸念されない。

　　　(B)　本件製薬会社の作成した「健康食品の製品情報及び提供時の注意事項に
　　　　　ついて」と題する書面では、Ｈ１の原材料名について、①その主成分を、
　　　　　軟骨抽出物（○○を含む）、サメ軟骨抽出物とし、②添加物として、グル
　　　　　コサミン（カニ・エビ由来）、セルロース、ステアリン酸Ca、CMC-Ca、
　　　　　酸化ケイ素としている。

　　　(C)　本件製薬会社のホームページ上の製品ガイドには、Ｈ１について、「健
　　　　　康補助食品」である旨の記載のほか、「○○。グルコサミン、コンドロイ
　　　　　チン硫酸・コラーゲン(II)を含有。○○○○。『○○○○』-それがＨ１です。」、
　　　　　「○○中にグルコサミン○○mg、○○・サメ軟骨抽出物○○mg、コンド
　　　　　ロイチン硫酸○○mg、コラーゲン(II)○○mg」が含有される旨、内容量は
　　　　　「○○g（○○mg×○○）」である旨、「１日○○程度を目安に水などと共
　　　　　にお召し上がりください。」との記載がある。

　　Ｂ　Ｈ２

　　　(A)　本件製薬会社の回答によれば、Ｈ２の製造販売について薬機法第14条第
　　　　　１項に規定する厚生労働大臣の承認を受けておらず、健康補助食品として
　　　　　販売し、本製品の説明文書等に記載された使用期限、用法、用量等が守ら
　　　　　れなかった場合、身体への何らかの影響は懸念されない。

　　　(B)　本件製薬会社の作成した「健康食品の製品情報及び提供時の注意事項に
　　　　　ついて」と題する書面では、Ｈ２の原材料名について、①その主成分を、
　　　　　Ｎとし、②添加物として、デキストリン、乳糖、ショ糖エステル、安定剤
　　　　　（メチルセルロース）としている。

　　　(C)　本件製薬会社のホームページ上の製品ガイドには、Ｈ２について、「健
　　　　　康補助食品」である旨の記載のほか、「○○○」る旨、「○○」などと記載

がある。また、「1包中にN○○mg」が含有される旨の記載のほか、内容量は「○○ｇ（○○ｇ×○○）」である旨、「1日に○○程度を目安に水などと共にお召し上がりください。」、「妊婦・授乳期のご婦人、お子様はご利用を控えて下さい。」との記載がある。

　(ロ)　本件Ｈ３等

　　Ａ　Ｈ３

　　(A)　薬機法第36条の7第1項第2号に規定する第2類医薬品に該当する。

　　(B)　製品の特徴は、○○や○○など○種の生薬を配合した医薬品で、血液の流れをよくして血色不良や冷え症を改善するとともに、虚弱体質や肉体疲労時などにも優れた効果を現す滋養強壮剤であるとされている。

　　(C)　効能効果は、虚弱体質、肉体疲労、○○の場合の滋養強壮とされている。

　　Ｂ　Ｈ４

　　(A)　薬機法第36条の7第1項第3号に規定する第3類医薬品に該当する。

　　(B)　製品の特徴は、○○の滋養強壮に優れた効果を発揮する○○と○○を配合した飲みやすい○○剤であるとされている。

　　(C)　効能効果は、虚弱体質、肉体疲労、○○の場合の滋養強壮とされている。

　(ハ)　本件漢方等の購入状況等

　　本件Ｈ１等は、医薬品販売の許可を受けていない事業者によっても販売することができるものである。また、請求人の本件漢方等の購入代金の支払先は、別表2の「支払先等」欄に掲げるとおりいずれも薬局等であるが、本件薬局からの購入はない。

ロ　請求人母の病状に係る医師の診断の状況について

　(イ)　請求人母は、平成26年10月30日、医療法人Ｍ４において、特定健康診査を受けた。当該受診の結果が記載された受診結果通知表には、Ｍ５医師の判断として、○○、○○である旨、塩分、カロリー摂取を控え、運動を心掛け、○○に関してはなるべく早くかかりつけ医を受診するよう指導する旨の記載がされていた。

　(ロ)　請求人母は、平成27年10月23日、Ｍ６診療所において、特定健康診査を受けた。当該受診の結果が記載された受診結果通知表には、Ｍ７医師の判断として、「○○機能要受診、要医療：○○、○○」との記載がされていた。

(ハ) 請求人母は、平成27年9月9日、M2病院を初めて受診し、その後おおむね
2か月に一度、少なくとも平成30年5月7日までの15回にわたり、同病院を受
診し○○や○○の検査などを行った。平成29年7月31日の検査詳細情報では、
○○及び○○の欄に基準値よりも高値を示す「H」の表示がある。

(2) 法令解釈

　所得税法における医療費控除の制度は、多額の医療費の支出を余儀なくされた場
合における担税力の減殺を調整する目的で創設されたものである。そして、現行の
医療費控除の制度は、当該控除の対象となる医療費の範囲を、所得税法第73条第2
項において、①医師又は歯科医師による診療又は治療、②治療又は療養に必要な医
薬品の購入及び③その他医療又はこれに関連する人的役務の提供の各対価のうち
「通常必要であると認められるものとして政令で定めるもの」をいう旨規定し、こ
れを受けて所得税法施行令第207条において、上記①ないし③の各対価のうち「そ
の病状等の状況に応じて一般的に支出される水準を著しく超えない部分の金額」と
する旨限定的に規定し、その限りで担税力の減殺を調整し、もって所得税の公平な
負担を図ることとしている。

　このような医療費控除の制度の目的及び内容に照らせば、所得税法施行令第207
条の規定の解釈及び適用に当たっては、税負担の公平の本旨に反しないよう、一義
的にされるべきであり、法令上、個々の納税者の主観や価値観によって解釈を変更
し、その適用範囲を拡大することが許されているとは解されない。

　本件通達は、所得税法施行令第207条第2号に規定する医薬品とは、薬機法第2
条第1項に規定する医薬品をいい、同項に規定する医薬品に該当するものであって
も、疾病の予防又は健康増進のために供されるものの購入の対価は医療費に該当し
ない旨定めており、本件通達の定める取扱いは、上記法令の内容に照らしても肯定
し得るものであるから、当審判所においてもこれを相当と認める。

(3) 検討

イ　本件H1等が本件各所得税法等規定に規定する「医薬品」に該当するか否かに
ついて

(イ)　薬機法第2条第1項は、別紙の2の(2)のとおり、「医薬品」とは、①日本薬
局方に収められている物、②人又は動物の疾病の診断、治療又は予防に使用さ
れることが目的とされている物であって、機械器具等でないもの、③人又は動

物の身体の構造又は機能に影響を及ぼすことが目的とされている物であって、機械器具等でないもののいずれかに該当する物をいう旨規定している。

　上記①の「日本薬局方に収められている物」に関しては、一般的に、日本薬局方に収載されている物は全て医薬品であるが、その使用目的が食品用、化学工業用等に限定される場合には医薬品から除外され、また、ある物が日本薬局方に収載されている物に該当するか否かは、社会通念によって判断すべきである。

　また、一般的に、人が経口的に服用する物が、上記②及び③の医薬品に該当するか否かは、医薬品としての目的を有しているか、又は通常人が医薬品としての目的を有するものであると認識するかどうかにより判断し、当該目的を有するものであると認識するかどうかは、その物の成分本質（原材料）、形状（剤型、容器、包装、意匠等）及びその物に表示された使用目的、効能効果、用法用量並びに販売方法、販売の際の演述等を総合的に判断すべきものである。

　（以上につき、請求人が当審判所に甲第5号証として提出した「逐条解説医薬品医療機器法　第一部」（薬事法規研究会編）にも同旨の記載があるところである。）

㈡　以上を前提に本件について判断すると、本件H１等には、上記(1)のイの(イ)のAの(B)の②及び同Bの(B)の②のとおり、それぞれステアリン酸Ca及びデキストリンが含まれているところ、これらはいずれも日本薬局方に収載された成分ではある。しかしながら、本件H１等は、上記(1)のイの(イ)のA及びBのとおり、本件製薬会社は健康補助食品として製造販売しており、その製品情報やホームページの製品ガイドの記載は、食品表示法第5条及び同条に規定する食品表示基準に基づいて記載されたものと認められ、その製品を服用する対象者についても、○○たい方や○○たい方などとされ、医薬品のような効能効果の記載は認められない。そうすると、本件H１等は、その使用目的が食用に限定されているものであるといえる。

　また、日本薬局方に収載されていない製品であっても、医薬品としての目的を有しているか、又は、通常人が医薬品としての目的を有するものであると認識するものは、薬機法第2条第1項第2号又は第3号（上記(イ)の②又は③）の規定に該当するところ、本件H１等は、上記のとおり食用を目的としているも

— 135 —

のであり、上記(1)のイの(イ)の製品表示などを見る限りにおいて、通常人が医薬品としての目的を有するものであると認識するとはいえない。

　以上のことから、本件Ｈ１等は、いずれも薬機法第２条第１項各号に規定する「医薬品」に該当しないと認められる。そうすると、上記(2)のとおり、所得税法施行令第207条第２号に規定する「医薬品」は薬機法第２条第１項に規定する医薬品をいうものと解するのが相当であるところ、同項に規定する医薬品に該当しない本件Ｈ１等は、本件各所得税法等規定に規定する「医薬品」に該当しないから、その購入の対価は医療費控除の対象となる医療費に該当しないというべきである。

(ハ)　請求人の主張について

　A　請求人は、上記３の「請求人」欄の(1)のイないしハのとおり、①薬機法第２条第１項の医薬品の定義に係る最高裁判例及び学説等の見解、②本件Ｈ１等の成分が日本薬局方に収載されている上、③本件Ｈ１等の使用に関する表示、販売方法、薬剤師等の指導の下に服用していることから医薬品であると解され、本件各所得税法等規定に規定する「医薬品」に該当する旨主張する。

　　上記①について、請求人は、その根拠として薬機法第２条第１項の医薬品の意義について判示した最高裁昭和46年12月17日第二小法廷決定（刑集25巻９号1066頁）及び最高裁昭和57年９月28日第三小法廷判決（刑集36巻８号787頁）並びに医薬品の範囲に関する基準等を定めた「無承認無許可医薬品の指導取締りについて」（昭和46年６月１日薬発第476号）を解説する学説等を指摘する。上記最高裁判決は、薬機法第２条第１項第２号の医薬品の該当性を述べるものであり、同号にいう「医薬品とは、その物の成分、形状、名称、その物に表示された使用目的・効能効果・用法用量、販売方法、その際の演述・宣伝などを総合して、その物が通常人の理解において『人又は動物の疾病の診断、治療又は予防に使用されることが目的とされている』と認められる物をい」う旨判示しており、上記の昭和46年６月１日薬発第476号の基準も同様であると解される。

　　請求人は、これらの基準に従えば、未承認の医薬品であっても薬機法上の医薬品になり得ることをもって「広く解されている」というように表現して

いるものと解されるが、これらの判断基準は、上記イの(イ)において当審判所が判断の基準とした内容とおおむね同様であり、本件Ｈ１等は、この基準に当てはめた結果、薬機法第２条第１項第２号又は第３号に規定する医薬品に該当しないと判断したものである。したがって、「広く解されている」という意味はともかくとして、請求人の主張には理由がない。

また、上記②については、本件Ｈ１等に日本薬局方に収載された成分が含まれていたとしても、本件Ｈ１等は使用目的が食用に限定されているものといえることは上記(ロ)のとおりであるから、請求人の主張には理由がない。

さらに、請求人の上記③の主張については、所得税法は薬機法第２条第１項に規定する医薬品を医療費控除の対象としているのであって、そもそも医薬品でないものを使用に関する表示及び販売方法から、また、薬剤師等の指導の下に服用したところで医薬品に該当するとする根拠はないから、請求人の主張には理由がない。

B　請求人は、上記３の「請求人」欄の(1)のニの前段のとおり、所得税法は「医薬品」について特段の定義規定を置かず、薬機法の規定を参照する明文規定も欠いていることから、所得税法にいう「医薬品」の範囲については、社会通念に照らして医薬品と判断できるものが対象であり、薬局でのみ販売され、薬剤師等の指導の下に治療として用いられているものは、社会通念上「医薬品」に該当するものと解されるとし、仮に、本件Ｈ１等が薬機法上の医薬品に該当しないとしても、本件各所得税法等規定に規定する「医薬品」に該当する旨主張する。

しかしながら、上記(2)のとおり、所得税法における医療費控除の制度の目的及び内容に照らせば、所得税法施行令第207条の規定の解釈及び適用は、税負担の公平の本旨に反しないよう一義的にされるべきものであり、同条第２号に規定する「医薬品」は薬機法第２条第１項に規定する医薬品をいうものと解すべきところ、本件Ｈ１等は、本件各所得税法等規定に規定する「医薬品」に該当しないことは上記(ロ)のとおりであり、社会通念でこれを判断すべきとする請求人の主張には理由がない。

C　請求人は、上記３の「請求人」欄の(1)のニの後段のとおり、本件通達は、医薬品の定義について薬機法第２条第１項を参照しているものの、これは一

切の例外を許容しないものではなく、丸山ワクチンや平成20年10月以前のサリドマイドの例を挙げて、仮に、本件Ｈ１等が薬機法上の医薬品に該当しないとしても、本件各所得税法等規定に規定する医薬品に該当する旨主張する。

しかしながら、当審判所の調査の結果によれば、丸山ワクチンは、厚生労働省により有償治験薬と認められており、主治医の判断の下、主治医により悪性腫瘍患者に対する皮下注射が行われることが想定されていることが認められ、医師の許可がない限り購入することができず、その購入費用は、医師等による診療等を受けるため直接必要な費用として、所得税法施行令第207条第１号に規定する「医師による診療等」の対価に当たると解することができる。

また、当審判所の調査の結果によれば、サリドマイドは、旧薬事法（現薬機法）上の承認薬として国内において販売製造されていない時期においても、多発性骨髄腫患者に対して一定の有効性があることが一般的に認められ、輸入時に必要となる厚生労働省確認済輸入報告書（いわゆる薬監証明）を得た上で輸入され、臨床使用がされていたという実態があり、平成15年頃からは、厚生労働省においても安全な使用のための方策の検討が行われ、平成20年10月16日に多発性骨髄腫の治療薬として再承認されるに至ったという薬剤であるところ、当該薬剤について、未承認薬の状態にあったにもかかわらず、その購入費用が医療費控除の対象として認められていたのは、当該薬剤の上記のような特殊性に照らした特別な取扱いであったことがうかがわれる。この点、本件Ｈ１等について上記のような特殊性があるとはいえず、本件Ｈ１等についてサリドマイドと同列に論ずることはできない。

したがって、上記請求人の主張には理由がない。

ロ　本件漢方等の購入対価が「治療又は療養に必要な医薬品の購入」の対価であるといえるか否かについて

　(イ)　検討

　　Ａ　はじめに

　　　　本件Ｈ１等は、上記イのとおり、本件各所得税法等規定に規定する医薬品に該当せず、医療費控除の対象とはならない。そのため、本件漢方等のうち、本件Ｈ３等の購入対価が医療費控除の対象となる医療費に当たるか否か、す

― 138 ―

なわち、所得税法施行令第207条第2号に規定する「治療又は療養に必要な医薬品の購入」の対価であったか否かについて以下検討する。

　請求人は、本件Ｈ３等を上記１の(3)のロのとおり、インターネットを通じて薬局等（ウェブショップ）から購入したこと、本件Ｈ３等は、上記(1)のイの(ロ)のＡ及びＢのとおり、薬機法第２条第１項所定の医薬品に当たるが、虚弱体質や肉体疲労の場合などの滋養強壮を効能効果として、疲労回復や健康維持のために用いられ、同(ハ)のとおり、医師の処方せんがなくても薬局等で購入可能なものであることが認められる。

　そして、請求人母は上記(1)のロの(ハ)のとおり、平成27年９月から継続的にＭ２病院において○○及び○○の検査を行っており、請求人は、上記３の「請求人」欄の(2)のロ及びハのとおり、請求人母に本件各症状があり、その治療の目的で本件漢方等を服用していた旨主張する。

　ところで、医薬品は、薬機法第50条及び第52条の規定により、効能効果等の所定の事項を記載することが義務付けられており、これらの情報を基に自己の症状等に照らして購入するのが一般的であると解されるところ、これに対し、本件Ｈ３等は、上記のとおり、医薬品ではあるものの、医師の処方せんがなくても薬局等で購入可能なものであり、また、その効能効果は滋養強壮であり（上記(1)のイの(ロ)のＡの(C)及び同Ｂの(C)）、一般的に疲労回復や健康維持のために用いられるものであることから、請求人母の本件各症状の治療と本件Ｈ３等の購入の関係が判然としないので、以下検討する。

Ｂ　本件Ｈ３等の「治療又は療養に必要な医薬品の購入」の該当性について

(A)　Ｍ２病院のＭ３医師が平成30年５月７日付で作成した診断書（以下「本件診断書」という。）には、請求人母が定期的にＭ３医師の診察を受けている旨及び漢方薬と食事療法で経過をみていた旨の記載がある。

　しかしながら、Ｍ３医師の答述によれば、同医師は、初診時に請求人母から、Ｈ４を含む漢方薬等（ただし、Ｈ３は含まない。）を服用していたことを聴き取っているものの、自分は平成28年中における○○及び○○に対する内服薬の処方はしてない上、現在に至るまで、市販の医薬品や健康食品の服用を患者に指示したり勧めたりするようなことはないこと、本件診断書に記載のある「漢方薬」については、初診時に請求人母の今後の診

療等に当たり、漢方薬の服用が治療の効果に悪影響を与える可能性を把握する目的で、どのような漢方薬等を服用しているのか確認したものであり、また、本件診断書の上記漢方薬と食事療法で経過をみていた旨の記載については、2か月か3か月に一度採血をして、○○や○○の測定をし、食事等の生活面のアドバイスをするとともに、漢方薬については、上記のような漢方薬等の服用が○○等に悪影響を及ぼさないかについて注意を払っていたことが認められる。そうすると、請求人母の本件H3等の服用は、M3医師の治療において、治療効果において注意を払うべきものではあるものの、当該治療に関係して服用されていたものとはいえない。したがって、本件診断書の記載及びM3医師の答述からは、本件H3等が請求人母の「治療又は療養に必要な医薬品」であったとはいえない。

(B) L2薬剤師が作成した書面並びにL3薬剤師が作成した平成29年9月8日付書面（以下「本件書面」という。）及びL3薬剤師の答述について検討する。

a 平成29年7月3日付文書と併せて請求人が原処分庁に提出したL5社、L6のL2薬剤師が作成した書面には、H4は、医療費控除の対象になる商品であり治療のための服用である旨、並びにH4が第3類医薬品である旨及びその効能効果が記載されているのみで、服用した者が誰であるかの記載はないから、この書面をもって、H4が請求人母の「治療又は療養に必要な医薬品」であったとはいえない。

b また、本件書面には、以前に請求人母の治療のために本件H3等を販売した旨、H3についてその効能効果を述べた上で請求人母には○○と○○の目的で使用したことがあった旨、また、その成分を述べた上で治療として使用している旨、H4についてその効能を述べた上で請求人母には○○及び○○ための薬として使用したことを覚えている旨の記載がある。そして、請求人母が作成した陳述書によれば、請求人母は、本件H3等を服用するに至った経緯について、平成26年以前、西洋医学に基づく内服薬の服用をしたものの改善がなく副作用があったこと等からL3薬剤師に相談し指導を受けて本件漢方等の常用を始めた旨、常用を始めて数年後からインターネットによる購入が多くなった後も引き続きL

３薬剤師の指導の下服用し、体調に異変があった場合など必要の都度Ｌ３薬剤師に問い合わせて服用量の指導を継続して受けている旨を陳述していることが認められる。

　　しかしながら、Ｌ３薬剤師の答述によれば、本件書面は平成24年当時の状況を記載したものであり、医療費控除の対象年分である平成28年の状況を示したものではないこと、本件Ｈ３等の販売は医師の処方によるものではないことが認められる。

　　また、請求人のＨ３の購入状況は別表２のとおりであるところ、薬機法第52条第１項の規定によりＨ３について定める１日の用法用量（１日○回、１回○○）からすると2,040日分（○○本（１本当たり○○）×30日分）という大量なものであり、Ｌ３薬剤師の答述によれば同薬剤師は、請求人母の具体的な症状については本件薬局に来店した際の日常会話を通じて把握しているにすぎず、服薬指導においても、用法用量を超えて服用するといった指導の事実はなかったことが認められる。さらに、Ｌ３薬剤師のいる本件薬局は、別表２の「支払先等」欄に記載された購入先ではないことも合わせ考慮すると、Ｌ３薬剤師は、請求人等の求めに応じ、請求人母の服用量を知らずに本件書面のとおり、本件Ｈ３等が請求人母の治療に必要であったと記載したものと認められる。

　　そして、本件Ｈ３等の効能効果はそれぞれ虚弱体質、肉体疲労、○○の場合の滋養強壮をうたっていることに照らすと、Ｌ３薬剤師が請求人母にこれらの服用を勧めた理由は自己の長年の経験に基づくものであってこれ以上の根拠はなく、結局のところ、請求人母は、平成24年までに本件Ｈ３等を上記の効能効果を目的に服用したことが認められるにとどまり、平成28年において本件Ｈ３等について請求人母の本件各症状の「治療又は療養に必要な」医薬品の購入があったとはいえない。

ｃ　以上の検討の結果に照らすと、本件Ｈ３等は請求人母の治療又は療養に必要な医薬品ではなかったというべきであり、本件Ｈ３等の購入費用は、いずれも本件各所得税法等規定に規定する「治療又は療養に必要な医薬品の購入」の対価に該当しないから、医療費控除の対象となる医療費に該当しない。

　　　　A　請求人は、上記3の「請求人」欄の⑵のイのとおり、本件漢方等が請求人
　　　　　母の「治療又は療養に必要」であることの判断権者は医師に限定されるもの
　　　　　ではなく薬剤師も含まれ、また、薬剤師が、薬効の記載された医薬品添付文
　　　　　書を添えた書面によって治療の必要性を明らかにした場合には、その治療に
　　　　　必要であることの立証がされ医療費控除の要件を満たしている旨主張する。

　　　　　確かに、「治療又は療養に必要」であることの判断は、請求人の主張のと
　　　　　おり、医師の指示等がある場合に限定されるものではない。しかしながら、
　　　　　請求人が提出した各薬剤師が作成した書面は、上記請求人の主張する治療の
　　　　　必要性を明らかにしているとはいえず、また、本件H3等が請求人母の「治
　　　　　療又は療養に必要な医薬品」であったといえないことは上記㈣のとおりであ
　　　　　る。

　　　　　したがって、この点に関する請求人の主張には理由がない。

　　　　B　請求人は、上記3の「請求人」欄の⑵のハのとおり、本件H3等が請求人
　　　　　母の「治療又は療養に必要」であることは、本件診断書などの各証拠から、
　　　　　本件H3等ごとに、その効能、服用に至った経緯、その効果の三点にわたっ
　　　　　て検討し、請求人母の治療に必要性があったとの結論が明らかとなっている
　　　　　旨主張する。

　　　　　しかしながら、本件診断書から、本件H3等の服用をM3医師が指導した
　　　　　ものと認められないことは、上記㈣のBの㈹のとおりである。また、上記⑴
　　　　　のイの㈹のA及びBのとおり、本件H3等に係る効能効果は、それぞれ滋養
　　　　　強壮であり、上記㈣の検討のとおり、本件H3等の購入は請求人母の本件各
　　　　　症状の治療又は療養に必要なものではなかったことが認められる。

　　　　　したがって、この点に関する請求人の主張には理由がない。

　⑷　本件更正処分の適法性について

　　　上記⑶のとおり、本件漢方等の購入費用は、いずれも医療費控除の対象となる医
　　療費に該当しないから、別表2の「購入金額」欄の金額は、全て平成28年分の医療
　　費控除の対象となる医療費に含まれない。これに基づき算出した請求人の平成28年
　　分の医療費控除の額及び所得税等の還付金の額に相当する税額は、別表1の「更正
　　処分等」欄の額と同額となる。そして、本件更正処分のその他の部分については、

請求人は争わず、当審判所に提出された証拠資料等によっても、これを不相当とする理由は認められない。

　したがって、本件更正処分は適法である。

(5)　本件賦課決定処分の適法性について

　上記(4)のとおり、本件更正処分は適法であり、本件更正処分により所得税等の還付金の額に相当する税額の計算の基礎となった事実が更正処分前の税額の計算の基礎とされていなかったことについて、国税通則法第65条《過少申告加算税》第4項第1号に規定する正当な理由があるとは認められない。そして、平成28年分の過少申告加算税の額については、計算の基礎となる金額及び計算方法につき請求人は争わず、当審判所においても平成28年分の過少申告加算税の額は、本件賦課決定処分における過少申告加算税の額と同額であると認められる。

　したがって、本件賦課決定処分は適法である。

(6)　結論

　よって、審査請求は理由がないから、これを棄却することとする。

別表 1　審査請求に至る経緯（省略）

別表 2　本件漢方等の購入費用の明細（省略）

別紙

関係法令等

1 所得税法関係

(1) 所得税法第73条《医療費控除》第1項は、居住者が、各年において、自己又は自己と生計を一にする配偶者その他の親族に係る医療費を支払った場合において、その年中に支払った当該医療費の金額（保険金、損害賠償金その他これらに類するものにより補てんされる部分の金額を除く。）の合計額がその居住者のその年分の総所得金額、退職所得金額及び山林所得金額の合計額の100分の5に相当する金額（当該金額が10万円を超える場合には、10万円）を超えるときは、その超える部分の金額（当該金額が200万円を超える場合には、200万円）を、その居住者のその年分の総所得金額、退職所得金額又は山林所得金額から控除する旨規定している。

(2) 所得税法第73条第2項は、同条第1項に規定する医療費とは、医師又は歯科医師による診療又は治療、治療又は療養に必要な医薬品の購入その他医療又はこれに関連する人的役務の提供の対価のうち通常必要であると認められるものとして政令で定めるもの（以下「医療費控除の対象となる医療費」という。）をいう旨規定している。

(3) 所得税法施行令第207条《医療費の範囲》は、所得税法第73条第2項に規定する政令で定める対価は、次に掲げるものの対価のうち、その病状その他財務省令で定める状況に応じて一般的に支出される水準を著しく超えない部分の金額とする旨規定している。

　イ　医師又は歯科医師による診療又は治療（第1号）

　ロ　治療又は療養に必要な医薬品の購入（第2号）

　ハ　病院、診療所又は助産所へ収容されるための人的役務の提供（第3号）

　ニ　あん摩マッサージ指圧師、はり師、きゅう師等に関する法律第3条の2《名簿》に規定する施術者又は柔道整復師法第2条《定義》第1項に規定する柔道整復師による施術（第4号）

　ホ　保健師、看護師又は准看護師による療養上の世話（第5号）

　ヘ　助産師による分べんの介助（第6号）

ト　介護福祉士による社会福祉士及び介護福祉士法第2条《定義》第2項に規定する喀痰吸引等又は同法附則第3条《認定特定行為業務従事者に係る特例》第1項に規定する認定特定行為業務従事者による同項に規定する特定行為（第7号）

(4)　所得税基本通達73－5《医薬品の購入の対価》（以下「本件通達」という。）は、所得税法施行令第207条第2号に規定する医薬品とは、医薬品、医療機器等の品質、有効性及び安全性の確保等に関する法律（以下「薬機法」という。）第2条《定義》第1項に規定する医薬品をいうのであるが、同項に規定する医薬品に該当するものであっても、疾病の予防又は健康増進のために供されるものの購入の対価は、医療費に該当しない旨定めている。

2　薬機法等関係

(1)　薬機法第1条《目的》は、薬機法は、医薬品、医薬部外品、化粧品、医療機器及び再生医療等製品の品質、有効性及び安全性の確保並びにこれらの使用による保健衛生上の危害の発生及び拡大の防止のために必要な規制を行うとともに、指定薬物の規制に関する措置を講ずるほか、医療上特にその必要性が高い医薬品、医療機器及び再生医療等製品の研究開発の促進のために必要な措置を講ずることにより、保健衛生の向上を図ることを目的とする旨規定している。

(2)　薬機法第2条第1項は、「医薬品」とは、次に掲げる物をいう旨規定している。

イ　日本薬局方に収められている物（第1号）

ロ　人又は動物の疾病の診断、治療又は予防に使用されることが目的とされている物であって、機械器具等（機械器具、歯科材料、医療用品、衛生用品並びにプログラム及びこれを記録した記録媒体をいう。以下同じ。）でないもの（医薬部外品及び再生医療等製品を除く。）（第2号）

ハ　人又は動物の身体の構造又は機能に影響を及ぼすことが目的とされている物であって、機械器具等でないもの（医薬部外品、化粧品及び再生医療等製品を除く。）（第3号）

(3)　薬機法第4条《開設の許可》第5項は、薬局医薬品とは、要指導医薬品及び一般用医薬品以外の医薬品（第2号）をいい、一般用医薬品とは、医薬品のうち、その効能及び効果において人体に対する作用が著しくないものであって、薬剤師その他の医薬関係者から提供された情報に基づく需要者の選択により使用されることが目的とされているもの（第4号）をいう旨規定している。

(4) 薬機法第14条《医薬品、医薬部外品及び化粧品の製造販売の承認》第1項は、医薬品及び医薬部外品の製造販売をしようとする者は、品目ごとにその製造販売についての厚生労働大臣の承認を受けなければならない旨規定している。

(5) 薬機法第36条の7《一般用医薬品の区分》第1項は、一般用医薬品は、第1類医薬品（第1号）、第2類医薬品（第2号）及び第3類医薬品（第3号）に区分する旨規定している。

(6) 薬機法第50条《直接の容器等の記載事項》は、医薬品は、その直接の容器又は直接の被包に、要指導医薬品にあっては厚生労働省令で定める事項（第6号）、一般用医薬品にあっては、同法第36条の7第1項に規定する区分ごとに、厚生労働省令で定める事項（第7号）が記載されていなければならない旨規定している。

(7) 薬機法第52条《添付文書等の記載事項》第1項は、医薬品は、これに添付する文書又はその容器若しくは被包（ロにおいて「添付文書等」という。）に、次に掲げる事項が記載されていなければならない旨規定している。

イ　用法、用量その他使用及び取扱い上の必要な注意（第1号）

ロ　日本薬局方に収められている医薬品にあっては、日本薬局方において添付文書等に記載するように定められた事項（第2号）

ハ　前各号に掲げるもののほか、厚生労働省令で定める事項（第5号）

(8) 食品表示法第4条《食品表示基準の策定等》第1項は、食品及び食品関連事業者等の区分ごとに、食品を消費者が安全に摂取し、及び自主的かつ合理的に選択するために必要と認められる事項を内容とする販売の用に供する食品に関する表示の基準を定めなければならない旨規定し、それを受け、食品表示基準第3条《横断的義務表示》第1項は、食品関連事業者が容器包装に入れられた加工食品を販売する際には、名称、保存の方法、消費期限又は賞味期限、原材料名、添加物等が一定の表示の方法に従い表示されなければならない旨規定している。

(9) 食品表示法第5条《食品表示基準の遵守》は、食品関連事業者等は、食品表示基準に従った表示がされていない食品の販売をしてはならない旨規定している。

事例9 （変動所得の平均課税）

> **サンゴ漁に係る所得が平均課税の対象となる変動所得に当たるとした事例**（平成26年分及び平成27年分の所得税及び復興特別所得税の更正をすべき理由がない旨の各通知処分・全部取消し・令和元年5月28日裁決）
>
> 《ポイント》
> 　本事例は、請求人の営むサンゴ漁に係る所得は「漁獲から生ずる所得」として変動所得に該当するとしたものである。

《要旨》

　原処分庁は、請求人が営むサンゴ漁について、①宝石サンゴは自ら移動せず水産植物と同様の生態であることや採取された宝石サンゴのほとんどは死滅した枯れ木であることなどから、所得税基本通達2－30《漁獲の意義》に定める「水産動物を捕獲すること」に当たらず、また、②宝石サンゴは他の水産動物とは異なり、天候等の自然現象によって漁獲高が変動しないことを理由に、所得税法第2条《定義》第1項第23号に規定する「漁獲」には該当せず、請求人が営むサンゴ漁に係る所得は変動所得に該当しない旨主張する。

　しかしながら、平均課税制度の趣旨や変動所得に係る規定の改正経緯に照らすと、同号に規定する「漁獲」とは、水産物の捕獲又は採取を意味し海草等の水産植物の採取や養殖（水産養殖）はこれに含まれないと解されるところ、宝石サンゴは海中から採れる水産物（生物学上は動物に分類される。）であり、サンゴ漁は水産動物の捕獲又は採取にほかならないから同号に規定する「漁獲」に該当する。したがって、請求人の営むサンゴ漁に係る所得は、「漁獲から生ずる所得」として変動所得に該当するというべきである。

《参照条文等》

　所得税法第2条第1項第23号、第90条

　所得税法施行令第7条の2

　所得税基本通達2－30

（令和元年５月28日裁決）

《裁決書（抄）》

1　事　実

 (1)　事案の概要

　　本件は、サンゴ漁を営む審査請求人（以下「請求人」という。）が、サンゴ漁に係る所得は変動所得に該当し、平均課税制度の適用ができるとして、原処分庁に対し、所得税等の更正の請求をしたところ、原処分庁が、更正をすべき理由がない旨の通知処分を行ったことから、請求人が、その処分の全部の取消しを求めた事案である。

 (2)　関係法令等

　　イ　変動所得に関するもの

　　　(イ)　所得税法第２条《定義》第１項第23号は、変動所得とは、漁獲から生ずる所得、著作権の使用料に係る所得その他の所得で年々の変動の著しいもののうち政令で定めるものをいう旨規定している。

　　　　　上記規定を受け、所得税法施行令第７条の２《変動所得の範囲》は、所得税法第２条第１項第23号（変動所得の意義）に規定する政令で定める所得は、漁獲若しくはのりの採取から生ずる所得、はまち、まだい、ひらめ、かき、うなぎ、ほたて貝若しくは真珠（真珠貝を含む。）の養殖から生ずる所得、原稿若しくは作曲の報酬に係る所得又は著作権の使用料に係る所得とする旨規定している。

　　　(ロ)　所得税基本通達２－30《漁獲の意義》（以下「本件通達」という。）は、所得税法施行令第７条の２に規定する漁獲とは、水産動物を捕獲することをいい、したがって、例えば、こんぶ、わかめ、てんぐさ等の水産植物の採取又はこい等の水産動物の養殖は、これに含まれない旨定めている。

　　ロ　平均課税に関するもの

　　　所得税法第90条《変動所得及び臨時所得の平均課税》第１項は、居住者のその年分の変動所得の金額及び臨時所得の金額の合計額（その年分の変動所得の金額が前年分及び前前年分の変動所得の金額の合計額の２分の１に相当する金額以下である場合には、その年分の臨時所得の金額）がその年分の総所得金額の100分の20以上である場合には、その者のその年分の課税総所得金額に係る所得税の額

は、同項各号に掲げる平均課税の方法により計算する旨規定している（以下、同条の平均課税の計算方法による税額計算の仕組みを「平均課税制度」という。）。

　　また、同条第4項は、同条第1項の規定は、確定申告書、修正申告書又は更正請求書に同項の規定の適用を受ける旨の記載及び同項各号に掲げる金額の合計額の計算に関する明細を記載した書類（以下「平均課税の計算書」という。）の添付がある場合に限り適用する旨規定している。

(3) 基礎事実

　　当審判所の調査及び審理の結果によれば、以下の事実が認められる。

イ　刺胞動物の仲間で骨格を持つものを「サンゴ」と呼び、その中で骨格が宝飾品に用いられるものが、いわゆる「宝石サンゴ」と呼ばれている。宝石サンゴは、生物学上は刺胞動物、花虫綱、八放サンゴ亜綱、ヤギ目に属している。

ロ　d県の○○周辺海域では、岩礁地帯に生息する又は死亡して海底に堆積した宝石サンゴを網で絡め採る方法の漁業（以下「サンゴ漁」という。）が営まれている。

　　請求人は、平成24年ないし平成27年の各年において、a市でサンゴ漁を営む個人事業者であった。

(4) 審査請求に至る経緯

イ　請求人は、平成26年分及び平成27年分（以下「本件各年分」という。）の所得税及び復興特別所得税（以下「所得税等」という。）について、確定申告書に別表の「確定申告」欄のとおり記載して、いずれも法定申告期限までに申告した。

ロ　原処分庁は、平成29年7月3日付で本件各年分の所得税等について、別表の「更正処分等」欄のとおり、各更正処分及び過少申告加算税の各賦課決定処分をした。

ハ　請求人は、平成30年2月26日に本件各年分の所得税等について、別表の「更正の請求」欄のとおりとすべき旨の更正の請求をした（以下、これらの各更正の請求を「本件各更正の請求」といい、本件各更正の請求に係る各更正請求書を「本件各更正請求書」という。）。

　　なお、本件各更正の請求に係る請求の理由は、サンゴ漁に係る所得は変動所得に該当するとして本件各年分の所得税等の額の計算について平均課税制度の適用を受けるというものであり、本件各更正請求書には平均課税制度の適用を受ける

旨記載され、平均課税の計算書の添付がされていた。本件各更正の請求に係る本件各年分の総所得金額並びに平成24年分の総所得金額○○○○円及び平成25年分の総所得金額○○○○円は、全てサンゴ漁に係る所得金額である。

ニ　原処分庁は、平成30年5月30日付で本件各更正の請求に対して更正をすべき理由がない旨の各通知処分（以下「本件各通知処分」という。）をした。

ホ　請求人は、本件各通知処分に不服があるとして、平成30年6月20日に審査請求をした。

2　争　点

　　請求人のサンゴ漁に係る所得は、変動所得に該当するか否か。

3　争点についての主張

請求人	原処分庁
以下の理由から、請求人のサンゴ漁に係る所得は変動所得に該当する。	以下の理由から、請求人のサンゴ漁に係る所得は変動所得に該当しない。
(1)　一般に漁獲とは水産物をとることであり、水産物とは海洋・河川・湖沼などから産するものと解される。そして、宝石サンゴは海洋から産するものであり水産動物（水産物）であるから、サンゴ漁は所得税法第2条第1項第23号に規定する「漁獲」（以下、本表において、単に「漁獲」という。）に該当する。	(1)　サンゴ漁で捕獲する宝石サンゴは、成長している段階において生物学上、動物に分類されるものの、その生態は岩場に付着し、プランクトンを採取しながら枝状に成長するものであり、自ら移動することはないから、本件通達において、「水産動物を捕獲すること」に含まれない旨定めている「こんぶ、わかめ、てんぐさ等の水産植物」と同様の生態である。したがって、サンゴ漁は、漁獲には含まれない。
(2)　漁獲の意義に関する本件通達には、「漁獲とは、水産動物を捕獲することをいう」との記載はあるが、「生死」に関する記載はなく、採取の目的物の生死は、変動所得の要件ではない。仮にその	(2)　宝石サンゴの採取に当たっては、採取網を海底に入れて、生木及び枯れ木を一括して採取するもので、採取されたものの大部分は死滅した枯れ木であるから、サンゴ漁は、本件通達に定める「水産動

生死が当該要件であったとしても、生きているときに水産動物であったものが死んだことによって、水産動物でなくなることはなく、魚などを捕獲した場合には、全て生きているとは限らないが生死を問わず漁獲に該当するのであり、宝石サンゴを採取した場合も同様であるから、サンゴ漁は漁獲に該当する。

物を捕獲すること」には該当せず、漁獲には該当しない。

(3) 採取の目的は、変動所得の要件ではない。仮に採取の目的が変動所得の要件だとしても、宝石サンゴは水産動物であり、サンゴ漁は、水産動物である宝石サンゴの採取を目的としているから、サンゴ漁は漁獲に該当する。

(3) サンゴ漁は、水産動物の捕獲を目的としておらず、宝石サンゴの骨軸（無機鉱物）の採取を目的としていることからも、サンゴ漁は本件通達に定める「水産動物を捕獲すること」には該当せず、漁獲には該当しない。

(4) 自然現象によって漁獲高が変動することは、変動所得の要件ではない。仮に自然現象によって漁獲高が変動することが当該要件だとしても、サンゴ漁は、潮の流れなどの自然の影響を多分に受けるものであり、採取者の意思によって獲りたいときに簡単に獲れるものではないから、サンゴ漁は漁獲に該当する。

(4) 宝石サンゴは、他の水産動物とは異なり、天候等の自然現象によって漁獲高が大きく変動するものではなく、その採取者の意思によってその採取量を決定することができるものである。サンゴ漁による所得は、その採取者の意思やその需要に伴う相場の変動によって影響を受けることはあるものの、自然現象によって漁獲高が大きく変動するものではないから、サンゴ漁は、自然現象によって漁獲高が変動することを前提とする漁獲には該当しない。

4 当審判所の判断

(1) 認定事実

　　請求人提出資料、原処分関係資料並びに当審判所の調査及び審理の結果によれば、

以下の事実が認められる。

イ　請求人が営むサンゴ漁は、ｄ県から「さんご漁業」の許可を得て、漁船で○○まで移動し、水深○○メートルの岩礁地帯に生息する又は死亡して海底に堆積した宝石サンゴを網で絡め採る方法により行うものである。

　　宝石サンゴを確実に採取できる漁場というものはなく、網を実際に引き上げてみて初めて採取できたか否かが分かるものであり、採取しても質の高いものもあれば、低いものもある。

　　請求人は、採取した宝石サンゴを○○において、販売している。

ロ　○○周辺海域における「さんご漁業」は、「ｄ県漁業調整規則」又は「○○」により漁業者数の限度や操業期間及び操業時間の制限、漁獲量の上限が定められている。

(2)　検討

イ　変動所得の意義と沿革

　(イ)　所得税法第90条第１項は、平均課税制度を規定するところ、同項に規定する「変動所得」とは、同法第２条第１項第23号の規定により、「漁獲から生ずる所得、著作権の使用料に係る所得その他の所得で年々の変動の著しいもののうち政令で定めるものをいう。」とされ、さらに、同号の規定の委任を受けた所得税法施行令第７条の２は、上記にいう「政令で定めるもの」として、「漁獲若しくはのりの採取から生ずる所得、はまち、まだい、ひらめ、かき、うなぎ、ほたて貝若しくは真珠（真珠貝を含む。）の養殖から生ずる所得、原稿若しくは作曲の報酬に係る所得又は著作権の使用料に係る所得とする。」旨規定している。

　(ロ)　変動所得に係る平均課税制度は、いわゆるシャウプ勧告を受け、昭和25年度の税制改正で創設された制度である。当初、変動所得は、漁獲から生ずる所得、原稿及び作曲の報酬、著作権の使用料による所得、退職所得、山林所得及び譲渡所得をいうものとされ、このような所得については、損益が年によって大きな差があり、ある年に集中的に生ずることが多いため、所得が集中した年においては累進税率により著しく高い税負担となることから、平均課税制度は、このような所得を数年間に均分した額によって課税することにより、税負担の軽減を図る趣旨で設けられたものである。

その後、昭和41年の改正により、変動所得の対象に「のりの採取から生ずる所得」が加えられた。これは、変動所得として定義される「漁獲から生ずる所得」には、のりその他の海草の採取を含め水産養殖業から生ずる所得は含まれないと解されていたところ、のりの採取による所得については、水産養殖業から生ずる所得のうちでも特に変動性が著しい所得であることから、「漁獲から生ずる所得」のほかに、当該所得が変動所得として追加されたものである。

さらにその後、水産養殖業から生ずる所得については、昭和48年の改正により「はまち及びかきの養殖から生ずる所得」が変動所得とされたのをはじめ、昭和49年の改正では「うなぎの養殖から生ずる所得」、昭和57年の改正では「ほたて貝及び真珠（真珠貝を含む。）の養殖から生ずる所得」、さらに、平成4年の改正では「まだい及びひらめの養殖から生ずる所得」が、順次、変動所得に追加されるなどし、現行の所得税法施行令第7条の2の規定、すなわち「漁獲若しくはのりの採取から生ずる所得、はまち、まだい、ひらめ、かき、うなぎ、ほたて貝若しくは真珠（真珠貝を含む。）の養殖から生ずる所得、原稿若しくは作曲の報酬に係る所得又は著作権の使用料に係る所得」を変動所得とする旨の規定に至っている。

ロ　「漁獲」の意義

漁獲とは、一般に「水産物をとること」（広辞苑第7版）をいうところ、所得税法は、同法の規定にいう「漁獲」の意義について、特段の定義規定をおいていない。もっとも上記イの平均課税制度の趣旨やその後の変動所得の改正経緯に照らすと、同「漁獲」とは、水産物の捕獲又は採取を意味し、海草等の水産植物の採取や養殖（水産養殖）はこれに含まれないと解するのが相当である。

ハ　サンゴ漁に係る所得の変動所得該当性

サンゴ漁に係る所得は、所得税法第2条第1項第23号に規定する「原稿若しくは作曲の報酬に係る所得」又は「著作権の使用料に係る所得」には該当せず、また、所得税法施行令第7条の2に規定する「のりの採取から生ずる所得」、「はまち、まだい、ひらめ、かき、うなぎ、ほたて貝若しくは真珠（真珠貝を含む。）の養殖から生ずる所得」のいずれにも該当しないから、サンゴ漁に係る所得が変動所得に該当するか否かは、当該所得が所得税法第2条第1項第23号に規定する「漁獲から生ずる所得」に当たるか否かにより決せられることとなる。

この点、所得税法第2条第1項第23号に規定する「漁獲」とは、上記ロのとお
　り、水産物の捕獲又は採取を意味し、海草等の水産植物の採取や養殖（水産養
　殖）はこれに含まれないと解すべきであり、水産動物の捕獲又は採取を対象とし
　ていることにほかならないところ、宝石サンゴは、上記1の(3)のイ及び上記(1)の
　イのとおり、海中から採れる水産物（生物学上は動物に分類される。）であるこ
　とは明らかであって、サンゴ漁は、水産動物の捕獲又は採取にほかならず、同号
　に規定する「漁獲」に該当する。したがって、サンゴ漁に係る所得は、同号に規
　定する「漁獲から生ずる所得」に該当するというべきである。

ニ　小括

　　以上によれば、サンゴ漁に係る所得は、所得税法第2条第1項第23号に規定す
　る「漁獲から生ずる所得」として、同号が定義する変動所得に該当し、平均課税
　制度の適用対象とされるべきである。

(3)　原処分庁の主張について

イ　原処分庁は、上記3の「原処分庁」欄の(1)ないし(3)のとおり、宝石サンゴは自
　ら移動せず水産植物と同様の生態であること、採取された宝石サンゴのほとんど
　は死滅した枯れ木であること、また、サンゴ漁の目的は宝石サンゴの骨軸を採取
　するというものであることから、サンゴ漁は、本件通達にいう「水産動物を捕獲
　すること」には該当せず、漁獲には該当しない旨主張する。

　　しかしながら、上記(2)のハのとおり、サンゴ漁に係る所得については、水産動
　物の捕獲又は採取から生ずる所得とみるのが相当であり、採取された宝石サンゴ
　の一部が死滅していることや漁の目的が宝石サンゴの一部（骨軸）を採取するこ
　とにあることを理由として「漁獲」又は「漁獲から生ずる所得」から除外するこ
　とはできないというべきであり、原処分庁の上記主張には合理的な根拠は見当た
　らない。

　　したがって、原処分庁の上記主張には理由がない。

ロ　原処分庁は、上記3の「原処分庁」欄の(4)のとおり、宝石サンゴは他の水産動
　物とは異なり、天候等の自然現象によって漁獲高が大きく変動するものではなく、
　その採取者の意思によってその採取量を決定することができるものであり、また、
　サンゴ漁に係る所得の変動要因はその需要に伴う相場の変動であるから、サンゴ
　漁は、自然現象によって漁獲高が変動することを前提とする漁獲には該当しない

旨主張する。

　しかしながら、上記(2)のハのとおり、サンゴ漁に係る所得が変動所得に当たるか否かは、専ら「漁獲から生ずる所得」に該当するか否かによって決まるのであって、「漁獲」が水産物の捕獲又は採取を意味し、海草等の水産植物の採取や養殖（水産養殖）はこれに含まれないと解され、水産動物の捕獲又は採取を対象としていることにほかならないのであるから、その判断に当たって、採取高の変動の有無、採取量の決定方法、所得の変動要因等、その業種業態に特有の事情が考慮されなければならないとする合理的な理由は、上記(2)の変動所得に関する各規定の条文又はその解釈からは見出し難い。

　また、サンゴ漁に係る所得は、相場の変動に左右されやすいものであるとしても、上記(1)のイのとおり、請求人の営むサンゴ漁の実態を踏まえると、自然的条件や偶然性から来る品質の良し悪しも価格に反映し、所得の変動要因とならないとはいえず、また、同ロのとおり、サンゴ漁には、漁業者数の限度、操業期間及び操業時間の制限並びに漁獲量の上限に係る制約が定められており、漁業者の意思によって自由にその漁獲量を決定することができるものではない。したがって、原処分庁の上記主張には理由がない。

(4)　本件各通知処分の適法性について

　上記(2)のニのとおり、請求人のサンゴ漁に係る所得は、所得税法第2条第1項第23号に規定する変動所得に該当する。そして、本件各更正の請求に係る総所得金額については、当事者双方に争いはないところ、上記1の(4)のハのとおり、請求人の本件各年分の総所得金額は、全てサンゴ漁に係る所得金額であるため、請求人の本件各年分の総所得金額と変動所得の金額とは同額である。したがって、平成26年分の変動所得の金額○○○○円（平成24年分及び平成25年分の変動所得の金額の合計額の2分の1に相当する金額○○○○円を超える。）は、平成26年分の総所得金額の100分の20以上であり、また、平成27年分の変動所得の金額○○○○円（平成25年分及び平成26年分の変動所得の金額の合計額の2分の1に相当する金額○○○○円を超える。）は、平成27年分の総所得金額の100分の20以上であることから、同法第90条第1項の要件を満たしている。さらに、本件各更正請求書には、平均課税制度の適用を受ける旨の記載及び平均課税の計算書の添付があることから、同条第4項の要件を満たしており、平均課税制度が適用される。以上を基に、請求人の本件

各年分の所得税等の額について、同条に規定する平均課税制度を適用して計算すると、納付すべき税額は、平成26年分が○○○○円、平成27年分が○○○○円となり、本件各更正の請求における納付すべき税額と同額となる。

　したがって、本件各更正の請求は、その更正をすべき理由があることから、本件各通知処分は違法であり、いずれもその全部を取り消すべきである。

(5)　結論

　よって、審査請求には理由があるから、原処分の全部を取り消すこととする。

別表　審査請求に至る経緯（省略）

事例10（推計方法（原処分庁主張）　その他の推計）

　　請求人主張の推計方法が認められず、原処分庁が採用した推計方法は、一応の合理性があるとした事例（平成22年分から平成24年分の所得税の各更正処分並びに過少申告加算税及び重加算税の各賦課決定処分、平成25年分から平成28年分の所得税及び復興特別所得税の各更正処分並びに過少申告加算税及び重加算税の各賦課決定処分、平成22年1月1日から平成28年12月31日までの各課税期間の消費税及び地方消費税の各更正処分並びに過少申告加算税（過少申告加算税は、平成24年1月1日から平成25年12月31日まで及び平成27年1月1日から平成28年12月31日までの各課税期間に係るもの）及び重加算税の各賦課決定処分・一部取消し・平成31年4月24日裁決）

《ポイント》

　本事例は、原処分庁が採用した推計方法について、請求人が自身の主張する推計方法の方が真実の所得金額に近似するとの主張をしたものの認められず、原処分庁の推計方法は、一応の合理性を有するものと認めたものである。

《要旨》

　請求人は、昼営業に係る注文伝票1枚当たりの単価（昼営業伝票単価）に注文伝票の購入枚数から客の注文等を記載する以外に使用した注文伝票の枚数（伝票ロス分）を控除した枚数を乗じて売上金額を算出するという原処分庁が採用した推計方法には合理性がない旨主張する。

　しかしながら、①昼営業伝票単価を推計の基礎数値に用いることは、請求人の事業専従者が主に昼営業の売上げを計上しないものとして昼営業に係る注文伝票の一部をレジ入力せず破棄していたこと及び昼営業に係る来客者数が夜営業に係る来客者数を上回る請求人の事業の実態を反映するものであること、②昼営業伝票単価及び注文伝票の購入枚数は、いずれも当該事業における正常な業務の遂行のために作成された資料から正確に把握されること、③請求人の客への飲食物の提供方法である店内飲食、持帰り及び弁当販売の3つの形態のいずれについても必ず注文伝票が作成されており、注文伝票の使用枚数と売上金額とは高い相関関係があると認められること等から、原処分庁が採用した推計方法は、一応の合理性を有する。

また、請求人は、原処分庁が採用した推計方法よりも、おしぼりのレンタル本数及び弁当箱の購入個数から客に提供する以外の用途に使用する数量を控除した数量に、客単価を乗じて売上金額を算出するという推計方法の方が真実の所得金額に近似する旨主張する。

　しかしながら、①請求人の主張する推計方法は、夜営業に係る来客者数よりも昼営業に係る来客者数の方が多いという請求人の事業の実態を反映するものではなく、②おしぼりのレンタル本数及び弁当箱の購入数量について、客に提供する以外の用途に使用する数量を認定するに足る具体的な証拠はなく見積りにより算出していることに加え、おしぼりの調理使用分について使用方法が変更されていることからすると、数値の正確性・連続性に欠けるおしぼりのレンタル本数及び弁当箱の購入数量を推計の基礎とすることはできないから、請求人の主張する推計方法の方が真実の所得金額に近似するということはできない。

　なお、審判所の伝票ロス分の認定等に伴い、原処分の一部を取り消した。

《参照条文等》

　所得税法第156条

《参考判決・裁決》

　名古屋地裁平成16年11月25日判決（税資254号順号9833）

（平成31年4月24日裁決）

《裁決書（抄）》

1 事　実

(1) 事案の概要

本件は、原処分庁が、飲食店を営む審査請求人（以下「請求人」という。）の事業所得の金額及び課税資産の譲渡等の対価の額を推計の方法により算出して所得税等及び消費税等の更正処分等をしたのに対し、請求人が、原処分庁が採用した推計方法には合理性がなく、請求人自身が推計する方法により算出した事業所得の金額等の方が実額に近似するとして、原処分の一部の取消しを求めた事案である。

(2) 関係法令

所得税法第156条《推計による更正又は決定》は、税務署長は、居住者に係る所得税につき更正をする場合には、その者の財産若しくは債務の増減の状況、収入若しくは支出の状況又は生産量、販売量その他の取扱量、従業員数その他事業の規模によりその者の各年分の事業所得の金額（その者の提出した青色申告書に係る年分の事業所得の金額を除く。）を推計して、これをすることができる旨規定している。

(3) 基礎事実

当審判所の調査及び審理の結果によれば、次の事実が認められる。

イ　請求人の事業の概要

(イ) 請求人は、平成○年からa市b町○−○において「J」の屋号で○○料理店を個人で営んでいる（以下、当該事業を「本件事業」といい、同所所在の店舗を「本件店舗」という。）。

なお、請求人は、本件事業のほかに不動産貸付業を営んでいる。

(ロ) 平成22年ないし平成28年（以下「本件各年」という。）における本件事業の営業時間は、午前11時から午後2時まで（以下、この時間帯における営業を「昼営業」という。）及び午後5時から午後9時まで（以下、この時間帯における営業を「夜営業」といい、昼営業と併せて「1日営業」という。）であった。

(ハ) 請求人の妻であるKは、本件各年において、請求人の事業専従者として本件事業の経理全般等に従事していた（以下、同人を「本件専従者」という。）。

(ニ) 本件事業における飲食物の客への提供方法は、店内飲食、持帰り（店内飲食と同じ飲食物を持ち帰ること）及び弁当販売の3つの形態があるが、いずれの

場合も、必ず「お会計票」と題する伝票（以下「注文伝票」という。）が作成されていた。

ロ　請求人の税務に係る届出の状況

(イ)　請求人は、平成17年3月1日、平成17年1月1日から平成17年12月31日までの課税期間を適用開始課税期間として消費税法第37条《中小事業者の仕入れに係る消費税額の控除の特例》第1項に規定する簡易課税制度の適用を受ける旨を記載した消費税簡易課税制度選択届出書を原処分庁に提出した。

(ロ)　請求人は、平成20年2月25日、所得税の青色申告承認申請書を原処分庁に提出し、平成20年分以後の所得税につき、青色の申告書により申告書を提出する旨の承認を受けていた。

(4)　審査請求に至る経緯

イ　確定申告について

(イ)　請求人は、平成22年分ないし平成28年分の所得税（平成25年分ないし平成28年分については復興特別所得税も含む。以下、これらの年分を併せて「本件各年分」といい、所得税及び復興特別所得税を併せて「所得税等」という。）について、青色の確定申告書に別表1の「確定申告」欄のとおり記載して、いずれも法定申告期限までに原処分庁に提出した。

なお、請求人は、平成24年7月20日に損害保険会社から受け取った一時金○○○○円を平成24年分の確定申告書に添付した所得の内訳書に記載したが、これを平成24年分の課税標準に算入していなかった。

また、請求人は、賃貸用不動産の譲渡に係る消費税及び地方消費税（以下「消費税等」という。）の額○○○○円を平成28年4月25日に納付したが、これを平成28年分の不動産所得の金額の計算上必要経費に算入していなかった。

(ロ)　請求人は、平成22年1月1日から平成22年12月31日まで、平成23年1月1日から平成23年12月31日まで、平成24年1月1日から平成24年12月31日まで、平成25年1月1日から平成25年12月31日まで、平成26年1月1日から平成26年12月31日まで、平成27年1月1日から平成27年12月31日まで及び平成28年1月1日から平成28年12月31日までの各課税期間（以下、順次「平成22年課税期間」、「平成23年課税期間」、「平成24年課税期間」、「平成25年課税期間」、「平成26年課税期間」、「平成27年課税期間」及び「平成28年課税期間」といい、これらを

併せて「本件各課税期間」という。）の消費税等について、確定申告書に別表
2の「確定申告」欄のとおり記載して、いずれも法定申告期限までに原処分庁
に提出した。

ロ　原処分について

(イ)　原処分庁は、原処分庁所属の調査担当職員（以下「本件調査担当職員」とい
う。）による請求人の本件各年分の所得税等及び本件各課税期間の消費税等に
ついての調査（以下「本件調査」という。）により、平成30年2月13日付で、
平成22年分以後の所得税について青色申告の承認取消処分（当該処分について
請求人は審査請求をしていない。）をするとともに、同日付で、別表1の「更
正処分等」欄記載のとおり、本件各年分の所得税等の各更正処分（以下「本件
所得税等各更正処分」という。）並びに過少申告加算税及び重加算税の各賦課
決定処分（以下「本件所得税等各賦課決定処分」という。）をした。

　　本件所得税等各更正処分は、客の注文等を記載した注文伝票の一部を本件専
従者が破棄していたことから、原処分庁が請求人の事業所得の金額を実額によ
り算出できないとして、本件各年の注文伝票のうち、客の注文等を記載したも
ので残存するもの（以下「残存伝票」という。）から把握される昼営業に係る
売上金額（以下「昼営業売上金額」という。）を昼営業に係る注文伝票（以下
「昼営業伝票」という。）の枚数で除して昼営業に係る注文伝票1枚当たりの単
価（以下「昼営業伝票単価」という。）を算出した上、これに本件各年の注文
伝票の購入枚数から客の注文等を記載する用途以外に使用した注文伝票の枚数
（以下、当該伝票を「目的外使用伝票」といい、目的外使用伝票の枚数を「伝
票ロス分」という。）として24枚を控除した枚数を乗じて算出した請求人の売
上金額に基づき、本件各年分の事業所得の金額を推計により算出したものであ
る。

(ロ)　原処分庁は、本件各課税期間の消費税等に係る課税資産の譲渡等の対価の額
を、上記(イ)と同様の推計方法により算出し、平成24年課税期間ないし平成28年
課税期間については、各基準期間の課税売上高が5,000万円を超えたため簡易
課税による方法（消費税法第37条に規定する方法をいう。以下同じ。）によら
ず本則課税による方法（消費税法第30条《仕入れに係る消費税額の控除》に規
定する方法をいう。以下同じ。）で再計算を行った上、平成30年2月13日付で、

— 163 —

別表2の「更正処分等」欄記載のとおり、本件各課税期間の消費税等の各更正処分（以下「本件消費税等各更正処分」という。）並びに過少申告加算税及び重加算税の各賦課決定処分（以下「本件消費税等各賦課決定処分」という。）をした。

 (ハ) 本件調査担当職員は、上記(イ)及び(ロ)の各更正処分の前4回にわたって請求人の本件各年分の売上金額を請求人に提示した。なお、推計に用いられた方法は、3回目の提示はおしぼりのレンタル本数及び弁当の売上個数を基礎として請求人の売上金額を算出するものであり、4回目の提示はこれに加えて持帰り弁当の個数を基礎としたものであった。

 ハ 審査請求について

  請求人は、原処分を不服として、平成30年5月9日に審査請求をした。

2 争 点
(1) 原処分庁が採用した推計方法に合理性があるか（争点1）。
(2) 原処分庁が採用した推計方法よりも請求人の主張する推計方法による方が実額に近似するか（争点2）。

3 争点についての主張
(1) 争点1（原処分庁が採用した推計方法に合理性があるか。）について

原処分庁	請求人
原処分庁が採用した推計方法は、次のとおり合理性がある。 イ　推計の基礎となる数値の正確性について 　(イ)　請求人は、夜営業よりも昼営業の客が多く、夜営業はしなくてもいいと考えている旨申述している上、実際に平成29年11月8日以降の夜営業は、持帰りを除き行っていない。このことに加え、本件調査担当職員が本件店舗の入店人数を確認した結果	原処分庁が採用した推計方法は、次のとおり合理性がない。 イ　推計の基礎となる数値の正確性について 　(イ)　売上金額の推計に当たっては、請求人の1日営業伝票単価により売上金額を算出すべきであるにもかかわらず、原処分庁は昼営業伝票単価を用いて売上金額を算出している。 　また、請求人が、夜営業よりも昼営業の客が多く、夜営業はしなくて

からすると、本件事業は昼営業が主体であって、夜営業よりも昼営業の来客者数が多いと推認される。他方、残存伝票に占める昼営業伝票の枚数の割合及び平成26年ないし平成28年の年間来客者数に占める昼営業に係る来客者数の割合は、ともに4割程度にとどまっている。そうすると、本件専従者は、主に昼営業に係る注文伝票を申告しないものとして除き、破棄した蓋然性が非常に高い。そして、昼営業伝票単価は、1日営業伝票単価（残存伝票から把握される1日営業に係る売上金額（以下「1日営業売上金額」という。）を残存伝票の枚数で除した注文伝票1枚当たりの単価をいう。以下同じ。）を下回っているから、昼営業伝票を申告しないものとして除けば、1日営業伝票単価が上がることは容易に推認される。このように、原処分庁が採用した推計方法は、過大な売上金額が算出されることがないよう、1日営業伝票単価ではなく昼営業伝票単価を用いている。

(ロ)　本件調査担当職員は、本件店舗において、平成29年9月頃の必要経費に係る関係書類とともに、裏面に仕入先及び仕入先ごとの支払金額が記

もいいと考えている旨申述した事実はない。○○になったため夜営業を休止せざるを得なくなったのである。

(ロ)　請求人は、目的外使用伝票として①食材・包材の発注、②予約、③買物リスト、④支払明細、⑤個人メモ等に相当な枚数を使用していた上、

載された注文伝票２枚を確認した。そして、請求人は、注文伝票につき、「請求人」欄のイの(ロ)のとおり、④支払明細以外にも目的外使用伝票として使用している旨主張するが、当該主張を裏付ける資料の提示がなかった。そうすると、原処分庁が認定した伝票ロス分（各年24枚）は、本件調査において実際に確認した枚数（月２枚）に基づいているから、妥当である。

ロ　推計方法の最適性について

(イ)　請求人の商品（飲食物）の提供方法は、店内飲食、持帰り及び弁当販売の３つの形態があるが、いずれの場合も必ず注文伝票を作成しているから、注文伝票の使用枚数と売上金額には比例関係があると認められる。そして、原処分庁は、請求人から提示のあった資料により、昼営業売上金額及び昼営業伝票の枚数を把握した上で昼営業伝票単価を算出し、これに基づいて請求人の本件各年分の売上金額を推計している。このように、原処分庁が採用した推計方法は、請求人から提示のあった請求人自身の売上げに係る各資料を基にしたものであり、合理性がある。

(ロ)　原処分庁が採用した推計方法は合

注文伝票の購入業者から納品されたとする注文伝票の購入枚数自体が適正な数量を示しているか否か疑義があるにもかかわらず、原処分庁は、推計に当たって、上記④支払明細に使用した年間24枚しか購入枚数から控除しておらず、伝票ロス分を過少に見積もっている。このままでは正常性がない数量であるため、過大な売上金額が推計される。

ロ　推計方法の最適性について

(イ)　注文伝票の購入枚数を用いて請求人の売上金額を算出する場合、①注文伝票の購入枚数から残存伝票の枚数及び伝票ロス分を控除した枚数に昼営業伝票単価を乗じて算出した金額に、②申告している売上金額を加える方法が最適である。にもかかわらず、原処分庁が採用した推計方法はこれを用いておらず最適性を欠く。

(ロ)　次の３つの推計方法により最適性

理性があるから、原処分庁は、原処分庁が採用していない推計方法について、その合理性ないしそれを採用しない理由を説明する立場にない。

を検討すると、まず、①注文伝票の購入枚数を用いて請求人の売上金額を推計する場合、１日営業伝票単価を用いて売上金額を算出すべきであるところ、このようにして算出された請求人の本件各年分の売上金額の合計額は○○○○円となる。他方、②請求人の本件各年の割箸購入本数に客単価（原処分庁が、請求人の本件各年分の店内飲食売上金額と弁当売上金額の合計額を残存伝票から集計した来客者数で除して算出した金額をいう。以下同じ。）を乗じて算出した場合、請求人の本件各年分の売上金額の合計額は○○○○円となり、また、③請求人のおしぼりレンタル本数及び弁当売上個数にそれぞれ客単価を乗じて算出した場合、請求人の本件各年分の売上金額の合計額は○○○○円となる。このように、①注文伝票の購入枚数を用いた推計は、②割箸購入本数による推計又は③おしぼりレンタル本数及び弁当売上個数による推計に比して過大な売上金額が算出されることからすると、注文伝票の購入枚数を用いた推計方法は最適性を欠く。また、上記のとおり３つの方法により最適性を検討すると、注文伝票の購入枚数

（年間24枚を除く。以下本項について同じ。）は正常性がない数量であることが明らかとなることから、購入枚数全てが必ず売上金額に比例するということはなく、正常性がない数量に基づく過大な売上金額が推計されている。

ハ　推計方法の客観性について

原処分庁が採用した推計方法には合理性があるから、他の推計方法を採用しなかった理由を述べる必要はなく、原処分庁が採用した推計方法の合理性を説明すれば足りる。

また、原処分庁が、原処分の前4回にわたって請求人に対してした売上金額の提示は、本件調査の途中経過においてしたものにすぎず、これらの提示は原処分庁が採用した推計方法の客観性に影響を与えない。

ハ　推計方法の客観性について

(イ)　原処分及びその前4回にわたって原処分庁が推計した請求人の本件各年分の売上金額（推計による売上金額と申告売上金額との差額）の合計額は、原処分における金額（○○○○円）が最も高額であり、かつ、最低額（○○○○円：第2回目）と著しい差額（○○○○円：増加率71.52％）があることから、原処分庁が採用した推計方法には、真実の所得金額に近似した数値が算出されるべき客観性がない。

(ロ)　原処分庁が採用した推計方法は、原処分の前4回にわたって提示された推計の方法から変更されており、原処分庁は変更した理由の説明及び妥当性の根拠の開示をすべきところ、それをしていない。このことから、原処分庁が採用した推計方法には、真実の所得金額に近似した数値が算出されるべき客観性がない。ま

ニ　その他

　　請求人は、商品（飲食物）の提供時には必ず注文伝票を作成しているから、注文伝票の使用枚数と売上金額には比例関係が認められる。そして、注文伝票の使用枚数及び注文伝票1枚当たりの売上金額は、本件各年分ごとに客観的な事実に基づき算出されており、調理人の熟練度等に影響を受けないから、原処分庁が採用した推計方法は合理的である。

　　他方、請求人においては、平成26年と平成28年の年間の肉の仕入数量に占める各部位の仕入数量の割合が異なること、年間の売上げに占める肉を使用したメニューの売上割合が不明であること及び調理人の熟練度が異なることから、肉の仕入数量の増減と売上金額の増減に、必ずしも比例関係があるとはいえない。

た、原処分の前4回のうち1回目及び2回目にされた売上金額の提示は、いずれも本件調査担当職員から原処分庁へ最終結論を報告することを前提にされたものであり、単なる調査経過の提示とは異なる。

ニ　その他

　　①本件事業における肉の仕入数量は、平成26年が○○○○kg、平成28年が6,424.95kgであって○○○○kg減少しているのに対し、原処分庁が推計した請求人の売上金額は、平成26年分が○○○○円、平成28年分が○○○○円と○○○○円増加している。②調理人が平成26年はM、平成28年は請求人であって両者の調理技術に差があること及び上記各年では調理に使用する肉の部位等を変更したことを踏まえた上で、肉のロス率を平成26年は25％、平成28年は10％として、肉の仕入数量を調理後の消費数量に換算した結果（平成26年：○○○○kg、平成28年：○○○○kg）からみても、実質的に売上金額に比例する肉の消費数量自体に差異がない。

　　そうすると、平成28年分の売上金額が平成26年分のそれを上回ることはないはずであるから、原処分庁が採用した推計方法は合理性を欠く。

(2) 争点2（原処分庁が採用した推計方法よりも請求人の主張する推計方法による方が実額に近似するか。）について

請求人	原処分庁
別表3のとおり、請求人の売上金額を店内飲食分及び店外飲食分に区分し、前者はおしぼりのレンタル本数から調理使用分等店内で飲食する客に提供する以外の用途に使用する本数を控除した本数を、後者は弁当箱の購入個数から弁当を購入する客に提供する以外の用途に使用する個数を控除した個数を算出した上、それぞれに対し、各年分ごとに客単価を乗じた金額を合算して推計すべきである。この推計方法の方が、原処分庁が採用した推計方法よりも真実の所得金額に近似する方法である。	請求人は、平成27年頃から調理使用分のおしぼりが増加した旨主張するが、これを裏付ける客観的な証拠資料はない。また、請求人が調理使用分のおしぼりと主張する本数の積算根拠が明らかでない。このように、請求人の主張には不合理な点が多々見受けられる。このことに加え、現状のおしぼりの使用状況が本件各年と同様であると判断することはできず、店内で飲食をする客に提供するおしぼりの本数について、客観的事実に基づいた合理性のある本数を算出することは不可能である。それゆえ、請求人の主張する推計方法には合理性がない。 仮に、他により合理的な推計方法があるとしても、原処分庁が採用した推計方法に実額課税の代替手段にふさわしい一応の合理性が認められれば推計課税は適法であり、推計方法の優劣を争う主張自体失当である。

4 当審判所の判断

(1) 認定事実

　　請求人提出資料、原処分関係資料並びに当審判所の調査及び審理の結果によれば、次の事実が認められる。

　イ 原処分庁が採用した推計方法について

　　　原処分庁が採用した推計方法は、上記1の(4)のロの(イ)のとおりであるが、具体

的には次のとおりである。

(イ) 昼営業伝票単価の算出

原処分庁は、本件各年において、主に昼営業伝票が破棄されたものとして、本件各年分の昼営業売上金額を残存伝票のうちの昼営業伝票の枚数で除して昼営業伝票単価を算出した。

(ロ) 注文伝票の購入枚数

原処分庁は、N社が発行した請求書に基づき、本件各年において請求人が購入した注文伝票の枚数を把握し、これを推計の基礎に採用したが、期首及び期末の未使用分は考慮していない。

(ハ) 伝票ロス分

本件調査担当職員は、平成29年10月19日、本件調査を行った際、同年9月頃の必要経費に係る関係書類とともに、裏面に仕入先及び仕入先ごとの支払金額が記載された2枚の注文伝票を確認した。原処分庁は、本件各年の伝票ロス分について、1か月当たり2枚を使用したとし、これを12倍した24枚と認定した。

(ニ) 売上金額及び事業所得の金額の算出

原処分庁は、上記(イ)の昼営業伝票単価に、同(ロ)の注文伝票の購入枚数から同(ハ)の伝票ロス分を控除した枚数を乗じて算出した金額を、請求人の本件各年分の本件事業に係る売上金額とし、これに家事消費及び雑収入の各金額を加算した収入金額から必要経費等の金額を控除して事業所得の金額を算出した。事業所得の金額の算出過程は、別表4のとおりである。

ロ 本件事業について

(イ) 本件店舗への来客者数

A 平成29年10月3日における本件店舗への来客者数は、午前11時から午後2時までの間が111名、午後5時から午後8時30分までの間が64名であった。

B 残存伝票に基づき算出した、平成26年から平成28年までの年間来客者数、昼営業に係る来客者数、夜営業に係る来客者数及び年間来客者数に占める昼営業に係る来客者数の割合は、別表5のとおりである。

(ロ) 仕入れ及び物品の購入の状況

A 本件各年における本件事業の調理及び肉の仕入れについて、①平成22年から平成24年末までは従業員であったLが、②平成25年1月から平成27年7月

— 171 —

までは〇〇であるMが、③その後は請求人が担当していた。

　B　請求人は、本件各年において、①肉の仕入れについてはP社及びQ社から、②物品（消耗品等）の購入についてはR社及びS社からそれぞれ購入していた。本件各年における各仕入先等との取引日数は、別表6のとおりである。

　C　P社から発行された肉の仕入れに係る請求書には、「豚下ロース」、「豚ヒレ」等の品名とともに仕入数量が記載されており、一度に仕入れた肉の品名は多いときには7つを超えることがあった。

　　また、Q社から発行された肉の仕入れに係る納品伝票にも「国産豚ロース（真空）」等の品名とともに仕入数量が記載されており、一度に仕入れた肉の品名の数は1つないし6つであった。

　D　請求人は、本件各年において、N社から、注文伝票を別表7のとおり1か月間に1ないし3回購入しており、1回の購入枚数は全て1,000枚であった。

　　なお、請求人が本件調査担当職員に対して提示した残存伝票は別表8の②欄のとおりである。

　E　本件事業に係る平成26年及び平成28年における肉の仕入数量、おしぼりのレンタル本数、弁当箱の購入個数及び割箸の購入本数は、別表9のとおりである。

(ハ)　予約を受ける場合の注文伝票への記載及びレジ入力

　A　店内飲食に係る予約については、あらかじめ注文伝票に来店時間、氏名等を記載した上、飲食の提供後、当該注文伝票に基づいてレジ入力を行っていた。

　B　弁当販売に係る予約については、あらかじめ注文伝票に来店時間、氏名及びメニューを記載した上、それが現金販売の場合は商品の受渡し時に当該注文伝票を用いてレジ入力を行い、掛売りの場合はレジ入力を行わないものの売掛金の支払を受けた時に売上げを計上していた。

(ニ)　本件事業に係る会計帳簿等の状況

　A　請求人は、本件各年分に係る所得税等及び本件各課税期間に係る消費税等の各確定申告について、本件専従者に一任していた。

　B　本件専従者は、本件各年において、客からの注文等を記載した注文伝票の一部について、売上げの事実をレジ入力せず、売上げに計上しなかった。な

お、本件専従者は、レジ入力しなかった注文伝票を営業時間終了後に破棄していた。

C　本件専従者は、営業時間終了後に、レジ入力した注文伝票（残存伝票）に基づく1日分の現金売上げの合計額が印字された精算レシートを打ち出し、当該レシートに基づき、平成22年1月1日から同年12月31日までは売上帳に、平成23年1月1日から平成28年12月31日までは金銭出納帳（以下、当該売上帳及び当該金銭出納帳を併せて「本件売上帳等」という。）に売上金額を記載していた。

D　本件専従者は、2、3か月に一度、本件売上帳等を基に営業日ごとの売上金額をパソコン内の売上管理表に入力した上、当該管理表のデータ及び経費の領収書等を関与税理士に提出し、同税理士に総勘定元帳（以下「本件総勘定元帳」という。）の作成並びに所得税等及び消費税等の確定申告書の作成を依頼していた。

㈆　注文伝票の状況

A　本件各年の残存伝票の枚数は、別表8の②欄のとおりであり、このうち昼営業伝票の枚数は別表10の②欄のとおりである。また、残存伝票のうち昼営業伝票を基に算出した本件各年分の昼営業売上金額は別表10の①欄のとおりである。

B　残存伝票のうち、平成28年2月2日ないし同月7日分の使用状況についてみると、別表11のとおり、記載された品名等が横線で抹消され又は塗りつぶされたものがあった。

C　目的外使用伝票については、食材納品後や買付け後に破棄されていたため、本件調査において把握された2枚のほか現存するものはない。

D　請求人は、本件調査後は、本件事業に係る仕入れや物品購入等に必要なメモについて、注文伝票を使用しないこととし（本件調査後は、注文伝票に連番を付して管理している。）、これに代えて、①大学ノート、②買付けメモ・買掛金管理メモ及び③白紙のメモ用紙を使用することとした。平成30年12月5日現在の状況は、次のとおりである。

㈠　大学ノート

　　T社からの仕入れについて、玉ねぎ、キャベツ等の品目ごとに、「○」

印、「×」印等が1日ごとに記載されている。

　　また、上記の右横には、N社、U社及びV社からの仕入れについて、バター、マヨネーズ、焼酎等の品目ごとに、「○」印、「×」印等が1週間ごとに記載されている。

　⑻　買付けメモ・買掛金管理メモ

　　それぞれ、連番を付していない未使用の注文伝票に品目及び支払先を記載したものをコピーし、これをメモとして使用している。具体的には、買付けメモには、カレー粉、ホールスパイス等の品目等がコピーにより印字され、その横に「○」印、「×」印等が縦3列にわたり記載されている。また、買掛金管理メモには、T社、P社、Q社等の仕入先の名称がコピーにより印字され、その横に仕入金額がそれぞれ記載されている。なお、買付けメモには四つ折りの折り目がある。

　⑼　メモ用紙

　　縦列に「3月」、「4火」、「5水」等と、横列に「X11月分出金」、「つけもの」、「大根・きゅうり」等と記載されている。

⑵　本件事業及び注文伝票に関する請求人及び本件専従者の答述について

　イ　請求人は、目的外使用伝票及び肉の仕入れに関し、当審判所に対し、要旨次のとおり答述した。

　　㈠　本件事業では、メモとして使用できる紙を用意していなかったので、注文伝票をメモとして使用していた。

　　㈡　毎週水曜日と土曜日にはP社から、毎週月曜日又は火曜日にはQ社から肉を仕入れているが、発注する数量が決まっているわけではない。請求人は、平成27年8月から平成28年末までの間、本件事業における肉の仕入れを担当しており、P社及びQ社から仕入れる肉の部位及び数量を記載するために、注文伝票を1週間に3枚（P社に2枚、Q社に1枚）使用していた。請求人が肉の仕入れを担当していない間も、L及びMに対して同様の方法を指導していた。

　　㈢　請求人は、R社に出向いて本件事業に必要な物品を購入する際のメモとして注文伝票を1か月間に1ないし3枚使用していた。

　　㈣　請求人は、平成20年頃から平成27年頃までの間、人手不足の時に1週間に1、2回程度本件事業に従事した。また、同時期に、自身で営んでいた不動産貸付

業において、入退去の日付、修繕工事の材料のリストアップ、大工の人工賃の支払等の記録に使用するため、注文伝票を1か月間に10枚程度使用していた。

㈭ Mに平成27年7月まで調理及び肉の仕入れを任せていたときは、通常4kgの肉から20人前の食材（料理）が取れるところ、15人前しか取れなかった。請求人が担当することとなった平成27年8月以降は、メニューの値段を変更せずにグラム数を落としたり、ロスを減らしたり、部位を変更したりしたので、肉の仕入金額が減少している。

ロ 本件専従者は、レジ入力の状況及び目的外使用伝票に関し、当審判所に対し、要旨次のとおり答述した。

㈠ 売上げに関し、夜営業に係る分はほとんどレジ入力していたが、昼営業に係る分はレジ入力しないことがあった。

㈡ 肉の仕入れは、平成22年から平成24年末まではL、平成25年1月から平成27年7月まではMが担当していたが、両者ともP社及びQ社から肉を仕入れるに当たり、1週間に3枚の注文伝票を使用していた。

㈢ 本件専従者は、①N社、U社、V社及びT社に対し、本件事業における肉以外の食材と消耗品を発注する担当をしていたため、あらかじめ注文伝票に発注する品目を全て記載しておき、それぞれ必要な数量を書き込んで電話で発注していた。発注に当たって1週間にN社で1枚、U社とV社で1枚、T社で1枚の計3枚の注文伝票を使用していた。また、②S社に出向いて本件事業に必要な物品を購入する際のメモとして1週間に1、2枚、③仕入先等からの請求書に基づく支払金額を管理するため1か月間に2枚、④タルタルソースや弁当用のひじきの毎週の仕込み及び行事の予定を記載するため1週間に2枚の注文伝票を使用していた。

㈣ 客からの注文を受ける際、注文伝票の書き損じや書き直しが1日当たり2、3枚生じていた。

(3) 推計の必要性について

イ 所得税法第156条は、所得金額を推計して課税することができる旨規定しており、また、法令上明文の規定はないものの、消費税についても推計による課税が認められると解される。もっとも、課税処分における課税標準の認定は、直接資料に基づく実額計算の方法によるのが原則であることからすると、所得税及び消

費税の推計による課税は、①納税義務者が収入及び支出を明らかにし得る帳簿書類を備え付けていない、②帳簿書類の記載が不備、不正確で信用できない、③納税義務者が税務調査に非協力的であるため帳簿書類を検査できないなどの事情により納税義務者の所得等の実額の把握が不可能ないし著しく困難な場合に限られるものと解される。

ロ　本件においては、上記(1)のロの㈡のBないしDのとおり、本件各年分の本件総勘定元帳及び本件売上帳等に記載されている売上金額は、本件専従者により一部が破棄された注文伝票に係る売上金額が反映されていない過少なものであり、本件総勘定元帳及び本件売上帳等に係る売上金額の記載は不備、不正確で信用できないものであるといえる。また、同Bのとおり、レジ入力しなかった注文伝票は破棄されており、申告に反映されていない売上金額を確認することはできない。そのため、原処分庁は、本件各年分の事業所得の金額及び本件各課税期間の消費税の課税標準額を実額計算の方法で算出することができず、これらを推計の方法により算出する必要性があったものと認められる。

(4)　争点1（原処分庁が採用した推計方法に合理性があるか。）について

イ　法令解釈

推計課税は、納税者が実額を算出するに足りる帳簿書類を保存せず、あるいは帳簿書類を提出せず税務調査に協力しないため、やむを得ず間接資料により所得金額を認定する方法であるから、推計の方法は最もよく実際の所得金額に近似した数値を算出し得る合理的なものでなければならない。そして、推計方法が合理的であるというためには、①推計の基礎事実（数値）が正確に把握されていること（推計基礎の正確性）、②推計方法として当該事案にとって最適な方法が選択されていること（推計方法の最適性）及び③推計方法自体が具体的に真実の所得金額にできるだけ近似した数値が算出され得るような客観的なものであること（推計方法の客観性）の3点が充足されなければならない。もっとも、推計課税は、いわば納税者側の要因によって実額を把握することが不可能ないし著しく困難な場合に行われるものであるから、上記②については、およそ考えられるあらゆる推計方法との比較において、選択された当該推計方法により算出された所得金額が最も実額に近似すること、すなわち絶対的な合理性まで原処分庁に証明させるべきものではなく、一応の合理性を有することをもって足りるというべきで

ある。

ロ　検討

(イ)　推計基礎の正確性について

A　原処分庁が採用した推計方法において、昼営業伝票単価は、上記(1)のロの
(ホ)のA（別表10）のとおり、昼営業に係る残存伝票から把握され、また、注
文伝票の購入枚数は、同イの(ロ)のとおり、N社が発行した請求書より把握さ
れているところ、これらの資料はいずれも作成者が業務の正常な遂行のため
に作成したものと考えられ、その記載内容は正確であると認められる。

そして、請求人は、上記3の(1)の「請求人」欄のイの(ロ)のとおり、購入業
者から納品されたとする注文伝票の購入枚数自体が適正な数量を示している
か否か疑義がある旨主張するが、全証拠を検討しても、そのような疑義があ
ることをうかがわせる事情はない。

なお、原処分庁が採用した推計方法においては、本件各年における注文伝
票の購入枚数がそのまま本件各年分の推計の基礎数値とされ、本件各年の期
首及び期末の未使用の枚数は考慮されていない。この点、上記(1)のロの(ロ)の
D（別表7）のとおり請求人が注文伝票を一度に大量に購入した事実はなく、
その購入頻度から、使用する注文伝票の在庫が少なくなった都度購入してい
たものと認められ、本件各年の期首及び期末の注文伝票の未使用の枚数にさ
ほどの変動はなく、本件各年の期首及び期末における未使用の枚数が本件各
年中の使用枚数の認定に与える影響は軽微なものといえるから、本件各年の
期首及び期末の未使用の枚数を考慮していないことが、推計基礎の正確性を
失わせることにはならない。

B　また、本件店舗の来客者数の構成をみると、上記(1)のロの(イ)のAの事実か
らすると、平成29年10月3日における本件店舗の来客者数のうち昼営業に係
る来客者数の占める割合は63.4％（小数点以下第2位を四捨五入。以下本項
の割合について同じ。）となる。他方、残存伝票に基づき、年間来客者数に
占める昼営業に係る来客者数の割合を算出すると、別表5のとおり約4割に
とどまっているほか、残存伝票の枚数（別表8の②欄の枚数）に占める昼営
業伝票の枚数（別表10の②欄の枚数）の割合は、平成22年が41.7％、平成23
年が39.5％、平成24年が40.2％、平成25年が43.3％、平成26年が45.8％、平成

27年が44.9％、平成28年が43.0％となっている。このように、実際の来客者数に占める昼営業に係る来客者数の割合と、残存伝票から算出した年間来客者数に占める昼営業に係る来客者数の割合とが齟齬している。

　　そして、本件専従者は、当審判所に対し、上記(2)のロの(イ)のとおり、夜営業に係る注文伝票はほとんどレジ入力していた反面、昼営業伝票についてはレジ入力しないことがあった旨答述していることからすれば、上記の齟齬の理由は、本件専従者が主に昼営業の売上げを計上しないものとして、昼営業伝票の一部をレジ入力せず破棄した結果によるものと認められ、実際には、本件事業においては昼営業に係る来客者数が夜営業に係る来客者数を上回っていたものと認められる。

　　以上のような事実が認められる本件においては、昼営業伝票単価を推計の基礎数値として用いることは、昼営業に係る来客者数が夜営業に係る来客者数を上回っている本件事業の実態を反映するものとして合理的であるといえる。

C　この点について、請求人は、上記３の(1)の「請求人」欄のイの(イ)のとおり、売上金額の推計に当たっては１日営業伝票単価を用いるべきである旨主張する。しかしながら、本件においては昼営業伝票単価を用いることが合理的であることは上記Bのとおりである。また、１日営業売上金額、残存伝票の枚数及び１日営業伝票単価は別表12のとおりであるところ、上記Bのとおり、破棄された注文伝票が主に昼営業に係るものであり、夜営業に係る残存伝票が昼営業に係る残存伝票よりも多いことからすると、請求人が主張する１日営業伝票単価（同表の③欄）を用いた推計方法は、夜営業に係る来客者数よりも昼営業に係る来客者数の方が多い本件事業の実態を反映しないことになり合理的であるとはいえない。加えて、１日営業伝票単価を用いると昼営業伝票単価を用いるよりも多額な売上金額が算出されるところ、昼営業伝票単価を用いた推計方法は、真実の売上金額よりも過大に算出されないよう確実に認定し得る数値を用いた堅実な手法であるといえ、請求人にとって不利益な算出方法とはいえず、当該算出方法を特段不合理とする理由は認められない。したがって、請求人の主張には理由がない。

　　なお、請求人は、上記３の(1)の「請求人」欄のイの(ロ)のとおり、原処分庁

がその推計に当たって、伝票ロス分を過少に見積もった点に合理性を欠いている旨主張するが、この点については、後記㈱において判断する。

㈣ 推計方法の最適性について

A 原処分庁が採用した推計方法は、上記(1)のイのとおり、いわゆる本人比率法を用いるものである。個人事業者である納税者については、営業が通常継続的に行われることから、その業種、業態、規模、場所等に大きな変更がない場合には、業界に共通の経済事情の特段の変動が認められない限り、本人比率による推計方法は、一般に個別的類似性の最も高いものとして同業者比率法に比して優れているといえるが、もともと推計の必要性のある納税者の資料に基づいて算出するものであるから、計数の正確性の面で判断を要する場合が多い。よって、本人比率法は、計数の正確性が担保されれば同業者ごとに種々の差異があることを当然の前提とする同業者比率法に比して、より合理的な推計方法であるということができる。

これを本件についてみると、上記1の(3)のイの㈡のとおり、本件事業における飲食物の客への提供方法は、店内飲食、持帰り（店内飲食と同じ飲食物を持ち帰ること）及び弁当販売の3つの形態があり、そのいずれについても必ず注文伝票が作成されていたことから、注文伝票の使用枚数と売上金額には高い相関関係があるものと認められる。

また、原処分庁は、推計の基礎となる注文伝票の枚数及び昼営業伝票単価について、請求書、残存伝票等の証拠資料を基に正確に数値を算出して、請求人の本件各年分の売上金額を推計している。さらに、推計の対象となる本件各年分において、請求人について、事業内容や事業規模等の大きな変化及び業界に共通の経済事情に特段の変動があったとは認められない。

したがって、原処分庁が採用した推計方法は、一応の合理性を有するものであるといえる。

B 請求人は、上記3の(1)の「請求人」欄のロの㈠のとおり、注文伝票の購入枚数を用いて請求人の売上金額を算出する場合、①注文伝票の購入枚数から残存伝票の枚数及び伝票ロス分を控除した枚数に昼営業伝票単価を乗じて算出した金額に、②申告売上金額を加える方法が最適である旨主張する。

しかしながら、原処分庁が採用した推計方法に一応の合理性が認められる

ことは上記Aのとおりである。このことに加え、上記の請求人が主張する推計方法において原処分における基礎数値と同一の数値を用いると、請求人の本件各年分の売上金額はいずれも原処分の売上金額を上回ることとなるが、請求人は、それを真実の売上金額であると自認するものではなく、その一方で、請求人は、上記3の(2)の「請求人」欄のとおり、上記の推計方法とは異なる推計方法の方が真実の所得金額に近似すると主張しており、結局のところ、上記推計方法に係る主張は、原処分庁が採用した推計方法を単に批判するにとどまるものであって理由がない。

　　また、請求人は、上記3の(1)の「請求人」欄のロの(ロ)のとおり、注文伝票の購入枚数を用いた推計によると割箸購入本数等を用いた他の推計によるものに比し過大な売上金額が算出されるから、推計方法の最適性を欠く旨主張する。

　　しかしながら、売上金額が過大であるかどうかは合理的な推計方法による計算の結果を踏まえてはじめて判断できるのであって、請求人の上記主張は推計方法の最適性の判断を左右するものではない。

(ハ)　推計方法の客観性について

A　上記(1)のイのとおり、本件において原処分庁が採用した推計方法は、残存伝票から昼営業伝票単価を算出した上で、注文伝票の購入枚数を基礎に所得金額を推計したものであるところ、上記(イ)のAのとおり、推計の基礎となった資料の記載内容は正確であり、原処分庁において、恣意を介在させずに正確に把握された数値を用いれば、真実の所得金額に近似した額が算出され得るような客観的なものである。そして、全証拠を検討しても、何らかの恣意が介在したことをうかがわせる事情は認められない。

B　請求人は、上記3の(1)の「請求人」欄のハの(イ)のとおり、原処分において推計された請求人の売上金額と原処分の前4回にわたって推計された請求人の売上金額との開差が大きいとして、原処分庁が採用した推計方法には客観性がない旨主張する。しかしながら、請求人の主張するような開差があることが直ちに推計方法の客観性を失わせることにはならない。

　　また、請求人は、上記3の(1)の「請求人」欄のハの(ロ)のとおり、原処分庁が採用した推計方法は、原処分の前4回にわたって提示された推計の方法か

ら変更されており、原処分庁は変更した理由の説明及び妥当性の根拠の開示
をすべきところ、それをしていないから、原処分庁が採用した推計方法には
客観性がない旨主張する。確かに、上記1の(4)のロの(ハ)のとおり、本件調査
担当職員が、本件調査の過程において請求人に提示した推計方法と原処分庁
が採用した推計方法とは異なるものであった。しかしながら、調査の過程に
おける推計方法が変更された理由の説明及びその妥当性の根拠の開示がされ
なかったとしても、そのことが、原処分庁が採用した推計方法の客観性を失
わせることにはならない（なお、請求人は、本件調査担当職員が本件調査の
過程で行った売上金額の提示について、原処分庁へ最終結論を報告すること
を前提にしたものである旨主張するが、かかる主張は推計方法の客観性の判
断を左右するものではない。）。

　そして、原処分庁が採用した推計方法が客観性を有することは上記Ａのと
おりであるから、上記の請求人の主張にはいずれも理由がない。

(二)　その他の請求人の主張について

　請求人は、上記3の(1)の「請求人」欄のニの①のとおり、平成26年分と平成
28年分を比較すると、肉の仕入数量が減少しているのに対し、原処分庁が推計
した売上金額が増加しているから、原処分庁が採用した推計方法には合理性が
ない旨主張する。

　確かに、上記(1)のロの(ロ)のＥ（別表9）のとおり、本件事業における肉の仕
入数量は、平成26年に比して平成28年の方が減少している。しかしながら、上
記(1)のロの(ロ)のＡのとおり、上記各年では、本件事業における主たる調理人が
異なっており、調理人の調理技術の高低は調理に必要な肉の数量に影響を与え
得ると考えられるところ、上記(2)のイの(ホ)のとおり、請求人は当審判所に対し、
①請求人は4kgの肉から20人前の料理を提供できるのに対し、Ｍは15人前し
か提供することができない旨、②調理人がＭから請求人になって以降、客に提
供する料理に使用する肉の量を減少させたり、部位を変更したりした旨答述し
ている。このことに加え、調理人の変更や調理技術の高低によって使用数量に
影響がないと考えられる注文伝票の購入枚数、おしぼりのレンタル本数、弁当
箱の購入個数及び割箸の購入本数については、別表8の①欄及び別表9のとお
り、平成26年に比して平成28年の方がいずれも増加していることを併せ考える

と、肉の仕入数量が減少したからといって直ちに売上金額も減少すべきものであるということはできない。また、請求人は、上記3の(1)の「請求人」欄のニの②のとおり、平成26年と平成28年とで肉の消費数量に差異がない旨主張するが、請求人がその主張の前提とする肉のロス率を裏付ける事情は見当たらない。

　これらのことからすると、請求人の主張は、原処分庁が採用した推計の合理性の判断を直ちに左右するものではない。

㋭　原処分庁が採用した推計方法による伝票ロス分について

　原処分庁は、上記(1)のイの(ハ)のとおり、注文伝票の購入枚数から差し引く伝票ロス分を1年間24枚と認定している。他方、請求人は、注文伝票については、上記3の(1)の「請求人」欄のイの(ロ)のとおり、目的外使用伝票として相当の枚数を使用しており、原処分庁はこれを過少に見積もっている旨主張するが、上記(1)のロの(ホ)のCのとおり、本件各年における目的外使用伝票として使用されていたものは本件調査において把握された2枚のほか現存しない。この点について、請求人及び本件専従者は上記(2)のとおり当審判所に答述することから、以下検討する。

A　食材等の発注について

(A)　本件事業では、本件調査後に、注文伝票を目的外使用伝票として使用することをやめ、平成30年12月5日の時点では、食材等の発注に当たり大学ノートをメモとして使用している。このノートには上記(1)のロの(ホ)のDの(A)のとおり、多数の品目ごとに「○」印、「×」印等が記載されていることに照らすと、本件専従者は、食材等の購入の要否を毎日又は毎週確認し、これに基づき食材等を発注していたものと認められる。このような食材等の購入の要否の管理は、本件事業の遂行上必要な作業であり、大学ノートに記載するようになる前においても同様の作業が行われていたものと認められる。また、本件専従者は、上記(2)のロの(ハ)の①のとおり、本件事業における肉以外の食材と消耗品を発注するため注文伝票をメモとして使用（1週間にN社で1枚、U社とV社で1枚、T社で1枚の計3枚）していた旨答述するところ、当該答述は、具体的かつ自然であることから信用することができる。

　そうすると、本件事業における食材等の発注については、本件専従者の

答述のとおり、注文伝票がメモとして使用されていたと認められる。

(B) 請求人は、上記(2)のイの(ロ)のとおり、平成27年8月から平成28年末までの間、本件事業における肉の仕入れを担当しており、仕入れる肉の部位及び数量を記録するために、注文伝票を1週間に3枚（Ｐ社に2枚、Ｑ社に1枚）使用し、請求人が肉の仕入れを担当していない間も、Ｌ及びＭに対して同様の方法を指導していた旨答述する。また、本件専従者も、上記(2)のロの(ロ)のとおり、本件事業における肉の仕入れは、平成22年から平成24年末まではＬ、平成25年1月から平成27年7月まではＭが担当していたが、両者ともＰ社及びＱ社から肉を仕入れるに当たり、注文伝票を1週間に3枚使用していた旨答述する。

上記(1)のロの(ロ)のＣのとおり、Ｐ社及びＱ社からの肉の仕入れに係る請求書及び納品伝票には複数の品名の記載があることから、本件事業では、両仕入先に対して1回の仕入れでおおむね複数の品目の部位を発注しており、肉の在庫管理及び発注においてメモが必要であったと認められる。また、請求人が上記(2)のイの(ニ)で答述するとおり、Ｌ及びＭが調理及び肉の仕入れを担当する間も1週間に1、2回本件事業に関与していたことからすると、両者とも請求人の指導の下、請求人と同様の方法で注文伝票をメモとして使用していたものと認められる。

そして、1年を52週として換算すると、1年間に肉の仕入れに156枚（Ｐ社に104枚、Ｑ社に52枚）を使用していたことになるところ、両仕入先が発行した請求書ないし納品伝票に記載された日数は別表6のとおりであり、請求人の答述する使用枚数は、上記換算結果とおおむね整合する。

以上のことからすると、請求人及び本件専従者の上記各答述は信用することができ、本件事業の肉の仕入れに関し、上記の換算枚数と同程度の注文伝票をメモとして使用していたものと認められる。

B 買付けメモ（買い物リスト）について

(A) 本件専従者は、上記(2)のロの(ハ)の②のとおり、Ｓ社に出向いて本件事業に必要な物品を購入する際のメモとして注文伝票を使用していた旨答述するところ、平成30年12月5日における買付けメモの使用状況は、上記(1)のロの(ホ)のＤの(B)のとおりであり、未使用の注文伝票に品目を記載した上で

コピーをしたものに、複数回の買付けに当たって「○」印、「×」印等を付した上、これを折りたたんでＳ社に持参し、買付けを行う物品のリストとして使用していることが認められる。そして、このようなメモの使用方法に変更する前においても、本件事業において購入物品の管理のためのメモが必要であったものと認められる。

　　　また、本件専従者は、上記のメモとして注文伝票を１週間に１、２枚使用していた旨答述しており、１年を52週として換算すると、１年間に52ないし104枚使用していたことになるところ、本件総勘定元帳から把握できる本件各年のＳ社の買付日数は別表６のとおりであり、上記換算結果とおおむね整合する。

　　　そうすると、本件専従者の上記答述は信用することができ、Ｓ社での物品購入に関し、上記の換算枚数と同程度の注文伝票をメモとして使用していたものと認められる。

　(B)　請求人は、上記(2)のイの(ハ)のとおり、Ｒ社に出向いて本件事業に必要な物品を購入する際のメモとして注文伝票を１か月間に１ないし３枚使用していた旨答述する。請求人の答述によれば、目的外使用伝票を１年間に12ないし36枚使用していたことになるところ、本件総勘定元帳から把握されるＲ社での買付日数は別表６のとおりであり、上記枚数と矛盾しない。そうすると、請求人の上記答述は信用することができ、Ｒ社での物品購入に関し、上記の換算枚数と同程度の注文伝票をメモとして使用していたものと認められる。

Ｃ　買掛金管理メモ（支払明細）について

　　本件専従者は、上記(2)のロの(ハ)の③のとおり、仕入先等からの請求書に基づく支払金額を管理するため、注文伝票を１か月間に２枚使用していた旨答述するところ、上記(1)のロの(ホ)のＤの(B)のとおり、平成30年12月５日における買掛金管理メモの使用状況は買付けメモと同様であった。また、上記(1)のイの(ハ)のとおり、本件調査においても、客の注文以外に使用したとみられる仕入先及び仕入先ごとの支払金額が記載された２枚の注文伝票が確認されていることからも、本件専従者が答述した使用枚数を裏付けている。そうすると、本件専従者の上記答述は信用することができ、本件事業に係る買掛金管

理に関し、上記の枚数の注文伝票をメモとして使用していたものと認められる。

D　個人メモについて

　本件専従者は、上記(2)のロの(ハ)の④のとおり、毎週の仕込み及び行事の予定を記載するため、注文伝票を1週間に2枚使用していた旨答述するところ、上記(1)のロの(ホ)のDの(C)のとおり、平成30年12月5日においても、毎週の仕込み及び行事の予定をメモ用紙に記載しており、同様に、本件各年においても毎週の仕込み及び行事の予定の把握は本件事業の遂行上必要があったものと認められる。また、仕込み及び行事の予定という用途が異なること及び平成30年12月5日におけるメモの記載の程度及び内容に照らすと、1週間に2枚使用したとする答述は自然である。そうすると、本件専従者の上記答述は信用することができ、仕込み及び行事の予定に関し、上記の枚数の注文伝票をメモとして使用していたものと認められる。

E　その他の使用方法について

　請求人は、上記(2)のイの(ニ)のとおり、自身の不動産貸付業に係るメモとして、注文伝票を1か月間に10枚程度使用していた旨答述する。しかしながら、平成27年7月までにおける請求人の本件事業への関与は週に1、2回程度であり、不動産貸付業に係る記録をあえて本件店舗の注文伝票に記載する必要性は乏しく、しかもその使用枚数は肉の仕入れに係る使用枚数に匹敵するものであり、請求人の上記答述は不自然かつ不合理であり信用できない。

　また、本件専従者は、上記(2)のロの(ニ)のとおり、注文伝票の書き損じ等が1日当たり2、3枚あった旨答述する。しかしながら、残存伝票の記載の状況（上記(1)のロの(ホ)のB）をみると、注文を受けたメニューの記載が横線で抹消され又は塗りつぶされ、また、訂正した内容を同一の残存伝票に記載したものが相当数あり、注文伝票の書き損じ等が生じたとしても、注文伝票の記載を修正することによって対応していたものと認められる。したがって、本件専従者の上記答述は信用できない。

　さらに、請求人は、上記3の(1)の「請求人」欄のイの(ロ)のとおり、予約に用いた注文伝票の枚数についても伝票ロス分に加えるべきである旨主張する。しかしながら、上記(1)のロの(ハ)のとおり、予約に用いられた注文伝票はいず

れも本件事業における売上げのために用いられているのであるから、予約に
用いられた注文伝票の枚数を伝票ロス分に加えるべき根拠はなく、請求人の
上記主張には理由がない。

F　当審判所の認定

以上に基づき、伝票ロス分を算出すると、まず、Ｐ社、Ｑ社、Ｒ社及びＳ
社については、別表6記載の日数をもって本件各年の伝票ロス分と認めるこ
とができる。

次に、これ以外については、請求人及び本件専従者の答述した枚数を基礎
として、①Ｎ社、Ｕ社、Ｖ社及びＴ社について1年間に156枚（3枚×52週）、
②仕入先等からの請求書に基づく支払金額を管理するために1年間に24枚
（2枚×12か月）、③毎週の仕込み及び行事の予定の記載のために1年間に
104枚（2枚×52週）を本件各年の伝票ロス分と認めることができる。

以上のことから、本件各年の伝票ロス分は、別表6の「日数計」欄記載の
日数と同一の枚数に、上記の156枚、24枚及び104枚の合計284枚を加えた枚
数と認めるのが相当であり、別表13のとおりとなる。

したがって、原処分庁が認定した伝票ロス分（1年間24枚）には理由がな
く、請求人の主張する伝票ロス分については上記を限度として理由がある。

㈏　小括

以上のことからすると、原処分庁が採用した推計方法は、上記(1)のイの㈋で
原処分庁が認定した部分を除き、一応の合理性を認めることができる。

(5)　争点2（原処分庁が採用した推計方法よりも請求人の主張する推計方法による方
が実額に近似するか。）について

イ　法令解釈

一般に、原処分庁の主張する推計方法に一応の合理性が認められる場合には、
特段の反証がされない限り、その推計方法によって算出される課税標準等の額が
真実の課税標準等の額に合致するものと事実上の推定をすることができる。しか
し、他に採り得る推計方法があること及び他の推計方法によった場合の方がより
真実の課税標準等の額に近似すること、すなわち、他の推計方法の方がより合理
的な推計方法であることが立証された場合には、この反証によってその事実上の
推定は破られることになる。そして、証拠上、課税標準等を算出するいくつかの

推計方法があることが認められる場合には、最も合理的であると認められる推計方法によって算出される課税標準等が、真実の課税標準等に合致するものと推認することになる。

ロ　検討

(イ)　他の代替的な推計方法の主張の可否について

　　原処分庁は、上記３の(2)の「原処分庁」欄のとおり、原処分庁が採用した推計方法に実額課税の代替手段にふさわしい一応の合理性が認められれば推計課税は適法であり、推計方法の優劣を争う請求人の主張自体失当である旨主張する。

　　しかしながら、推計による課税は課税標準等についての事実認定の一方法であって、実額課税と別個の課税処分ではないと解すべきであるから、請求人は、原処分庁が採用した方法以外の推計方法を主張し得るというべきである。

(ロ)　請求人の主張する売上金額の具体的な算出方法

　　請求人が、原処分庁の推計方法よりも真実の所得金額に近似するとして主張する推計方法は、別表３のとおり、店内売上げ及び弁当売上げを区分した上で、次のとおり、それぞれおしぼりのレンタル本数及び弁当箱の購入個数を基にするものである。

A　店内売上げについて、店内で飲食する客に提供するおしぼりの本数に客単価を乗じて店内売上げに係る売上金額を算出する。

　　上記の店内で飲食する客に提供するおしぼりの本数は、おしぼりのレンタル本数から、店内で飲食する客に提供する以外の用途に使用する本数として次の(A)及び(B)を控除して算出する。

(A)　調理使用分

　　おしぼりは、①まな板を固定する下敷用として使用するほか、②肉を粗切りした後調理トレイに重ねる際の調理トレイの底敷用と調理トレイの上に重ねた粗切りの肉の最上部の上被用に使用したり、③肉の水分を取るため、肉と肉の間に敷いて使用した上、④水分を取り除いた肉に小麦粉を付ける際、小麦粉を付けた肉と肉の間に敷いて使用する。

　　平成26年以前は、キッチンペーパーとおしぼりを併用していたが、平成27年からおしぼりのみの使用に切り替えた。そのため、１日当たり最高30

本（平成28年）を見積もった。

(B)　その他の使用分

従業員の清掃や手洗いに１日当たり10本及び主に夜営業時に飲食をしない同伴者に対する使用分として１日当たり10本の合計20本（平成28年）を見積もった。

B　弁当売上げについて、弁当を購入する客に提供する弁当箱の個数に客単価を乗じて弁当販売に係る売上金額を算出する。

上記の弁当を購入する客に提供する弁当箱の個数は、弁当箱の購入個数から、弁当を購入する客に提供する以外の用途に使用する個数として次の(A)及び(B)を控除して算出する。

(A)　持帰り使用分

店内飲食の客が食べ残しを自宅に持ち帰る容器として弁当箱を使用している。１か月当たり最高25個（平成28年）を見積もった。

(B)　賄い使用分

本件各年について、従業員の賄い料理を持ち帰るための容器として営業日１日当たり１個を見積もった。

C　上記Aの店内売上げ及び上記Bの弁当売上げの金額を合計したものを請求人の本件事業に係る本件各年分の売上金額とする。

(ハ)　請求人の主張する推計方法の合理性について

請求人は、上記(ロ)の推計方法による方が、原処分庁が採用した推計方法よりも真実の所得金額に近似する旨主張する。

請求人が推計に当たって使用している客単価は、上記３の(1)の「請求人」欄のロの(ロ)のとおり、請求人の本件各年分の店内飲食売上金額と弁当売上金額の合計額を残存伝票から集計した来客者数で除して算出した金額であるところ、上記(4)のロの(イ)のBのとおり、破棄された注文伝票が主に昼営業に係るものであり、夜営業に係る残存伝票が昼営業に係る残存伝票よりも多いことからすると、請求人が主張する推計方法は、夜営業に係る来客者数よりも昼営業に係る来客者数の方が多い本件事業の実態を反映していないものとなる。

また、請求人が推計の基礎とするおしぼりのレンタル本数及び弁当箱の購入個数について、客に提供する以外の用途に使用する数量を認定するに足る具体

的な証拠はなく、見積りにより算出していることに加え、おしぼりの調理使用分について平成26年以前はキッチンペーパーと併用し、平成27年以降はおしぼりのみの使用に切り替えたことを自認しており、おしぼりの使用方法が変更されていることからすると、数値の正確性・連続性に欠けるおしぼりのレンタル本数及び弁当箱の購入個数を推計の基礎とすることはできない。

　以上のことからすると、原処分庁が採用した推計方法よりも請求人の主張する推計方法の方が合理的であるとはいえず、請求人の主張する推計方法の方が請求人の本件各年分の真実の所得金額に近似するとの請求人の主張には理由がない。

(6)　原処分の適法性について

イ　更正決定等の期間制限について

　国税通則法（以下「通則法」という。）第70条《国税の更正、決定等の期間制限》第4項第1号は、偽りその他不正の行為によりその全部若しくは一部の税額を免れた国税についての更正は、その更正に係る国税の法定申告期限から7年を経過する日まですることができる旨規定している（当該規定は、平成23年法律第114号による改正前は通則法第70条第5項第1号に、平成27年法律第9号による改正前は通則法第70条第4項に規定されていた。）ところ、上記(1)のロの(ニ)のとおり、請求人は、本件専従者に申告を一任し、本件専従者は注文伝票の一部をレジ入力せず、営業時間外に当該注文伝票を破棄したところで、本件売上帳等を作成し、確定申告を行っており、このことは、偽りその他不正の行為により税額を免れたものと認めることができる。

　したがって、本件においては、本件所得税等各更正処分、本件所得税等各賦課決定処分、本件消費税等各更正処分及び本件消費税等各賦課決定処分は法定申告期限から7年を経過する日まですることができる。

ロ　本件所得税等各更正処分について

(イ)　上記(1)ないし(5)及び上記イで認定したことを前提とすると、請求人の本件各年分の売上金額は、別表14の「平成22年分」欄ないし「平成28年分」欄の各⑤欄のとおりとなる。

　ところで、請求人の所得税等については次の事実が認められることから、それぞれの年分の総所得金額に加算し、又は必要経費に算入すべきである。

A 平成24年分の所得税について、上記1の(4)のイの(イ)のとおり、平成24年7月20日に損害保険会社から受け取った一時金○○○○円を所得の内訳書に記載するも課税標準に算入していなかったことから、一時所得の金額○○○○円（上記一時金から特別控除50万円を控除した後の金額）の2分の1の金額○○○○円を総所得金額に加算する。

B 平成28年分の所得税等について、上記1の(4)のイの(イ)のとおり、平成28年4月25日に納付した消費税等のうち○○○○円を不動産所得の金額の計算上必要経費に算入していなかったことから、これを必要経費に算入する。

C 平成23年分の所得税について、租税特別措置法（平成24年法律第16号による改正前のもの）第28条の2《中小企業者の少額減価償却資産の取得価額の必要経費算入の特例》第1項に基づき、別表15-1の減価償却資産の取得価額に相当する金額として○○○○円を同年分の事業所得の金額の計算上必要経費に算入していたところ、上記1の(4)のロの(イ)のとおり、平成22年分以後の所得税についてされた青色申告の承認取消処分に伴い、請求人は同項を適用することはできず、当該減価償却資産に係る償却費は、所得税法第49条《減価償却資産の償却費の計算及びその償却の方法》第1項に基づき計算した金額を必要経費に算入することになる。

したがって、平成23年分については、別表15-2の金額を超える金額○○○○円を必要経費から減算し、平成24年分ないし平成28年分の各年分については、同表の金額を必要経費に算入する。

(ロ) 以上に基づき、請求人の本件各年分の所得税等の納付すべき税額を計算すると、別表16の「審判所認定額」欄の「所得税（等）の納付すべき税額」欄のとおりとなり、本件所得税等各更正処分における金額をいずれも下回る。そして、本件所得税等各更正処分のその他の部分については、請求人は争わず、当審判所に提出された証拠資料等によっても、これを不相当とする理由は認められない。

したがって、本件所得税等各更正処分は、いずれもその一部を別紙1ないし別紙7の「取消額等計算書」のとおり取り消すべきである。

ハ 本件所得税等各賦課決定処分について

(イ) 過少申告加算税の各賦課決定処分について

本件所得税等各更正処分は、上記ロのとおりその一部を取り消されるべきであるところ、過少申告加算税の計算の基礎となる税額は、別紙1ないし別紙7の付表の「裁決後の額B」の①欄（平成23年分は別紙2の「4　課税標準等及び税額等の計算」の「裁決後の額B」の㊴欄）記載の税額となる。そして、本件所得税等各更正処分のその他の部分について納付すべき税額の計算の基礎となった事実が当該各更正処分前の税額の計算の基礎とされていなかったことについて、通則法第65条《過少申告加算税》第4項第1号（平成22年分ないし平成27年分については平成28年法律第15号による改正前の同条第4項）に規定する「正当な理由」があるとは認められない。

　以上に基づき、本件各年分の所得税等の過少申告加算税の額を計算すると、平成22年分ないし平成24年分はいずれも原処分における過少申告加算税の額と同額であるか、又はこれを上回り、平成25年分ないし平成28年分については過少申告加算税の額が別紙4ないし別紙7の付表の「裁決後の額B」における⑤欄記載のとおりとなり、いずれも原処分における過少申告加算税の額を下回る。

　したがって、平成22年分ないし平成24年分の所得税の過少申告加算税の各賦課決定処分はいずれも適法であるが、平成25年分ないし平成28年分の所得税等の過少申告加算税の各賦課決定処分は、いずれもその一部を別紙4ないし別紙7の「取消額等計算書」のとおり取り消すべきである。

㈣　重加算税の各賦課決定処分について

　上記ロのとおり、本件所得税等各更正処分の一部が取り消されることに伴い、重加算税の計算の基礎となる税額は、別紙1ないし別紙3の「4　課税標準等及び税額等の計算」の「裁決後の額B」における㊷欄及び別紙4ないし別紙7の「4　課税標準等及び税額等の計算」の「裁決後の額B」における㊺欄記載の各税額のとおりとなる。そして、上記(1)のロの(二)のとおり、請求人は本件専従者に申告を一任し、本件専従者は注文伝票の一部をレジ入力せず、営業時間外に当該注文伝票を破棄したところで、本件売上帳等を作成し、それに基づいて確定申告しており、これらの事実は、通則法第68条《重加算税》第1項に規定する事実の隠蔽又は仮装に該当するといえ、重加算税の賦課要件を満たしている。

　その結果、本件各年分の所得税等の重加算税の額は、別紙1ないし別紙3の

「4　課税標準等及び税額等の計算」の「裁決後の額Ｂ」における㊹欄及び別紙４ないし別紙７の「4　課税標準等及び税額等の計算」の「裁決後の額Ｂ」における㊼欄記載の各税額のとおりとなり、これらはいずれも原処分における重加算税の額を下回る。

　　　　したがって、本件各年分の所得税等の重加算税の各賦課決定処分は、いずれもその一部を別紙１ないし別紙７の「取消額等計算書」のとおり取り消すべきである。

　ニ　本件消費税等各更正処分について

　　　　上記(1)ないし(5)及び上記イで認定したことを前提として本件各課税期間の課税標準額を計算すると、それぞれ別表17の「平成22年課税期間」ないし「平成28年課税期間」の各欄における「審判所認定額」欄の「消費税」欄の「課税標準額」欄のとおりとなる。これらに基づき、請求人の本件各課税期間の消費税等の額を計算すると（なお、原処分庁は、上記１の(4)のロの(ロ)のとおり、平成24年課税期間における請求人の消費税額を本則課税による方法で計算しているが、同課税期間の基準期間における課税売上高は5,000万円以下であるから簡易課税による方法で計算すべきである。）、別表17の「審判所認定額」欄の「納付すべき消費税額」欄及び「納付すべき地方消費税額」欄のとおりとなり、これらはいずれも、原処分における消費税等の額を下回る。

　　　　そして、本件消費税等各更正処分のその他の部分については、請求人は争わず、当審判所に提出された証拠資料等によっても、これを不相当とする理由は認められない。

　　　　したがって、本件消費税等各更正処分は、いずれもそれらの一部を別紙８ないし別紙14の「取消額等計算書」のとおり取り消すべきである。

　ホ　本件消費税等各賦課決定処分について

　(イ)　過少申告加算税の各賦課決定処分について

　　　　平成24年課税期間の消費税等の額は、上記ニのとおり簡易課税による方法で計算すべきであり、この結果、過少申告加算税の計算の基礎となる税額は○○○○円となる。したがって、平成24年課税期間の消費税等の過少申告加算税の賦課決定処分は、その全部を取り消すべきである。

　　　　他方、平成25年課税期間、平成27年課税期間及び平成28年課税期間の消費税

等の過少申告加算税の各賦課決定処分は、上記ニのとおり取り消すべき部分以外の本件消費税等各更正処分を基礎とするものである。そして、当該各更正処分により納付すべき税額の計算の基礎となった事実が当該各更正処分前の税額の計算の基礎とされていなかったことについて、通則法第65条第4項第1号（平成22年課税期間ないし平成27年課税期間については平成28年法律第15号による改正前の同条第4項）に規定する「正当な理由」があるとは認められない。したがって、平成25年課税期間、平成27年課税期間及び平成28年課税期間の消費税等の過少申告加算税の各賦課決定処分はいずれも適法である。

㈹　重加算税の各賦課決定処分について

上記ニのとおり、本件消費税等各更正処分の一部が取り消されることに伴い、本件各課税期間の消費税等の重加算税の計算の基礎となる税額は、別紙8ないし別紙14の「3　課税標準額及び税額等の計算」の「加算税の額の計算」の表の「重加算税」の「裁決後の額B」の①欄記載の各税額のとおりとなる。そして、上記(1)のロの㈡のとおり、請求人は本件専従者に申告を一任し、本件専従者は注文伝票の一部をレジ入力せず、営業時間外に当該注文伝票を破棄したところで、本件売上帳等を作成し、それに基づいて確定申告しており、これらの事実は、通則法第68条第1項に規定する事実の隠蔽又は仮装に該当するといえ、重加算税の賦課要件を満たしている。

その結果、本件各課税期間の消費税等の重加算税の額は、別紙8ないし別紙14の「3　課税標準額及び税額等の計算」の「加算税の額の計算」の表の「重加算税」の「裁決後の額　B」の③欄記載の各税額のとおりとなり、これらはいずれも、原処分における重加算税の額を下回る。

したがって、本件各課税期間の消費税等の重加算税の各賦課決定処分は、いずれもその一部を別紙8ないし別紙14の「取消額等計算書」のとおり取り消すべきである。

(7)　結論

よって、審査請求には理由があるから、原処分の一部を取り消すこととする。

別表1　本件各年分に係る確定申告、更正処分等の内容（所得税等）（省略）

別表2　本件各課税期間に係る確定申告、更正処分等の内容（消費税等）（省略）

別表3　請求人が主張する推計売上金額（省略）

別表4　原処分における事業所得の金額の算出過程（原処分庁主張額）（省略）

別表5　残存伝票に基づく年間来客者数に占める昼営業に係る来客者数の割合の算出過
　　　程（省略）

別表6　各仕入先等との取引日数（省略）

別表7　注文伝票の購入状況（省略）

別表8　注文伝票の購入枚数及び残存伝票の枚数（省略）

別表9　平成26年及び平成28年の各購入等数量（省略）

別表10　昼営業伝票単価の算出過程（省略）

別表11　残存伝票の記載状況（省略）

別表12　残存伝票に基づく1日営業伝票単価の算出過程（省略）

別表13　伝票ロス分（審判所認定枚数）（省略）

別表14　事業所得の推計額（審判所認定額）（省略）

別表15-1　減価償却資産の名称等（省略）

別表15-2　別表15-1に係る減価償却費の額（省略）

別表16　総所得金額及び納付すべき税額等の計算（所得税等）（省略）

別表17　課税標準額及び納付すべき税額等の計算（消費税等）（省略）

別紙1から別紙14　取消額等計算書（省略）

三　法人税法関係

〈平成30年9月分及び
平成31年4月から令和元年6月分〉

事例11（収益の帰属事業年度　損害賠償金）

　元従業員が請求人の仕入れた商品を窃取したことによる当該元従業員に対する損害賠償請求権を益金の額に算入すべきとした事例（①平成22年2月1日から平成23年1月31日までの事業年度以後の法人税の青色申告の承認の取消処分、②平成22年2月1日から平成27年1月31日までの各事業年度の法人税の各更正処分及び重加算税の各賦課決定処分、③平成27年2月1日から平成29年1月31日までの各事業年度の法人税の各更正処分並びに過少申告加算税及び重加算税の各賦課決定処分、④平成25年2月1日から平成27年1月31日までの各課税事業年度の復興特別法人税の各更正処分及び重加算税の各賦課決定処分、⑤平成27年2月1日から平成28年1月31日までの課税事業年度の地方法人税の更正処分並びに過少申告加算税及び重加算税の各賦課決定処分、⑥平成28年2月1日から平成29年1月31日までの課税事業年度の地方法人税の更正処分及び重加算税の賦課決定処分、⑦平成22年2月1日から平成29年1月31日までの各課税期間の消費税及び地方消費税の各更正処分並びに重加算税の各賦課決定処分・①⑦全部取消し、②全部取消し、一部取消し、棄却、③⑤⑥一部取消し、④一部取消し、棄却・令和元年5月16日裁決）

《ポイント》

　本件は、従業員等による横領があった場合の損害賠償請求権について先例が示した判断と基本的に同様の判断をしたものであるが、請求人の隠蔽行為があったと認められないこと等から、更正処分の全部又は一部、重加算税の賦課決定処分の全部又は一部及び青色申告の承認取消処分が取り消されたものである。

《要旨》

　請求人は、請求人の従業員であった者（本件元従業員）が請求人の仕入れた商品を窃取してインターネットオークションで販売した取引（本件取引）による本件元従業員に対する損害賠償請求権（本件損害賠償請求権）の額は、本件取引の日を含む事業年度（本件事業年度）の終了時に確定できる状況になかった旨主張する。

　しかしながら、本件損害賠償請求権の額は、請求人が本件事業年度の当時において仕入れに係る資料と売上げ及び棚卸しに係る資料とを照合し、窃取された商品を特定した

上、その商品に係る価額等に係る資料を保全することで計算することのできた金額を上回らないものと認められるから、通常人を基準とすれば、本件事業年度においてその金額を把握し得ないとはいえず、また、本件損害賠償請求権につき権利行使を期待できない客観的状況があったとはいえない。したがって、本件損害賠償請求権の確定による収益の額を本件事業年度の益金の額に算入すべきである。

　なお、本件元従業員の地位から、その行為が請求人の行為と同視されるとは認められず、請求人が法人税等及び消費税等の課税標準等及び税額等の計算の基礎となるべき事実を隠蔽したとは認められないこと等から、法人税の青色申告の承認取消処分を取り消すほか、法定申告期限から5年経過後の事業年度等の法人税等及び消費税等の更正処分及び重加算税の賦課決定処分の全部、法定申告期限から5年以内の事業年度等の法人税等の更正処分及び重加算税の賦課決定処分の一部並びに消費税等の更正処分及び重加算税の賦課決定処分の全部を取り消した。

《参照条文等》

　　国税通則法第68条第1項、第70条第4項第1号

　　法人税法第22条第2項、第4項、第127条第1項第3号

　　法人税基本通達2－1－43

《参考判決・裁決》

　　東京高裁平成21年2月18日判決（訟月56巻5号1644頁）

（令和元年 5 月16日裁決）

《裁決書（抄）》

1　事　実

（1）　事案の概要

　　本件は、審査請求人（以下「請求人」という。）の従業員であった者が、請求人の仕入れた商品をインターネットオークションで販売して得た収益について、原処分庁が、当該収益は請求人に帰属するものであり、請求人は当該収益を帳簿書類に記載せず隠蔽していたなどとして、法人税の青色申告の承認の取消処分、法人税等及び消費税等の更正処分並びに重加算税等の賦課決定処分をしたのに対し、請求人が、当該収益は請求人には帰属しないなどとして、原処分の全部の取消しを求めた事案である。

（2）　関係法令等

　イ　国税通則法関係

　　（イ）　国税通則法（以下「通則法」という。）第65条《過少申告加算税》第 1 項（平成29年 1 月 1 日前に法定申告期限の到来した国税については、平成28年法律第15号による改正前のもの。以下同じ。）は、期限内申告書が提出された場合において、更正があったときは、当該納税者に対し、その更正に基づき納付すべき税額に100分の10の割合を乗じて計算した金額に相当する過少申告加算税を課する旨規定している。

　　（ロ）　通則法第68条《重加算税》第 1 項（平成29年 1 月 1 日前に法定申告期限の到来した国税については、平成28年法律第15号による改正前のもの。以下同じ。）及び国税通則法施行令第28条《重加算税を課さない部分の税額の計算》第 1 項は、通則法第65条第 1 項の規定に該当する場合において、納税者がその国税の課税標準等又は税額等の計算の基礎となるべき事実の全部又は一部を隠蔽し、又は仮装し、その隠蔽し、又は仮装したところに基づき納税申告書を提出していたときは、当該納税者に対し、過少申告加算税の額の計算の基礎となるべき税額（その税額の計算の基礎となるべき事実で隠蔽し、又は仮装されていないものに基づくことが明らかであるものがあるときは、当該隠蔽し、又は仮装されていない事実のみに基づいて更正があったものとした場合におけるその更正に基づき納付すべき税額を控除した税額）に係る過少申告加算税に代え、重加

算税を課する旨規定している。

(ハ)　通則法第70条《国税の更正、決定等の期間制限》第1項（平成23年12月2日前に法定申告期限が到来した国税に係る更正については、平成23年法律第114号による改正前のもの。以下同じ。）は、更正は、その更正に係る国税の法定申告期限から、課税標準申告書の提出を要しない賦課課税方式による国税に係る賦課決定は、その納税義務の成立の日から、それぞれ5年（平成23年12月2日前に法定申告期限が到来した法人税以外の国税に係る更正については、3年）を経過した日以後においてはすることができない旨規定している。

　　また、通則法第70条第4項第1号は、偽りその他不正の行為によりその全部又は一部の税額を免れた国税（当該国税に係る加算税を含む。）についての更正決定等は、第1項の規定にかかわらず、同項に規定する期限又は日から7年を経過する日まですることができる旨規定している。

ロ　法人税関係

(イ)　法人税法第11条《実質所得者課税の原則》は、事業から生ずる収益の法律上帰属するとみられる者が単なる名義人であって、その収益を享受せず、その者以外の法人がその収益を享受する場合には、その収益は、これを享受する法人に帰属するものとして、同法の規定を適用する旨規定している。

(ロ)　法人税法第22条（平成30年法律第7号による改正前のもの。以下同じ。）《各事業年度の所得の金額の計算》第2項は、内国法人の各事業年度の所得の金額の計算上当該事業年度の益金の額に算入すべき金額は、別段の定めがあるものを除き、資本等取引以外の取引に係る当該事業年度の収益の額とする旨、同条第3項は、内国法人の各事業年度の所得の金額の計算上当該事業年度の損金の額に算入すべき金額は、別段の定めがあるものを除き、同項各号に掲げる額とする旨規定し、同項第3号で、当該事業年度の損失の額で資本等取引以外の取引に係るものを規定している。

　　また、同条第4項は、同条第2項に規定する当該事業年度の収益の額及び同条第3項各号に掲げる額は、一般に公正妥当と認められる会計処理の基準に従って計算されるものとする旨規定している。

(ハ)　法人税法第127条《青色申告の承認の取消し》第1項本文及び同項第3号は、青色申告の承認を受けた内国法人につき、その事業年度に係る帳簿書類に取引

の全部又は一部を隠蔽し又は仮装して記載し又は記録し、その他その記載又は
記録をした事項の全体についてその真実性を疑うに足りる相当の理由がある場
合には、納税地の所轄税務署長は、当該事業年度まで遡って、青色申告の承認
を取り消すことができる旨規定している。

㊁　法人税基本通達（昭和44年5月1日付直審（法）25国税庁長官通達）2－1
－43《損害賠償金等の帰属の時期》は、他の者から支払を受ける損害賠償金の
額は、その支払を受けるべきことが確定した日の属する事業年度の益金の額に
算入するのであるが、法人がその損害賠償金の額について実際に支払を受けた
日の属する事業年度の益金の額に算入している場合には、これを認める旨定め
ている。

ハ　消費税関係

㋑　消費税法第2条《定義》第1項第8号は、資産の譲渡等とは、事業として対
価を得て行われる資産の譲渡及び貸付け並びに役務の提供をいう旨規定してい
る。

㋺　消費税法第4条《課税の対象》第1項（平成27年10月1日前に行われた資産
の譲渡等については、平成27年法律第9号による改正前のもの。）は、国内に
おいて事業者が行った資産の譲渡等には、消費税を課する旨規定している。

㋩　消費税法第13条《資産の譲渡等又は特定仕入れを行った者の実質判定》第1
項は、法律上資産の譲渡等を行ったとみられる者が単なる名義人であって、そ
の資産の譲渡等に係る対価を享受せず、その者以外の者がその資産の譲渡等に
係る対価を享受する場合には、当該資産の譲渡等は、当該対価を享受する者が
行ったものとする旨規定している。

㊁　消費税法基本通達（平成7年12月25日付課消2－25ほか国税庁長官通達）5
－2－5《損害賠償金》は、損害賠償金のうち、心身又は資産につき加えられ
た損害の発生に伴い受けるものは、資産の譲渡等の対価に該当しないが、例え
ば、損害を受けた棚卸資産等が加害者に引き渡される場合で、当該棚卸資産等
がそのまま又は軽微な修理を加えることにより使用できるときに当該加害者か
ら当該棚卸資産等を所有する者が収受する損害賠償金のように、その実質が資
産の譲渡等の対価に該当すると認められるものは資産の譲渡等の対価に該当す
ることに留意する旨定めている。

(3) 基礎事実

　当審判所の調査及び審理の結果によれば、以下の事実が認められる。

イ　請求人は、昭和47年３月〇日に設立された農業機械機具の販売等を目的とする株式会社であり、その事業年度は、毎年２月１日から翌年１月31日までの期間である（以下、請求人の事業年度は、その末日の属する月により、「平成23年１月期」などという。同様に、復興特別法人税及び地方法人税の課税事業年度を「平成26年１月課税事業年度」など、消費税及び地方消費税（以下「消費税等」という。）の課税期間を「平成23年１月課税期間」などという。）。

ロ　請求人は、原処分庁から、昭和48年１月期以降の事業年度につき、法人税の青色申告の承認を受けた。

ハ　請求人の、平成23年１月期ないし平成29年１月期（以下「本件各事業年度」という。）における資本金の額は、27,500,000円であった。

ニ　請求人の元従業員による行為

　(イ)　G（以下「本件元従業員」という。）は、平成４年に請求人に採用され、本件各事業年度を通じ、商品の仕入れ、在庫の管理及び商品の発送等の事務を担当していた者である。

　(ロ)　本件元従業員は、本件各事業年度において、H社の運営するインターネットオークションサービスである「J」に、本件元従業員の個人の３つのアカウント（以下「本件各アカウント」という。）を用いて、請求人の仕入れた噴霧器、散布機、高圧洗浄機、チェーンソー、草刈機、発電機、インパクトドライバー、ゴムロール、除草剤、充電器、自動車のレーダー探知機及びドライブレコーダー（以下「本件各商品」という。）を出品して販売する取引を反復継続して行った（以下、この一連の取引を「本件Ｊ取引」という。）。

　　なお、本件元従業員は、本件Ｊ取引と並行して、Ｊに、本件各アカウントを用いて、本件各商品以外の請求人とは無関係の商品を出品して販売する取引も反復継続して行った（以下、この一連の取引を「本件元従業員個人取引」という。）。

　(ハ)　本件元従業員は、本件Ｊ取引の落札代金を、本件元従業員が管理する本件元従業員名義の４つの銀行口座（以下「本件各口座」という。）で受領した。

　(ニ)　請求人は、平成29年９月15日、本件元従業員が、請求人が仕入れた商品を請

求人から窃取又は横領（以下、本件の判断において特に区別を要しないため、単に「窃取」ということがある。）して本件Ｊ取引をしたとして、本件元従業員を懲戒解雇した。

(4) 審査請求に至る経緯

イ　確定申告等

(イ)　法人税

請求人は、本件各事業年度に係る法人税について、青色の確定申告書に別表１の「確定申告」欄のとおり記載して、法定申告期限までに、それぞれ申告した。

本件各事業年度の確定申告において、本件Ｊ取引に係る事実は課税標準等及び税額等の計算の基礎とされていなかった。

ただし、請求人は、棚卸資産の払出数量の算定において、棚卸減耗損の計算ができない会計処理を行っていたため、本件Ｊ取引に係る請求人の仕入れた商品の取得価額は、本件各事業年度の所得の金額の計算上、売上原価の額として、損金の額に算入されていた。

また、本件各事業年度の確定申告においては、平成23年１月期、平成24年１月期及び平成29年１月期につき、租税特別措置法（以下「措置法」という。）第67条の５《中小企業者等の少額減価償却資産の取得価額の損金算入の特例》（平成28年４月１日前に取得した少額減価償却資産については、平成28年法律第15号による改正前のもの。平成28年４月１日以後に取得した少額減価償却資産については、平成30年法律第７号による改正前のもの。以下同じ。）の規定、平成28年１月期につき、措置法第42条の６《中小企業者等が機械等を取得した場合の特別償却又は法人税額の特別控除》（平成29年法律第４号による改正前のもの。以下同じ。）の規定、平成28年１月期及び平成29年１月期につき、措置法第42条の12の４《雇用者給与等支給額が増加した場合の法人税額の特別控除》（平成28年法律第15号による改正前のもの。以下同じ。）の規定（以下、これらを併せて「本件各措置法規定」という。）をそれぞれ適用して、税額が計算されていた。

当該適用した本件各措置法規定の適用要件を充足していることについては、請求人が、下記ハの(イ)の青色申告の承認の取消処分により「青色申告書を提出

する」者に該当しないこととなったか否かを除き、争いはない。

(ロ) 復興特別法人税

請求人は、平成26年1月課税事業年度及び平成27年1月課税事業年度に係る復興特別法人税について、上記(イ)の確定申告書に記載された法人税額に基づき、青色の申告書に、別表2の「申告」欄のとおり記載して法定申告期限までに申告した。

(ハ) 地方法人税

請求人は、平成28年1月課税事業年度及び平成29年1月課税事業年度に係る地方法人税について、上記(イ)の確定申告書に記載された法人税額に基づき、青色の確定申告書に、別表3の「確定申告」欄のとおり記載して法定申告期限までに申告した。

(ニ) 消費税等

請求人は、平成23年1月課税期間ないし平成29年1月課税期間（以下「本件各課税期間」という。）の消費税等について、確定申告書に、別表4の「確定申告」欄のとおり記載して法定申告期限までに申告した。

本件各課税期間の確定申告においても、本件J取引に係る事実は、課税標準等及び税額等の計算の基礎とされていなかった。

ロ 修正申告等（争点外）

請求人は、平成26年1月期の法人税、平成26年1月課税事業年度の復興特別法人税及び平成26年1月課税期間の消費税等について、それぞれ別表1、別表2及び別表4の「修正申告」欄のとおりとする修正申告書を、平成27年4月30日に提出した（以下、当該修正申告書による修正申告を「本件各修正申告」という。）。これに対し原処分庁は、平成27年5月26日付で、別表1、別表2及び別表4の「賦課決定処分」欄のとおり、本件各修正申告に基づき納付すべき税額を基礎とする重加算税の各賦課決定処分をした。本件各修正申告及び本件各修正申告に係る重加算税の各賦課決定処分は、本件J取引とは無関係の事実に基づくものであり、本件においては、その適法性等について争いがない。

ハ 原処分

(イ) 法人税の青色申告の承認の取消処分

原処分庁は、請求人が、本件J取引につき、帳簿書類に取引の全部又は一部を

隠蔽し又は仮装して記載し又は記録していたものと認められるとして、平成30年2月28日付で、平成23年1月期以後の青色申告の承認の取消処分（以下「本件青色取消処分」という。）をした。

(ロ) 法人税等の更正処分等

　　原処分庁は、本件各事業年度の法人税、平成26年1月課税事業年度及び平成27年1月課税事業年度の復興特別法人税並びに平成28年1月課税事業年度及び平成29年1月課税事業年度の地方法人税（以下、法人税、復興特別法人税及び地方法人税を併せて「法人税等」という。）について、①本件J取引に係る収益の額として別表5の「差引金額」欄の金額を本件各事業年度の所得の金額に加算し、②本件各措置法規定をいずれも適用せず、平成30年2月28日付で、別表1ないし別表3の「更正処分等」欄のとおりとする各更正処分（以下「本件法人税等各更正処分」という。）をした。

　　そして、原処分庁は、請求人が上記①に係る事実を隠蔽又は仮装していたとして、平成30年2月28日付で、別表1ないし別表3の「更正処分等」欄のとおり、本件法人税等各更正処分に基づき納付すべき税額から上記②の事由のみによる更正があったとした場合におけるその更正により納付すべき税額を控除した税額を基礎とする重加算税及び上記②の事由のみによる更正があったとした場合におけるその更正により納付すべき税額を基礎とする過少申告加算税の各賦課決定処分（以下「本件法人税等各賦課決定処分」という。）をした。

(ハ) 消費税等の更正処分等

　　原処分庁は、本件各課税期間の消費税等について、本件J取引に係る収益の額として別表5の「差引金額」欄の金額（税抜金額）を課税標準額に加算して税額を計算し、平成30年2月28日付で、別表4の「更正処分等」欄のとおりとする各更正処分（以下「本件消費税等各更正処分」という。）をするとともに、請求人が本件J取引に係る事実を隠蔽又は仮装していたとして、同日付で、同欄のとおり、本件消費税等各更正処分に基づき納付すべき税額を基礎とする重加算税の各賦課決定処分（以下「本件消費税等各賦課決定処分」という。）をした。

(ニ) 通則法第70条第4項第1号の規定の対象とされた処分について

　　上記(ロ)及び(ハ)の各処分のうち、平成23年1月期及び平成24年1月期（以下

「本件前期各事業年度」といい、平成25年1月期ないし平成29年1月期を「本件後期各事業年度」という。）の法人税の各更正処分及び重加算税の各賦課決定処分並びに平成23年1月課税期間及び平成24年1月課税期間（以下「本件前期各課税期間」といい、平成25年1月課税期間ないし平成29年1月課税期間を「本件後期各課税期間」という。）の消費税等の各更正処分及び重加算税の各賦課決定処分は、通則法第70条第4項第1号の偽りその他不正の行為により税額を免れた国税についての更正決定等としてされたものである。

ニ　審査請求

請求人は、原処分に不服があるとして、平成30年5月22日に審査請求をした。

2　争　点

(1)　本件J取引による落札代金は請求人に帰属するか否か（争点1）。

(2)　請求人の本件元従業員に対する損害賠償請求権の額として、本件各事業年度の益金の額に算入すべき金額はいくらか（争点2）。

(3)　請求人の本件元従業員に対する損害賠償請求権の額として、本件各事業年度の益金の額に算入すべき金額がある場合に、当該金額につき、本件各事業年度の損金の額に算入すべき貸倒損失があるか否か（争点3）。

(4)　本件J取引による落札代金が請求人に帰属するとは認められない場合に、請求人の本件元従業員に対する損害賠償請求権は、消費税の課税の対象となるか否か（争点4）。

(5)　本件J取引をしたことを本件元従業員が隠匿していた行為は、請求人が課税標準等又は税額等の計算の基礎となるべき事実を隠蔽したものと評価できるか否か（争点5）。

(6)　請求人は本件前期各事業年度の法人税及び本件前期各課税期間の消費税等につき、偽りその他不正の行為により税額を免れたものと認められるか否か（争点6）。

(7)　請求人には、法人税の青色申告の承認の取消事由があると認められるか否か（争点7）。

3　争点についての主張

(1)　争点1（本件J取引による落札代金は請求人に帰属するか否か。）について

原処分庁	請求人

本件J取引は、本件元従業員が行ったものであるが、次の事情によれば、請求人の行為と同視することができる。

したがって、本件J取引による落札代金は、請求人に帰属する。

イ　本件元従業員の地位

本件元従業員は、請求人から、平成23年4月以降は「管理課長」、平成28年2月以降は「管理部長」の肩書を与えられていたところ、本件各事業年度を通じ、仕入れに係る会計ソフトへの入力作業は本件元従業員に任されるなど、請求人の経理担当者として、職制上重要な地位にあった。

ロ　請求人の事業内容と本件J取引の態様との関係等

請求人は、農業機械機具の販売を業とするところ、本件J取引で販売された商品は、いずれも請求人が仕入れた商品であり、当該商品の送料の大部分も請求人が負担した。

なお、本件各商品のうち自動車のレーダー探知機は請求人がもともと取り

本件J取引は、次のとおり、本件元従業員が請求人から商品を窃取して行ったものであり、窃取以降の行為は、請求人の行為と同視することはできない。

したがって、本件J取引による落札代金は、請求人に帰属しない。

イ　本件元従業員の地位

請求人が本件元従業員に対して与えた職務範囲は、商品の発注及び在庫管理並びに本社店舗における来訪者対応業務であった。本件元従業員に対しては、来訪者対応業務の一環として、仕入値10万円以下の小物商品の仕入れ及び来訪者に対する販売の権限は与えていたが、それ以外の仕入れは、代表者又は販売部門からの指示等に基づく必要があった。

このように、本件元従業員は、請求人において重要な地位にあったとはいえない。

ロ　請求人の事業内容と本件J取引の態様との関係等

請求人は、農業機械機具の販売を業とするところ、営業担当者が得意先を訪問して販売する方法を採用しており、オークションその他インターネットを通じた販売方法を採用したことはない。

インターネットオークションによる

扱っていなかった商品であり、請求人は、本件J取引のために仕入れたといえる。

取引は、資格審査等なく簡単に出品することが可能で、商品の横流しなどの不正取引にも悪用され得るものであり、本件J取引はその一例である。

請求人が、オークションの主宰者や落札者に対し、本件J取引の主体が請求人であるという認識を与えるような行為をしたことはなく、落札者において、取引の相手方が請求人であると認識する機会はなかった。

請求人も、本件J取引の落札者が誰であるかを全く把握することができず、本件J取引の落札代金が入金された本件各口座も、把握していない。

なお、自動車のレーダー探知機は、請求人がもともと取り扱い、店頭展示もしていた商品であり、請求人が本件J取引のために仕入れをしたことはない。

ハ　請求人の内部管理体制

請求人の商品の仕入れに係る請求書には、請求人がもともと取り扱っていない商品である自動車のレーダー探知機に係るものも含まれるにもかかわらず、請求人代表者がその内容を確認して確認印を押しており、代表者による確認は、形式的なものにとどまっていた。

また、請求人においては、請求書と

ハ　請求人の内部管理体制

自動車のレーダー探知機も請求人がもともと取り扱っている商品であり、請求人代表者としては、請求書を見ただけでは本件元従業員の窃取行為を発見することはできなかった。

請求人代表者は、請求書の内容の確認等をしていたのであり、本件元従業員の行為を見過ごしたのは、代表者が全てに目を行き届かせることが不可能

在庫状況とを照合しておらず、在庫管理体制にも不備があった。 　このように、請求人の内部管理体制の不備により、本件J取引が誘発されたものである。	な企業規模に加え、本件J取引を本件元従業員が代表者に知られないようにひそかに行ったものであることによる。 　したがって、請求人の内部管理体制に不備があったとはいえないが、仮に、請求人の内部管理体制に不備があったとしても、それは本件元従業員の窃取行為を誘発したにすぎず、本件J取引までも請求人の行為と同視できる事情には当たらない。

(2)　争点2（請求人の本件元従業員に対する損害賠償請求権の額として、本件各事業年度の益金の額に算入すべき金額はいくらか。）について

原処分庁	請求人
イ　請求人の本件元従業員に対する損害賠償請求権の額 　(イ)　主位的主張 　　　上記(1)の原処分庁の主張のとおり、本件J取引による落札代金は請求人に帰属し、それが本件元従業員によって横領されたと認められるところ、その額は、本件各口座に振込入金されたJに係る入金額（別表5の「本件各口座の入金額」欄の金額）から、本件元従業員個人取引に係る落札代金（別表5の「本件元従業員個人取引の入金額」欄の金額）を控除した金額（別表5の「差引金	イ　請求人の本件元従業員に対する損害賠償請求権の額 　(イ)　原処分庁の主位的主張について 　　　上記(1)の請求人の主張のとおり、本件J取引による落札代金は請求人に帰属せず、本件各口座及び落札額については、請求人において把握していない。

額」欄の金額）となる。

 (ロ) 予備的主張

  仮に、本件Ｊ取引による落札代金が請求人に帰属しないとすると、本件元従業員は、請求人に送料を負担させて請求人から商品を窃取したことになるが、これによる請求人の損害額は、当該窃取された商品の請求人における販売額と送料の合計額となる。

  本件元従業員は、本件Ｊ取引において、請求人が仕入れた商品を原価割れで販売していた。

  したがって、上記合計額は、別表５の「差引金額」欄の金額を下回らない。

ロ 損害賠償請求権の額の益金算入時期

 (イ) 不法行為による損害賠償請求権については、通常、損失が発生した時には損害賠償請求権も発生及び確定しているから、これらを同時に損金と益金とに計上するのが原則であるが、本件各事業年度の当時における客観的状況に照らし、通常人を基準にして、損害賠償請求権の存在及び内容等を把握し得ず、権利行使を期待し得ない場合には、本件各事業年度の益金に計上しない取扱いも許される。

 (ロ) 原処分庁の予備的主張について

  本件元従業員が請求人から商品を窃取したことによる請求人の損害額は、当該窃取された商品の仕入額と送料の合計額となる。

  その額は、計算に時間を要しており、本件各事業年度の終了時に確定できる状況になかった。

  原処分庁の主張は、本件元従業員が商品を原価割れで販売したことを前提とするものであるが、本件元従業員が全ての商品を原価割れで販売したか否かは明らかでなく、原処分庁の主張する額は、過大である疑いがある。

ロ 損害賠償請求権の額の益金算入時期

 (イ) 左記の原処分庁の主張する考え方は、一般論としては争わない。

(ロ) 上記(1)の原処分庁の主張のハのとおり、請求人の内部管理体制には不備があり、請求人が合理的な内部管理体制を整えていれば、上記イの損害賠償請求権の発生は容易に発覚したものである。

　ただし、本件元従業員による個々の横領又は窃取行為のあった時点を具体的に特定するのは困難であるから、本件 J 取引による落札代金が本件各口座に入金された時点をもって、通常人を基準として権利行使を期待できるようになった時点であるというべきである。

　したがって、本件各事業年度の益金の額に算入すべき請求人の本件元従業員に対する損害賠償請求権の額は、本件 J 取引による落札代金が本件各口座に入金された時点を基準として各事業年度別に算定した、別表5の事業年度ごとの「差引金額」欄の金額となる。

(ハ) 法人税基本通達2－1－43にいう「他の者」とは、法人の役員又は使用人以外の者をいい、本件元従業員は「他の者」に該当しない。

　したがって、請求人の本件元従業員に対する損害賠償請求権について、同通達の適用はない。

(ロ) 上記(1)の請求人の主張のハのとおり、請求人の内部管理体制に不備はなく、本件元従業員の窃取行為を発見することは非常に困難であった。

　さらに、上記イの(ロ)のとおり、請求人の本件元従業員に対する損害賠償請求権の額は、本件各事業年度の終了時に確定できる状況になかった。

　したがって、本件各事業年度の当時において、通常人を基準として、請求人の本件元従業員に対する損害賠償請求権につき、その存在及び内容等を把握できず、権利行使を期待できないような客観的状況があったといえ、本件各事業年度の益金の額に算入すべき請求人の本件元従業員に対する損害賠償請求権の額はない。

(ハ) 法人税基本通達2－1－43は、「他の者」から支払を受ける損害賠償金を適用対象としているが、「法人の役員又は従業員以外の者」と明示していないことからすると、法人の役員又は従業員から支払を受ける損害賠償金を一律に同通達の適用対

	象外と解するべきではなく、本件元従業員は、窃取行為により請求人に損害を加えた者であるから「他の者」に該当すると解するべきである。
	そして、請求人の本件元従業員に対する損害賠償請求は本件各事業年度の当時において未実施であったから、法人税基本通達の定めからしても、請求人の本件元従業員に対する損害賠償請求権の額は、本件各事業年度の益金の額に算入されない。

(3) 争点3（請求人の本件元従業員に対する損害賠償請求権の額として、本件各事業年度の益金の額に算入すべき金額がある場合に、当該金額につき、本件各事業年度の損金の額に算入すべき貸倒損失があるか否か。）について

請求人	原処分庁
本件元従業員は、資産に乏しく、○○を負っており余裕資金がなく、支払能力は皆無であったから、本件各事業年度において、請求人の本件元従業員に対する損害賠償請求権は、その全額が回収不能であることが客観的に明らかであった。	請求人の本件元従業員に対する損害賠償請求権の額につき、貸倒損失を計上すべき理由はない。
したがって、請求人の本件元従業員に対する損害賠償請求権の額を本件各事業年度の益金の額に算入すべきであるとしても、当該金額は、貸倒損失として、同時に、損金の額に算入すべきである。	

(4) 争点4（本件J取引による落札代金が請求人に帰属するとは認められない場合に、請求人の本件元従業員に対する損害賠償請求権は、消費税の課税の対象となるか否か。）について

原処分庁	請求人
本件J取引による落札代金が請求人に帰属しないとしても、商品の窃取に基づく請求人の本件元従業員に対する損害賠償請求権は、その実質は、請求人が行った売買取引の対価と同等の性格を有すると認められるから、消費税法基本通達5－2－5に定めるとおり課税資産の譲渡等の対価に該当し、消費税の課税の対象となる。	本件J取引による落札代金が請求人に帰属するとは認められず、商品の窃取以降の行為は請求人が行ったものではない以上、本件J取引に係る請求人による「資産の譲渡等」がない。損害賠償請求権は、消費税の課税の対象ではない。

(5) 争点5（本件J取引をしたことを本件元従業員が隠匿していた行為は、請求人が課税標準等又は税額等の計算の基礎となるべき事実を隠蔽したものと評価できるか否か。）について

原処分庁	請求人
イ　本件元従業員が本件J取引をしたことを隠匿していたことにより、本件元従業員に対する損害賠償請求権の発生原因事実が隠蔽されていた。	イ　本件元従業員が本件J取引を隠匿していたことは、専ら個人的な利益を追求した行為であり、これをもって、請求人の課税標準等又は税額等の計算の基礎となるべき事実を隠蔽したものとは認められない。
ロ　上記イの本件元従業員による隠蔽は、次の事情によれば、請求人による隠蔽と同視できる。 　(イ)　上記(1)の原処分庁の主張のイのとおり、本件元従業員は、請求人の経	ロ　次の事情によれば、本件元従業員による隠蔽をもって、請求人による隠蔽と同視することはできない。 　(イ)　請求人は、本件元従業員に対し、経理担当責任者としての地位と権限

理担当者として重要な地位にあって、請求人の適正な申告行為に影響を及ぼす立場にあった。	を与えておらず、上記(1)の請求人の主張のイのとおり、本件元従業員は、請求人において重要な地位にあったとはいえない。
㈹ 上記(1)の原処分庁の主張のハのとおり、請求人の内部管理体制には不備があり、本件元従業員による不正行為防止のために必要な注意を払っていたとはいえない。	㈹ 上記(1)の請求人の主張のハのとおり、請求人の内部管理体制に不備はなかった。
㈠ 本件元従業員による隠蔽に基づいて、請求人の過少申告がされたのであるから、本件元従業員が自らのために隠蔽をしたことは、請求人の隠蔽と同視する妨げにならない。	㈠ 本件元従業員による隠蔽は、自らの不正行為を請求人に知られないようにするためにしたものであり、本件元従業員の個人的な欲望に基づく行為であって、請求人のためにしたものでないことは明らかである。
ハ したがって、請求人は、本件各事業年度に係る法人税等及び本件各課税期間に係る消費税等の課税標準等及び税額等の計算の基礎となるべき事実を隠蔽したものと認められる。	ハ したがって、請求人は、本件各事業年度に係る法人税等及び本件各課税期間に係る消費税等の課税標準等及び税額等の計算の基礎となるべき事実を隠蔽したものではない。

(6) 争点6（請求人は本件前期各事業年度の法人税及び本件前期各課税期間の消費税等につき、偽りその他不正の行為により税額を免れたものと認められるか否か。）について

原処分庁	請求人
上記(5)の原処分庁の主張のとおり、請求人は、本件前期各事業年度に係る法人税及び本件前期各課税期間に係る消費税等の課税標準等及び税額等の計算の基礎	上記(5)の請求人の主張のとおり、請求人による隠蔽がないのであるから、「偽りその他不正の行為」もないため、本件前期各事業年度の法人税及び本件前期各

となるべき事実を隠蔽したと認められる ところ、当該隠蔽は、「偽りその他不正 の行為」に該当するから、請求人は、本 件前期各事業年度の法人税及び本件前期 各課税期間の消費税等につき、偽りその 他不正の行為により税額を免れたものと 認められる。	課税期間の消費税等につき、偽りその他 不正の行為により税額を免れたものでは ない。

(7) 争点7（請求人には、法人税の青色申告の承認の取消事由があると認められるか 否か。）について

原処分庁	請求人
上記(5)の原処分庁の主張する隠蔽によ り、本件Ｊ取引に係る損害賠償請求権に 係る収益を帳簿に記載していなかったの であるから、平成23年１月期につき、法 人税法第127条第１項第３号に規定する 青色申告の承認の取消事由がある。	上記(5)の請求人の主張のとおり、請求 人による隠蔽がないのであるから、請求 人には、法人税法第127条第１項第３号 に規定する青色申告の承認の取消事由も ない。

4 当審判所の判断

(1) 認定事実

　　原処分関係資料、請求人提出資料並びに当審判所の調査及び審理の結果によれば、 以下の事実が認められる。なお、以下の事実は、特に断らない限り、本件各事業年 度、すなわち平成22年２月から平成29年１月までの当時のものである。

イ　請求人の事業内容

　(イ)　請求人は、農業機械機具の販売を事業としており、主な販売方法は、外回り の営業担当者が農業を営む顧客を訪問し、商談を成立させるというものであっ た。

　(ロ)　請求人は、請求人名義で、商品をインターネットオークションに出品して販 売したり、その他インターネットを通じて商品を販売したことがなかった。

ロ　本件元従業員の地位及び権限等

㈡　上記1の(3)のニの(イ)のとおり、本件元従業員は、平成4年に請求人に採用され、以降、平成9年4月に主任に、平成23年4月に管理課長に、平成28年2月には管理部長に昇任し、平成29年9月15日に懲戒解雇されるまでその地位にあって、請求人から給与収入を得ていた。

ただし、上記の役職の変遷は、本件元従業員の昇給に伴う形式的なものであり、本件各事業年度を通じ、以下の担当業務の内容及び権限に変更はなかった。

㈠　本件元従業員は、請求人の本社1階の事務室に席があり、商品の仕入れに係る発注、商品の仕入れ及び販売についての販売管理ソフトへの入力、仕入れた商品の倉庫における管理、発送する商品の運送業者への引渡し及び本社店舗における来訪者対応業務を担当していた。

㈢　本件元従業員が行っていた本社店舗における来訪者対応業務には、顧客に販売した農業機械機具に係る部品の販売、メンテナンスや修理の受付などのほか、請求人の内部において「小物商品」と呼ばれる自動車のレーダー探知機や工具などの農業機械機具以外の商品（以下「小物商品」という。）の販売業務が含まれていた。

㈣　本件元従業員の行う仕入業務は、自らが販売を担当する農業機械機具の部品及び小物商品については、本件元従業員の判断で行うことができたが、他の商品については、代表者又は販売担当部門からの指示に基づく必要があった。

㈤　請求人には、本件元従業員以外に、経理事務を担当する従業員がおり、帳簿書類への記入、決算資料の作成及び仕入代金その他の支出の支払事務は、当該経理担当従業員が行い、これらの事務に本件元従業員が関与することはなかった。

㈥　本件元従業員は、請求人の経営方針に関わる会議の構成員とはなっておらず、請求人の経営に関与する立場にはなかった。

ハ　本件J取引の態様

㈡　本件元従業員は、本件各事業年度において、請求人の代表者その他の請求人の関係者に無断で本件J取引をした。

㈠　本件各アカウントのユーザーIDは、いずれも英小文字○○と数字○○とを組み合わせたものであり、いずれも請求人が関与することをうかがわせる文字列は含まれていない。

(ハ) 本件元従業員は、本件Ｊ取引において販売された商品を、基本的に、荷送り人として本件元従業員の住所及び氏名を記載した伝票を貼付けして、請求人が発送する他の商品と共に運送業者に引き渡して請求人の本社から発送し、その送料を請求人に負担させた。

(ニ) 本件元従業員は、本件Ｊ取引及び本件元従業員個人取引に係る落札代金及び落札者が負担する送料（以下、落札代金及び落札者が負担する送料を併せて「落札代金等」という。）を、いずれも本件各口座で受領し、落札代金等を生活費等として費消した。

本件後期各事業年度において、本件元従業員が本件各口座で受領したＪに係る落札代金等は、別表6－1のとおりであり、このうち、本件元従業員個人取引に係る落札代金等は、別表6－2のとおりである。

(ホ) 本件元従業員は、本件Ｊ取引の落札者から領収書の発行を求められた場合には、本件元従業員の個人名で発行した。

ニ 本件Ｊ取引に対する請求人の対応

(イ) 本件元従業員は、平成29年9月5日、原処分庁所属の調査担当職員の調査を受けたところ、同職員から、本件Ｊ取引による所得があるとの指摘を受けた。これを受け、本件元従業員は、請求人の代表者に対し、同日頃、請求人の仕入れた商品をＪに出品して販売していた旨告白し、その結果、請求人代表者その他本件元従業員以外の請求人関係者が、本件Ｊ取引の存在を知るに至った。

(ロ) 請求人は、本件元従業員を被告として、Ｌ地方裁判所○○支部に対し、平成30年4月頃、請求人が仕入れた商品を権限なくＪに出品して販売したことに基づく損害賠償金の一部（当該損害賠償金のうち平成○年○月○日から平成○年○月○日までの間の販売に係るもの）として、○○○○円を請求する訴訟を提起した。これに対し、同裁判所は、平成30年5月○日、請求人の請求を全部認容する判決をし、その後同判決は確定した。

(ハ) 請求人は、Ｌ地方裁判所に対し、平成30年8月頃、上記(ロ)の判決に基づき債権差押命令の申立てをし、これに対し同裁判所は、平成30年8月○日、本件元従業員が有する預金債権を差し押さえる旨の債権差押命令をした。

(2) 争点1（本件Ｊ取引による落札代金は請求人に帰属するか否か。）について

イ 検討

(イ) 総論

　　本件Ｊ取引による落札代金が請求人に帰属するか否かについては、法人税法第11条及び消費税法第13条の規定に鑑み、本件Ｊ取引の態様と請求人の事業内容との関係、本件Ｊ取引を行った本件元従業員の地位及び権限、本件Ｊ取引の相手方である落札者の認識、落札代金の費消状況等を総合的に考慮し、実質的には請求人が本件Ｊ取引の主体であり、その落札代金を享受していたとみることができるか否かを検討することが相当である。

(ロ) 本件Ｊ取引の態様と請求人の事業内容との関係について

　　上記(1)のイの(イ)及び同ハの(ハ)によれば、請求人の事業内容と本件Ｊ取引とは、請求人が仕入れた商品を、請求人の本社から発送して販売したということを限度に符合するが、このこと自体は、本件元従業員が、請求人から商品を窃取し、これを請求人の本社から発送する商品に紛れ込ませて発送したとみても矛盾がない。

　　上記(1)のイの(ロ)のとおり、請求人は、もともとインターネットオークションによる商品の販売を行っておらず、同ハの(ロ)のとおり、本件Ｊ取引に際しても請求人が関与することをうかがわせる事情のない本件各アカウントが用いられたことからして、本件Ｊ取引は、請求人が行ったとみられるような外観を有してはいなかった。

(ハ) 本件元従業員の地位及び権限について

　　上記(1)のロのとおり、本件元従業員は、一定の業務と権限を任された従業員にすぎず、請求人の経営に関与する地位にもなかった。

　　そして、実際に任された業務には、本社店舗における来訪者に対する部品や小物商品の販売とそのための仕入れは含まれるものの、その範囲を超えて自由に商品を仕入れたり、インターネットを通じて商品を販売したりする権限を与えられたとは認められず、本件Ｊ取引は、請求人から与えられた権限の範囲外のものである。

(ニ) 落札者の認識について

　　上記(ロ)の事情に加え、上記(1)のハの(ハ)及び(ホ)のとおり、本件Ｊ取引に係る商品の発送は、基本的に本件元従業員の個人名で行われ、領収書の発行も本件元従業員の個人名で行われていたことからすると、落札者が、落札時点までに、

— 218 —

取引の相手方が請求人であると認識するような事情は見当たらない。

　㈭　落札代金の費消状況等について

　　　上記(1)のハの㈡のとおり、本件Ｊ取引による落札代金は、本件元従業員が管理する本件各口座に入金され、本件元従業員が私的に費消した。

　　　上記(1)のニのとおり、平成29年９月以降の本件Ｊ取引についての請求人の対応をみても、請求人は、本件元従業員に損害を加えられた者としての立場で行動しており、請求人が本件各事業年度において、組織として本件Ｊ取引に関与し、何らかの利益を得ていたことをうかがわせる事情はない。

　㈬　小括

　　　上記㈹ないし㈭の各事情によれば、本件Ｊ取引は、本件元従業員が請求人における地位及び権限に基づかずに行ったものであり、客観的にみても請求人を主体とする取引とはいえない態様で行われており、その収益は、本件元従業員が私的に費消し、請求人がこれにより利益を受けたような事情も認められない。そうすると、本件Ｊ取引は、本件元従業員が主体となって、請求人から窃取した商品を販売したものであり、その収益は実質的にも本件元従業員が享受したものと認められる。

　　　したがって、本件Ｊ取引による落札代金は、請求人に帰属しないものと認められる。

ロ　原処分庁の主張について

　　原処分庁は、上記イの㈹ないし㈭の各事情をおおむね前提としながらも、内部管理体制の不備により本件Ｊ取引が誘発されたのであるから、本件Ｊ取引による落札代金は請求人に帰属すると主張する。

　　しかしながら、内部管理体制の不備は、本件元従業員がその地位や権限を越え又は濫用して請求人の行為としてした行為があった場合に、請求人がその責任を負うべきことを基礎付ける事情にはなり得るが、請求人が主体である取引としての外観を有しておらず、取引の相手方も請求人が取引の相手方であるとは認識していない本件Ｊ取引について、内部管理体制の不備があるからといって、実質的に請求人が主体の取引であると認めるべきであるとはいえない。

　　したがって、原処分庁の主張には理由がない。

(3)　争点２（請求人の本件元従業員に対する損害賠償請求権の額として、本件各事業

年度の益金の額に算入すべき金額はいくらか。）について

イ　総論

　　上記(2)のイの㊉のとおり、本件Ｊ取引による落札代金は請求人に帰属しないから、争点２についての原処分庁の主位的主張（本件元従業員が請求人から本件Ｊ取引による落札代金を横領したことによる損害賠償請求権の額として、本件各事業年度の益金の額に算入すべき金額の存在）は、前提を欠く。

　　そして、本件元従業員は、本件各事業年度において、請求人から商品を窃取して本件Ｊ取引をしたというべきであるから、原処分庁の予備的主張（請求人から商品を窃取したことによる損害賠償請求権の額として、本件各事業年度の益金の額に算入すべき金額）について検討する。

ロ　法令解釈

　　法人税法上、内国法人の各事業年度の所得の金額の計算上当該事業年度の益金の額に算入すべき金額は、別段の定めがあるものを除き、資本等取引以外の取引に係る収益の額とするものとされ（法人税法第22条第２項）、当該事業年度の収益の額は、一般に公正妥当と認められる会計処理の基準に従って計算すべきものとされている（同条第４項）。したがって、ある収益をどの事業年度に計上すべきかは、一般に公正妥当と認められる会計処理の基準に従うべきであり、これによれば、収益は、その実現があった時、すなわち、その収入すべき権利が確定したときの属する年度の益金に計上すべきものというべきである（最高裁平成５年11月25日第一小法廷判決・民集47巻９号5278頁参照）。なお、ここでいう権利の確定とは、権利の発生とは同一ではなく、権利発生後一定の事情が加わって権利実現の可能性を客観的に認識することができるようになることを意味するものと解すべきである。

　　そして、不法行為による損害賠償請求権については、通常、損失が発生した時には損害賠償請求権も発生及び確定しているから、これらを同時に損金と益金とに計上するのが原則であると考えられる。

　　もっとも、不法行為による損害賠償請求権については、例えば加害者を知ることが困難であるとか、権利内容を把握することが困難なため、直ちには権利行使を期待することができないような場合があり得るところである。このような場合には、権利が法的には発生しているといえるが、いまだ権利実現の可能性を客観

— 220 —

的に認識することができるとはいえないから、当該事業年度の益金に計上すべきであるとはいえない。

　ただし、この判断は、税負担の公平や法的安定性の観点からして客観的にされるべきものであるから、通常人を基準にして、権利（損害賠償請求権）の存在及び内容等を把握し得ず、権利行使が期待できないといえるような客観的状況にあったかどうかという観点から判断するべきである。

ハ　検討

　(イ)　損害賠償請求権の発生額について

　　A　本件元従業員が請求人から商品を窃取したことによる損害賠償請求権の額は、その窃取された商品の時価により計算すべきである。また、上記(1)のハの(ハ)からすると、本件元従業員は、商品の窃取に際し、請求人に送料を負担させたというべきであるから、請求人の本件元従業員に対する損害賠償請求権の額は、本件元従業員が請求人から窃取した商品の時価と請求人に負担させた送料の合計額となると認められる。

　　　ところで、本件元従業員が請求人から窃取した商品の窃取の時における販売予定価格や、請求人が負担した送料の金額自体を直接証する証拠は、当審判所の調査及び審理の結果によっても認められないものの、本件元従業員が受領した落札代金等の額は、本件各口座の取引履歴等により特定できるところである。そして、Ｊなどのインターネットオークションにおける取引では、本件各商品のように通常市販されている商品については、インターネットオークション以外の方法で取得する場合より安価な支出で取得することを期待して入札がなされるのが通例であると考えられるから、本件各商品の落札代金の額は、落札者がその商品を一般の販売業者を通じて購入するときの購入額を上回らないものと認められる。さらに、Ｊにおける取引は第三者との間で入札の仕組みにより価額が形成されることも踏まえると、本件各商品の落札代金の額は、その商品の落札時点における時価の範囲に含まれる額であると認められる。

　　　そうすると、本件元従業員が受領した本件Ｊ取引に係る落札代金等の額を、本件元従業員が請求人から窃取した商品の時価と請求人に負担させた送料の合計額として採用することには、合理性があると認められる。

したがって、請求人の本件元従業員に対する損害賠償請求権の額は、本件
　元従業員が受領した本件Ｊ取引に係る落札代金等の額により計算するのが相
　当である。

Ｂ　そして、上記損害賠償請求権は、本件元従業員が請求人の仕入れた商品を
　本件元従業員の支配下に移した時点で発生すると解されるが、上記(1)のロの
　とおり、請求人の商品管理及び商品発送業務を担当していた本件元従業員が、
　同ハの(ハ)及び同ニの(イ)のとおり、他の請求人の関係者に知られないように、
　請求人の正規の発送商品に紛れ込ませて窃取した商品を発送したという事柄
　の性質上、本件元従業員が窃取した商品を発送した時点を特定することは困
　難である。

　　　もっとも、Ｊにおいては、落札代金等の支払後に商品の発送がされるのが
　通例であると認められ、また、落札代金等が支払われた以上、出品者として
　は落札された商品を落札者に遅滞なく発送しなければならないと認められる
　から、本件元従業員は、遅くとも落札代金等が入金された時には、当該落札
　代金等に係る各商品を直ちに発送できるよう、自らの支配下に移したと認め
　られる。

　　　したがって、請求人の本件元従業員に対する損害賠償請求権は、本件Ｊ取
　引に係る各落札代金等が本件各口座に入金された時点において順次発生した
　と解するのが相当であり、本件各事業年度において、本件Ｊ取引に係る各落
　札代金等の本件各口座への入金により発生したと認められる。

Ｃ　以上を前提に、本件後期各事業年度において発生した請求人の本件元従業
　員に対する損害賠償請求権の額を、事業年度ごとに計算すると、別表６－１
　の本件元従業員が受領した本件元従業員個人取引を含むＪに係る落札代金等
　の全入金額から、別表６－２の本件元従業員個人取引に係る落札代金等の入
　金額を控除した額となり、その結果は、別表７の「差引金額」欄のとおりと
　なる。

　　　なお、本件前期各事業年度については、下記(8)のロのとおり、請求人の本
　件元従業員に対する損害賠償請求権が発生したとしても、法人税及び消費税
　等の各更正処分を取り消すべきことになるから、その具体的な額については
　判断しない。

(ロ)　原処分庁主張額との差異についての補足説明

　　原処分庁は、上記(イ)とおおむね同様の考え方によりながらも、請求人の本件
元従業員に対する損害賠償請求権の額は、別表5の「本件各口座の入金額」欄
の額から「本件元従業員個人取引の入金額」欄の額を控除した「差引金額」欄
の額であると主張し、別表7の「差引金額」欄とは異なる額を主張する。当審
判所において、この原処分庁の主張する額とは異なる認定に至った理由は、以
下のとおりである。

A　本件各口座に入金された落札代金等の額について

　　原処分庁は、本件各口座に入金されたJに係る落札代金等の額が別表5の
「本件各口座の入金額」欄の額であると主張する。

　　しかしながら、当審判所の調査及び審理の結果によれば、別表5の「本件
各口座の入金額」欄の額には、別表6-1の（注2）書きのとおり、Jに係
る落札代金等ではない入金額が混入していた。

　　他方で、別表6-1の（注1）書きのとおり、別表5の「本件各口座の入
金額」欄の額の基礎とされなかった本件各口座への本件J取引に係る落札代
金等の入金があることが認められた。

　　以上を踏まえると、本件各口座に入金されたJに係る落札代金等は、原処
分庁の主張する別表5の「本件各口座の入金額」欄の額から、別表6-1の
（注2）書きの額を控除し、別表6-1の（注1）書きの額を加えたものと
なり、その結果は、別表6-1のとおりとなる。

B　本件各口座に入金された落札代金等に含まれる本件元従業員個人取引に係
る金額について

　　原処分庁は、本件各口座に入金されたJに係る落札代金等に含まれる本件
J取引に係る落札代金等の金額を特定するために、落札代金等の全入金額か
ら控除すべき本件元従業員個人取引に係る金額として、別表5の「本件元従
業員個人取引の入金額」欄の額を主張する。

　　しかしながら、別表5の「本件元従業員個人取引の入金額」欄の額は、本
件元従業員個人取引に係る落札代金の額であって、落札代金と共に本件各口
座に入金される落札者が負担する送料が含まれておらず、その結果、原処分
庁の主張する別表5の「差引金額」には、請求人とは無関係である本件元従

― 223 ―

業員個人取引に係る落札者の負担する送料の額が含まれている。

　また、本件元従業員個人取引に係る落札代金等の額は、その入金のあった事業年度の落札代金等の全入金額から控除すべきところ、別表５の「本件元従業員個人取引の入金額」欄の各事業年度に係る額は、各事業年度に落札があった本件元従業員個人取引に係る落札代金の額の合計であって、実際には落札時期と入金時期が異なる事業年度にまたがる取引もあったと認められる。

　したがって、落札代金等の全入金額から控除すべき本件元従業員個人取引に係る額は、本件元従業員個人取引に対応する本件各口座への落札代金等の入金額を具体的に特定した上でこれらを合計して計算すべきである。

　さらに、当審判所の調査及び審理の結果によれば、別表５の「本件元従業員個人取引の入金額」欄の額の計算の基礎とされた取引以外にも本件元従業員個人取引があったことが認められる（別表６－２の商品名の左に「※」印により表示した。）。

　以上を踏まえ、別表５の「本件元従業員個人取引の入金額」欄の額の計算の基礎とされた取引以外の当審判所の調査及び審理の結果によって認められたものも含む本件元従業員個人取引に対応する本件各口座への落札代金等の入金額を具体的に特定すると、別表６－２のとおりとなる。

　なお、別表５の「本件元従業員個人取引の入金額」欄の額の計算の基礎とされた取引のうちには、本件各口座に対応する入金がなかったと認められる取引が含まれており、これらに係る落札代金等は別表６－２の額には含めていないため、平成27年１月期及び平成28年１月期に係る別表６－２の額は、原処分庁の主張した別表５の「本件元従業員個人取引の入金額」欄の額よりも少ないこととなった。

Ｃ　小括

　上記Ａ及びＢの結果、当審判所としては、請求人の本件元従業員に対する損害賠償請求権の額について、原処分庁の主張する別表５の「本件各口座の入金額」欄の額から「本件元従業員個人取引の入金額」欄の額を控除した「差引金額」欄の額を採用せず、別表７の「差引金額」欄のとおり認定した。

(ハ)　権利行使の期待可能性について

　次に、上記(イ)のとおり本件後期各事業年度において発生したと認められる

損害賠償請求権につき、通常人を基準にして、権利の存在及び内容等を把握し得ず、権利行使が期待できないような客観的状況があったといえるか否かについて検討する。

本件Ｊ取引に係る商品の窃取は、本件後期各事業年度において、反復継続して多数回にわたり行われ、その被害額は、１年当たり1,000万円前後にも上るのであり、その態様は大胆なものであるから、本件後期各事業年度において仕入れに係る資料と売上げ及び棚卸しに係る資料とを照合すれば容易に発覚したものであると認められる。

そうすると、通常人を基準とすると、本件後期各事業年度において、上記(イ)の損害賠償請求権につき、その存在及び内容等を把握し得ず、権利行使を期待できないような客観的状況があったとはいえない。

(ニ) 小括

したがって、請求人の本件元従業員に対する損害賠償請求権は、本件Ｊ取引に係る各落札代金等が本件各口座に入金した時点において発生し、確定したものといえるから、本件後期各事業年度の益金の額に算入すべき請求人の本件元従業員に対する損害賠償請求権の額は、別表７の「差引金額」欄のとおりであると認められる。

ニ 請求人の主張について

(イ) 請求人は、請求人の本件元従業員に対する損害賠償請求権の額は、窃取された商品の仕入額と送料の合計額により計算すべきところ、本件元従業員が全ての商品を原価割れで販売したか否かは明らかではなく、本件元従業員が受領した本件Ｊ取引に係る落札代金等の額は、損害賠償請求権の額として過大である疑いがある旨主張する。

しかしながら、上記ハの(イ)のＡのとおり、請求人の本件元従業員に対する損害賠償請求権の額は、窃取された商品の時価と送料の合計額というべきであり、本件各商品の落札代金の額は、本件各商品の時価の範囲に含まれる額であるといえ、落札者がその商品を一般の販売業者を通じて購入するときの購入額を上回らないものと認められることからすれば、仮に、仕入額を上回る落札額でＪにおける取引が成立したとしても、本件各商品の販売業者である請求人としては、その商品をその落札額以上で販売するのが通常であり、その仕入額と落札

額との差額は、本来請求人が得られたはずの利益として損害賠償請求権の対象となるから、請求人は、本件元従業員に対し、仕入額を上回る落札額に基づく損害賠償請求権を行使できるというべきである。

したがって、上記ハの(イ)のとおり認定した損害賠償請求権の額が過大なものであるとはいえず、この点についての請求人の主張を採用することはできない。

(ロ) 請求人は、本件元従業員の窃取行為を発見することは非常に困難であり、請求人の本件元従業員に対する損害賠償請求権の額は、本件各事業年度の当時において確定できる状況になかったから、本件各事業年度において、請求人の本件元従業員に対する損害賠償請求権につき、権利行使を期待できない客観的状況があったと主張する。

しかしながら、上記ハの(ニ)のとおり認定した請求人の本件元従業員に対する損害賠償請求権の額は、請求人が本件後期各事業年度の当時において仕入れに係る資料と売上げ及び棚卸しに係る資料とを照合し、窃取された商品を特定した上、その商品に係る価額及びその商品に係る送料に係る資料を保全することで計算することのできた金額を上回らないものと認められる。

したがって、通常人を基準とすれば、本件後期各事業年度においてその金額を把握し得ないものとはいえず、権利行使を期待できない客観的状況があったとはいえないから、この点についての請求人の主張を採用することはできない。

(ハ) また、請求人は、本件元従業員が法人税基本通達2-1-43に定める「他の者」に該当し、同通達の定めからしても、請求人の本件元従業員に対する損害賠償請求権の額は、本件各事業年度の益金の額に算入されないと主張する。

そこで検討すると、法人税基本通達2-1-43が、損害賠償金について、その支払を受けた時点を基準として、益金の算入時期を定める取扱いを許容しているのは、一般に不法行為に基づく損害賠償請求権が、突発的・偶発的に取得される債権であり、不法行為の相手方の身元や損害の金額その他権利の内容及び範囲が明らかでないことが多いのが通常であるという点に基づくものと考えられ、この取扱いは、当審判所も相当であると認める。しかし、法人の役員や従業員等の法人内部の者により、法人に対する不法行為がなされた場合には、相手方の身元や損害の金額その他権利の内容及び範囲が明らかでないのが一般的であるとはいえない。

そうすると、不法行為に基づく損害賠償請求権といっても、法人内部の者による不法行為とそれ以外の者による不法行為とでは、その一般的な状況が異なるというべきであり、上記通達の「他の者」には、法人内部の者である従業員は含まれないものと考えるのが合理的である。

したがって、上記通達を根拠として、請求人の本件元従業員に対する損害賠償請求権の額を本件後期各事業年度の益金の額に算入しない取扱いが許されるということはできず、この点についての請求人の主張も採用することができない。

(4) 争点3（請求人の本件元従業員に対する損害賠償請求権の額として、本件各事業年度の益金の額に算入すべき金額がある場合に、当該金額につき、本件各事業年度の損金の額に算入すべき貸倒損失があるか否か。）について

イ　法令解釈

法人の各事業年度の所得の金額の計算において、金銭債権の貸倒損失を法人税法第22条第3項第3号にいう「当該事業年度の損失の額」として当該事業年度の損金の額に算入するためには、当該金銭債権の全額が回収不能であることを要すると解される。そして、その全額が回収不能であることは客観的に明らかでなければならないが、そのことは、債務者の資産状況、支払能力等の債務者側の事情のみならず、債権回収に必要な労力、債権額と取立費用との比較衡量、債権回収を強行することによって生ずる他の債権者とのあつれきなどによる経営的損失等といった債権者側の事情、経済的環境等も踏まえ、社会通念に従って総合的に判断されるべきものである（最高裁平成16年12月24日第二小法廷判決・民集58巻9号2637頁参照）。

ロ　当てはめ

上記(1)のロの(イ)のとおり、本件後期各事業年度において、本件元従業員は、請求人から給与収入を得ており、その支払能力が皆無であったとはいえず、同ニの(ロ)のとおり、請求人は、本件J取引の発覚後、遅滞なく本件元従業員に対して損害賠償請求訴訟を提起しており、請求人側において、損害賠償請求をすることのできない事情があったとも認められない。

したがって、本件後期各事業年度において、請求人の本件元従業員に対する損害賠償請求権の全額が回収不能であったとは認められず、当該損害賠償請求権に

ついて、本件各事業年度の損金の額に算入すべき貸倒損失があるとは認められない。

ハ　請求人の主張について

　請求人は、本件元従業員は、資産に乏しく、○○の支払義務を負っていたから、本件各事業年度において、請求人の本件元従業員に対する損害賠償請求権は、その全額が回収不能であることが客観的に明らかであったと主張する。

　しかしながら、請求人の主張する事情は、仮に認められるとしても、請求人の本件元従業員に対する損害賠償請求権の一部の回収が困難であるというにとどまり、その全額が回収不能であることが客観的に明らかであると認めるには至らない。

　したがって、請求人の主張には理由がない。

(5)　争点4（本件J取引による落札代金が請求人に帰属するとは認められない場合に、請求人の本件元従業員に対する損害賠償請求権は、消費税の課税の対象となるか否か。）について

イ　検討

　上記(2)のイの㈸のとおり、請求人は、本件J取引の主体であるとは認められないから、本件J取引について、「資産の譲渡等」を行ったとは認められない。また、資産が窃取されたことは、対価を得て行う資産の譲渡ではない以上、「資産の譲渡等」に該当せず、これによる損害賠償金は、資産の譲渡等の対価に該当しないところ、請求人が取得したと認められる損害賠償請求権も、請求人が本件元従業員に商品を窃取されたことに基づくものであって、請求人のした資産の譲渡に対する反対給付として受けるものとみるべき事情はなく、資産の譲渡等の対価であるとは認められないから、消費税の課税の対象となるものではない。

ロ　原処分庁の主張について

　原処分庁は、請求人の本件元従業員に対する損害賠償請求権は、実質的に資産の譲渡等の対価に該当すると認められ、消費税法基本通達5－2－5により消費税の課税の対象となると主張する。

　しかしながら、消費税法基本通達5－2－5は、損害を受けた棚卸資産等が加害者に引き渡される場合で、当該棚卸資産等がそのまま又は軽微な修理を加えることにより使用できるときに当該加害者から当該棚卸資産等を所有する者が収受

する損害賠償金のように、納税者と加害者との間における資産等の移転とこれに
対する損害賠償金の収受の態様が、資産の譲渡等の場合と変わりがない場合につ
いて定めたものであって、本件のように、請求人代表者の知らないところで商品
が窃取されたような場合に適用されるものでないことは明らかである。

　　　したがって、原処分庁の主張には理由がない。

(6)　争点5（本件J取引をしたことを本件元従業員が隠匿していた行為は、請求人が
　課税標準等又は税額等の計算の基礎となるべき事実を隠蔽したものと評価できるか
　否か。）について

　イ　検討

　　(イ)　上記(5)のイのとおり、請求人の本件元従業員に対する損害賠償請求権は消費
　　　税の課税の対象となるものではないから、本件各課税期間の消費税等について
　　　は、隠蔽の対象となりうる課税標準等又は税額等の計算の基礎となるべき事実
　　　が存在しない。

　　(ロ)　次に、本件各事業年度に係る法人税等についてみると、上記(3)のハの(イ)のB
　　　のとおり、本件各事業年度において、請求人の本件元従業員に対する損害賠償
　　　請求権が発生しており、当該損害賠償請求権の発生原因事実は、法人税等の課
　　　税標準等及び税額等の計算の基礎となるべき事実であるといえる。もっとも、
　　　上記(1)のニの(イ)のとおり、請求人代表者及び本件元従業員以外の請求人の関係
　　　者が本件J取引の存在を知ったのは、平成29年9月のことであり、それ以前に
　　　は、その存在を知らなかったものと認められる。

　　　　そうすると、本件各事業年度において、請求人の本件元従業員に対する損害
　　　賠償請求権が請求人の帳簿に計上されていなかったことは、請求人においてこ
　　　れを計上すべき地位にある代表者及び経理事務の担当者が、その損害賠償請求
　　　権の存在を知らなかったことによるものであって、請求人がこれを隠蔽したこ
　　　とによるものではないと認められる。

　　(ハ)　したがって、請求人が、本件各事業年度に係る法人税等及び本件各課税期間
　　　に係る消費税等の課税標準等及び税額等の計算の基礎となるべき事実を隠蔽し
　　　たとは認められない。

　ロ　原処分庁の主張について

　　　原処分庁は、本件元従業員が本件J取引をしたことを隠匿した行為は、損害賠

償請求権の発生原因事実を隠蔽したものと評価され、本件元従業員が請求人の経理責任者としての地位を有していた以上、本件元従業員の隠蔽行為は請求人の行為と同視されると主張する。

しかしながら、本件元従業員が、本件J取引をしたことを隠匿したこと、すなわち、本件元従業員が、請求人の代表者その他の関係者に知られないように請求人から商品を窃取し、本件J取引をした行為は、損害賠償請求権の発生原因事実そのものであり、これをもって、請求人が損害賠償請求権の発生原因事実を隠蔽したと評価することはできず、また、上記(1)のロの本件元従業員の担当業務に照らせば、本件元従業員が請求人の経理責任者としての地位を有していたともいえない。

したがって、原処分庁の主張には理由がない。

(7) 争点6（請求人は本件前期各事業年度の法人税及び本件前期各課税期間の消費税等につき、偽りその他不正の行為により税額を免れたものと認められるか否か。）及び争点7（請求人には、法人税の青色申告の承認の取消事由があると認められるか否か。）について

上記(6)のとおり、請求人が、本件前期各事業年度の法人税及び本件前期各課税期間の消費税等の課税標準等及び税額等の計算の基礎となるべき事実を隠蔽したとは認められず、他に請求人に「偽りその他不正の行為」があったとは認められないから、本件前期各事業年度の法人税及び本件前期各課税期間の消費税等につき、請求人が偽りその他不正の行為により税額を免れたものは認められない。

また、上記隠蔽が認められず、他に請求人に法人税法第127条第1項に規定する事由があったとは認められないから、青色申告の承認の取消事由があるとも認められない。

(8) 原処分の適法性について

イ 本件青色取消処分

上記(7)のとおり、請求人に、法人税法第127条第1項に規定する青色申告の承認の取消事由があるとは認められないから、本件青色取消処分は違法であって取り消すべきである。

ロ 本件前期各事業年度に係る各更正処分及び各賦課決定処分

上記(7)のとおり、請求人が本件前期各事業年度の法人税及び本件前期各課税期

間の消費税等につき、偽りその他不正の行為により税額を免れたものとは認められないから、本件前期各事業年度の法人税の各更正処分及び各賦課決定処分並びに本件前期各課税期間の消費税等の各更正処分及び各賦課決定処分については、いずれも通則法第70条第4項第1号の適用はなく、当該各処分は、通則法第70条第1項の除斥期間の経過後にされたものと認められる。

　したがって、本件前期各事業年度の法人税の各更正処分及び各賦課決定処分並びに本件前期各課税期間の消費税等の各更正処分及び各賦課決定処分は、いずれもその全部が違法であって取り消すべきである。

ハ　本件後期各事業年度に係る各更正処分

　(イ)　本件後期各事業年度に係る法人税等の各更正処分

　　　上記(2)ないし(4)によれば、本件Ｊ取引による落札代金は請求人に帰属せず、当該落札代金を請求人の本件各事業年度の益金の額に算入すべきではないが、本件元従業員に商品を窃取されたことによる損害賠償請求権が本件後期各事業年度において確定したものとして、損害賠償請求権の確定による収益の額を本件後期各事業年度の益金の額に算入すべきであり、その額は、別表7の「差引金額」欄のとおりである。そして、当該金額について、本件後期各事業年度の損金の額に算入すべき貸倒損失は認められない。

　　　また、上記イのとおり、本件青色取消処分は取り消すべきであるから、請求人は「青色申告書を提出する」者に該当するところ、その他の本件各措置法規定の適用要件を充足していることは、当審判所の調査及び審理の結果によっても認められるから、本件各事業年度の法人税等の計算上、本件各措置法規定を適用するべきである。

　　　これらを前提に、請求人の本件後期各事業年度に係る法人税等の課税標準等及び税額等を計算すると、別表8、別表9－1及び別表9－2の「審判所認定額」欄のとおりとなり、納付すべき税額は、平成25年1月期及び平成27年1月期の法人税等については、いずれも原処分における額を上回るが、平成26年1月期、平成28年1月期及び平成29年1月期の法人税等については、いずれも原処分における額を下回る。

　　　また、本件後期各事業年度に係る法人税等の各更正処分のその他の部分については、請求人は争わず、当審判所に提出された証拠資料等によっても、これ

を不相当とする理由は認められない。

　したがって、平成25年1月期及び平成27年1月期に係る法人税等の各更正処
分はいずれも適法であるが、平成26年1月期、平成28年1月期及び平成29年1
月期に係る法人税等の各更正処分は、別表8、別表9−1及び別表9−2の
「審判所認定額」欄を上回る部分が違法であって、いずれもその一部を別紙2、
別紙4、別紙5、別紙6、別紙8及び別紙9の「取消額等計算書」のとおり取
り消すべきである。

　(ロ)　本件後期各課税期間に係る消費税等の各更正処分

　　上記(5)のとおり、請求人は、本件J取引について、「資産の譲渡等」を行っ
たとは認められず、請求人の本件元従業員に対する損害賠償請求権は消費税の
課税の対象となるものではない。

　　このことを前提に、請求人の本件後期各課税期間の消費税等の課税標準等及
び税額等を計算すると、別表4の「確定申告」欄（平成26年1月課税期間につ
いては「修正申告」欄）のとおりとなるから、本件後期各課税期間に係る消費
税等の各更正処分は、いずれもその全部が違法であって取り消すべきである。

　ニ　本件後期各事業年度に係る各賦課決定処分

　(イ)　本件後期各事業年度に係る法人税等の各賦課決定処分

　　上記ハの(イ)のとおり、平成25年1月期及び平成27年1月期に係る法人税等の
各更正処分は適法であるが、平成26年1月期、平成28年1月期及び平成29年1
月期に係る法人税等の各更正処分は、いずれもその一部を取り消すべきである。

　　そして、上記(6)のイの(ハ)のとおり、請求人が本件後期各事業年度に係る法人
税等の課税標準等又は税額等の計算の基礎となるべき事実を隠蔽し又は仮装し
たとは認められないから、本件後期各事業年度に係る法人税等の各更正処分
（平成26年1月期、平成28年1月期及び平成29年1月期については上記ハの(イ)
の一部取消し後の各更正処分）により納付すべき税額を基礎とする重加算税を
課することはできない。

　　もっとも、上記各更正処分により納付すべき税額の計算の基礎となった事実
が各更正前の税額の計算の基礎とされていなかったことについて正当な理由が
あるとは認められないから、本件後期各事業年度に係る法人税等の各賦課決定
処分は、上記各更正処分により納付すべき税額を基礎とする過少申告加算税相

当額の限度で適法であると認められる。

　以上を前提に、本件後期各事業年度に係る法人税等の各更正処分に係る過少
申告加算税の額を計算すると、別紙１ないし別紙９の「課税標準等及び税額等
の計算」の「加算税の額の計算」の「裁決後の額」欄のとおりとなる。

　したがって、本件後期各事業年度に係る法人税等の各賦課決定処分は、上記
過少申告加算税の額を超える部分が違法であるから、いずれもその一部を別紙
１ないし別紙９の「取消額等計算書」のとおり取り消すべきである。

㈹　本件後期各課税期間に係る消費税等の各賦課決定処分

　上記ハの㈹のとおり、本件後期各課税期間に係る消費税等の各更正処分は、
いずれも全部を取り消すべきであるから、当該各更正処分により納付すべき税
額を基礎とする本件後期各課税期間に係る消費税等の各賦課決定処分は、いず
れもその全部が違法であって取り消すべきである。

(9)　結論

　よって、平成25年１月期及び平成27年１月期に係る法人税等の各更正処分に対す
る審査請求はいずれも理由がないから棄却し、その他の審査請求はいずれも理由が
あるから、本件青色取消処分を取り消し、当該審査請求に係るその他の原処分の全
部又は一部を取り消すこととする。

別表1　審査請求に至る経緯（法人税）（省略）

別表2　審査請求に至る経緯（復興特別法人税）（省略）

別表3　審査請求に至る経緯（地方法人税）（省略）

別表4　審査請求に至る経緯（消費税等）（省略）

別表5　請求人に帰属する落札代金の原処分庁主張額（省略）

別表6－1　本件元従業員が受領したＪに係る落札代金等（省略）

別表6－2　本件元従業員個人取引に係る落札代金等（省略）

別表7　益金の額に算入すべき損害賠償請求権の額（省略）

別表8　法人税に係る原処分の額と審判所認定額（省略）

別表9－1　復興特別法人税に係る原処分の額と審判所認定額（省略）

別表9－2　地方法人税に係る原処分の額と審判所認定額（省略）

別紙1　取消額等計算書（省略）

別紙1　付表（省略）

別紙2　取消額等計算書（省略）

別紙2　付表　取消額等計算書（省略）

別紙3　取消額等計算書（省略）

別紙4　取消額等計算書（省略）

別紙5　取消額等計算書（省略）

別紙6　取消額等計算書（省略）

別紙7　取消額等計算書（省略）

別紙8　取消額等計算書（省略）

別紙9　取消額等計算書（省略）

四　相続税関係

〈平成30年9月分及び
平成31年4月から令和元年6月分〉

相続税法

事例12（相続税の課税財産の認定　預貯金等　預貯金）

> **被相続人名義の預貯金は請求人の固有財産ではなく、被相続人に帰属する相続財産であると判断した事例**（平成27年11月相続開始に係る相続税の決定処分及び無申告加算税の賦課決定処分・一部取消し・平成31年4月19日裁決）
>
> 《ポイント》
> 　本事例は、被相続人名義の預貯金の相続開始時における帰属について、その名義のみならず、当該預貯金の原資の出捐者、管理及び運用状況等を総合考慮して判断したものである。

《要旨》

　請求人は、亡母名義の預貯金（本件預貯金）について、請求人が亡母（本件被相続人）に預けた金員を原資として運用し形成されたものであり、請求人の固有財産である旨主張する。

　しかしながら、①本件預貯金の名義は、いずれも本件被相続人であること、②本件被相続人が、各口座を開設し、各金融機関への届出住所等の変更手続を行い、各口座で使用された印鑑を管理していたと認められること、③本件被相続人が負担すべき公租公課等が口座振替により支払われていること及び④本件預貯金の金融機関の窓口での入出金手続は本件被相続人によりされているなどからすれば、各口座の管理運用は本件被相続人が行っていたと認められる。また、⑤本件各預貯金の原資は、大部分が本件被相続人の別の預金、共済の満期金、公的年金等であること、⑥請求人の主張の根拠となる証拠は、請求人の答述しかなく、他にこれを裏付ける証拠は存在しないことを考え併せれば、本件預貯金は請求人の固有財産ではなく、本件被相続人に帰属する相続財産であると認められる。

　なお、相続開始時において、本件被相続人が所有していた不動産に係る未納となっていた固定資産税額があり、これは相続税法第13条第1項第1号に規定する相続財産の価額から控除される本件被相続人の債務に該当すると認められたため、原処分の一部を取り消した。

《参照条文等》

　相続税法第19条

　国税通則法第66条第 1 項・第 2 項

《参考判決・裁決》

　東京地裁平成27年 2 月27日判決（税資265号12614）

（平成31年4月19日裁決）

《裁決書（抄）》

1　事　実

(1)　事案の概要

　　本件は、審査請求人（以下「請求人」という。）が、平成27年11月○日に死亡した G 1 （以下「本件被相続人」という。）の相続（以下「本件相続」という。）に係る相続税の申告の必要はないとして、原処分庁へ「相続についてのお尋ね」の回答書のみを提出していたところ、原処分庁が、本件被相続人名義の預貯金等は本件相続に係る相続財産と認められるなどとして、相続税の決定処分等をしたのに対し、請求人が、当該預貯金等の一部は請求人の固有の財産であるなどとして、その全部の取消しを求めた事案である。

(2)　関係法令

　イ　相続税法第19条《相続開始前3年以内に贈与があった場合の相続税額》第1項は、相続又は遺贈により財産を取得した者が当該相続の開始前3年以内に当該相続に係る被相続人から贈与により財産を取得したことがある場合においては、その者については、当該贈与により取得した財産の価額を相続税の課税価格に加算した価額を相続税の課税価格とみなし、同法第15条《遺産に係る基礎控除》から第18条《相続税額の加算》までの規定を適用して算出した金額をもって、その納付すべき相続税額とする旨規定している。

　ロ　国税通則法（平成28年法律第15号による改正前のものをいい、以下「通則法」という。）第66条《無申告加算税》第1項第1号は、通則法第25条《決定》の規定による決定があった場合には、当該納税者に対し、当該決定に基づき通則法第35条《申告納税方式による国税等の納付》第2項の規定により納付すべき税額に100分の15の割合を乗じて計算した金額に相当する無申告加算税を課する旨規定し、通則法第66条第2項は、納付すべき税額が50万円を超えるときは、同条第1項の無申告加算税の額は、同項の規定により計算した金額に、その超える部分に相当する税額に100分の5の割合を乗じて計算した金額を加算した金額とする旨規定している。

　　また、通則法第66条第1項ただし書は、期限内申告書の提出がなかったことについて正当な理由があると認められる場合は、無申告加算税を課さない旨規定し

ている。

(3) 基礎事実

　当審判所の調査及び審理の結果によれば、以下の事実が認められる。

イ　本件相続に係る相続人について

　本件相続に係る相続人は、本件被相続人の子である請求人並びにG2（平成24年6月○日死亡）を代襲した、本件被相続人の孫に当たるG3、G4及びG5の4名である。

ロ　本件相続に係る遺言について

　本件相続に関して、平成27年10月27日付の自筆証書遺言（以下「本件遺言書」という。）が存在するところ、その要旨は、次のとおりである。

　なお、本件遺言書は、平成28年4月18日にH家庭裁判所J支部において検認された。

(イ)　老齢の本件被相続人に献身的に尽くし、最期まで面倒を見てくれる請求人に以下の相続財産を含む全部を相続させる。

A　d市e町○-○の土地

B　d市e町○-○の土地の上に存する建物

C　本件被相続人名義の預金通帳

(ロ)　本件被相続人の面倒を見ることなく、無断で家を出て行ったG6（G2の配偶者）及び孫3名には一切相続させない。

ハ　「相続についてのお尋ね」について

　請求人は、原処分庁から「相続税の申告等についてのご案内」と題する書面が送付されたことから、当該案内に従い、同封の「相続についてのお尋ね」と題する書類（以下「お尋ね書」という。）に本件被相続人に帰属したとする財産等を記載して、原処分庁へ提出した（以下、請求人が回答を記載し提出したお尋ね書を「本件お尋ね回答書」という。）。

　なお、本件お尋ね回答書に記載された相続財産等は別表1のとおりである。

ニ　本件被相続人名義の財産について

　本件相続の時において、別表2のとおり、本件被相続人名義の預貯金が存在し、その口座ごとの残高は同表の「金額」欄のとおりであった。

　また、別表2以外の本件被相続人名義の財産の本件相続の時における価額は、

別表3のとおりであった。

　　以下、本件相続の時における残高が別表2の順号1から順号16までのとおりである本件被相続人名義の各預貯金を「本件各預貯金」といい、本件各預貯金に係る預貯金口座を「本件各預貯金口座」という。

　ホ　本件被相続人名義及び請求人名義の預貯金の入出金について

　　平成27年10月13日から本件相続の開始日である同年11月○日までの間に、別表4の「名義」欄が請求人である各預貯金口座（以下「本件請求人名義各預貯金口座」という。）に別表4の「入金」欄のとおりの入金があり、その最終入金日である同月20日以前に、別表2の順号1、順号2及び順号10から順号12までの各預貯金口座から別表4の「出金」欄のとおりの出金があった。

　　なお、別表4の本件請求人名義各預貯金口座へ入金された現金の原資は、別表2の順号1、順号2及び順号10から順号12までの各預貯金口座から出金された現金であり、請求人がこれらの入出金の手続を行った。

(4)　審査請求に至る経緯

　イ　原処分庁所属の調査担当者は、平成29年8月3日、本件相続に係る相続税について、請求人に対する調査を開始した。

　ロ　原処分庁は、上記イの調査に基づき、平成30年3月19日付で、別表2及び別表3については、全てが本件被相続人の相続財産であるとして、また、別表4の順号21以外の入金額と順号21の入金額のうち2,660,000円の合計額29,340,000円（以下、入金された現金を「本件入金」という。）については、本件相続の開始前3年以内に本件被相続人から贈与された財産の価額として相続税の課税価格に加算されるとした上で、本件相続に係る相続税の課税価格の合計額が基礎控除額を超えているとして、別表5の「決定処分等」欄のとおり、請求人に対して本件相続に係る相続税の決定処分（以下「本件決定処分」という。）及び無申告加算税の賦課決定処分（以下「本件賦課決定処分」という。）をした。

　　以下、本件各預貯金と本件入金を併せて「本件各預貯金等」という。

　ハ　請求人は、平成30年5月7日、本件決定処分、本件賦課決定処分及び延滞税に不服があるとして、審査請求をした。

2　争　点

(1)　本件各預貯金等は、本件相続に係る相続税の課税価格に算入されるか否か（争点

1）。

(2) 期限内申告書の提出がなかったことについて、通則法第66条第1項ただし書に規定する「正当な理由」があるか否か（争点2）。

3 争点についての主張

(1) 争点1（本件各預貯金等は、本件相続に係る相続税の課税価格に算入されるか否か。）について

原処分庁	請求人
本件各預貯金等は、次のとおり、本件相続に係る相続税の課税価格に算入される。 イ　本件各預貯金について 　(イ)　預貯金については、被相続人の死亡の時、被相続人名義であったことが認められる場合には、反証がない限り、名義人のものであると推定すべきであるから、本件各預貯金を含む別表2記載の預貯金全部が名義人である本件被相続人に帰属している。	本件各預貯金等は、次のとおり、本件相続に係る相続税の課税価格に算入されない。 イ　本件各預貯金について 　(イ)　請求人は、本件被相続人に対し、平成7年以降、E2名義のK銀行○○出張所の普通預金口座から複数回にわたり引き出した現金を預けており、その合計額は7,000万円に上る（以下、請求人が本件被相続人に預けたとする金員を「本件金員」という。）。 　　　そして、本件各預貯金は本件金員を原資として運用し形成されたものである。
(ロ)　請求人の配偶者であるE2名義の預貯金口座から出金した現金を本件被相続人に預けたという請求人の主張には裏付けとなる証拠資料がなく、その具体的な時期や金額も明らかでないから、預けたとする金員の存在自体認められない。	(ロ)　このことは、①本件被相続人の年金及びその配偶者の恩給の合計額は年間200万円程度にすぎず、1億円を超える本件被相続人名義の金融資産は本件金員なくして形成できないこと、②本件金員の原資は、上記(イ)のE2名義のK銀行○○出張所の普

また、本件遺言書に「預金通帳」として「Ｇ１名義の一切のものをＥ１に相続させる。」と記載され、預けたとする金員についての記載がないのは、本件各預貯金が本件被相続人に帰属し、かつ当該預けたとする金員が存在しないことを示すものである。	通預金口座から出金した現金であり、現に、本件各預貯金口座には、本件金員が原資とみられる高額の入金が複数回認められること、③本件遺言書には、本件被相続人名義の預貯金全部を請求人に相続させる旨記載され、本件金員の存在を前提とした内容となっていることからも明らかである。
	(ハ) また、請求人は、本件被相続人から、本件金員を原資とした預金通帳を適宜見せてもらい、確認していた。
ロ 本件入金について 　本件入金の原資は、本件各預貯金口座から出金した現金であるから、相続税法第９条に基づき本件被相続人から請求人が贈与により取得したものとみなされ、同法第19条の規定が適用される。	ロ 本件入金について 　本件入金は、請求人が請求人の固有の財産である本件各預貯金口座から出金した現金を本件請求人名義各預貯金口座へ預け入れたものにすぎない。

(2) 争点２（期限内申告書の提出がなかったことについて、通則法第66条第１項ただし書に規定する「正当な理由」があるか否か。）について

請求人	原処分庁
請求人は、本件相続に係る相続財産が相続税の基礎控除額以下であったことから、お尋ね書に本件被相続人の相続財産等、相続税に係る申告書の記載事項を正確に記載し、法定申告期限内の平成28年	お尋ね書は、一般に、課税庁において、ある相続が申告を要するものであるか否かの判断材料を得ることを主な目的として納税者に対して任意に回答を求める書類であり、その末尾に相続税の納税

９月○日に、Ｆ税務署へ持参し提出した。

　その際、請求人は、Ｆ税務署の受付担当者に対して、本件被相続人の相続財産が基礎控除額以下である場合には本件お尋ね回答書が相続税の申告書に代わるものである旨を確認しているから、本件お尋ね回答書の提出をもって相続税の申告手続が完了したと認識した。

　これに対し、原処分庁は、請求人に対して、本件お尋ね回答書の提出日から原処分に係る調査の開始まで、本件お尋ね回答書の提出が相続税の申告に当たらない旨の連絡を一切しなかった。

　したがって、請求人には、無申告加算税を課せられるような非はなく、通則法第66条第１項ただし書に規定する「正当な理由」がある。

申告書ではない旨も記載されている。

　請求人が本件相続に係る相続税の申告書を法定申告期限内に提出しなかったのは、請求人が本件お尋ね回答書は相続税の納税申告書に当たると考え、本件お尋ね回答書のみを提出したことが原因であって、このことは請求人の税法の不知又は誤解によるといわざるを得ない。

　したがって、請求人には、通則法第66条第１項ただし書に規定する「正当な理由」はない。

4　当審判所の判断

(1)　争点１（本件各預貯金等は、本件相続に係る相続税の課税価格に算入されるか否か。）について

　イ　認定事実

　　請求人提出資料、原処分関係資料並びに当審判所の調査及び審理の結果によれば、次の事実が認められる。

　　(イ)　本件各預貯金の管理等について

　　　Ａ　本件各預貯金口座の開設等

　　　　本件被相続人は、昭和43年頃から平成27年６月17日までの間に、本件被相続人名義の本件各預貯金口座を開設した。

　　　　なお、別表２の順号１から順号９まで及び順号12から順号15までの各預貯

金は、それぞれ総合口座で管理されている。

B　本件各預貯金の届出印

(A)　M銀行○○支店及びN農業協同組合○○支所

別表2の順号10及び順号11の各預貯金の届出印は、本件被相続人が昭和55年11月から昭和60年4月までの間において、P証券○○支店（現、Q証券○○支店。以下同じ。）で取引する際に使用していた印鑑といずれも同一である。

(B)　R銀行○○出張所

別表2の順号1から順号9までの各預金の届出印は、上記(A)の印鑑とは異なるが、いずれも同一の印鑑である。

(C)　T銀行

別表2の順号12から順号16までの各貯金の届出印は、上記(A)及び(B)の印鑑とは異なるが、いずれも同一の印鑑である。

C　本件各預貯金の取引等

(A)　口座振替による支払状況

別表2の順号1のR銀行○○出張所の普通預金口座からは、平成24年度第1期までの本件被相続人が所有する不動産に係る固定資産税が口座振替により支払われており、また、別表2の順号10のM銀行○○支店の普通預金口座からは、平成19年6月以前からの本件被相続人に係る互助会の会費、平成25年5月以降の本件被相続人に係る介護施設の利用料並びに本件被相続人が所有する不動産に係る平成27年度第2期及び第3期の固定資産税が口座振替により支払われている。

(B)　本件各預貯金の取引

当審判所が確認したところでは、本件各預貯金の金融機関の窓口における各取引は、本件被相続人が行っている。

D　本件各預貯金口座の変更届

本件被相続人は、随時、本件各預貯金口座に係る住所変更及び改印の各手続を行った。

(ロ)　本件各預貯金の原資について

A　R銀行○○出張所

(A) 別表 2 の順号 1 の普通預金口座には、本件被相続人が R 銀行において買付した投資信託に係る分配金が複数回振り込まれているほか、平成24年 7 月17日に投資信託の解約金が振り込まれ、さらに、平成26年 2 月以降、本件被相続人を受給者とする公的年金が振り込まれている。

また、上記の普通預金口座には、平成27年11月18日、R 銀行○○出張所の本件被相続人名義の定期預金 (26,500,000円) が解約され、振替入金されている。

(B) 上記(A)の解約された本件被相続人名義の定期預金は、平成20年以前から預け入れられた R 銀行○○出張所の本件被相続人名義の定期預金並びに平成21年12月 9 日から平成22年11月 5 日までの間に、上記(A)の普通預金、本件被相続人が契約者であった L 保険の解約金及び N 農業協同組合○○支所の本件被相続人名義の普通貯金を原資として預け入れられた R 銀行○○出張所の本件被相続人名義の定期預金により形成されたものである。

(C) 別表 2 の順号 2 の貯蓄預金口座には、上記(A)の普通預金を原資として平成25年11月18日に2,000,000円が入金されている。

(D) 別表 2 の順号 5 及び順号 6 の各定期預金は、上記(A)の普通預金を原資として、平成23年 3 月22日に各2,300,000円が預け入れられ、その後、満期日に当該各定期預金を継続又は預け替えたことにより形成されたものである。

B　M銀行○○支店

(A) 別表 2 の順号10の普通預金口座には、平成21年 6 月以降、本件被相続人を受給者とする公的年金が振り込まれ、さらに、本件被相続人の所有する上場株式に係る配当金、P 証券○○支店の本件被相続人の口座から引き出された金員が複数回振り込まれている。

また、上記の普通預金口座には、平成27年11月12日、M 銀行○○支店の本件被相続人名義の定期預金 (27,000,000円) が解約され、振替入金されている。

(B) 上記(A)の解約された本件被相続人名義の定期預金は、平成20年11月以前から預け入れられた M 銀行○○支店の本件被相続人名義の定期預金及び平成20年11月 5 日から平成25年12月16日までの間に、上記(A)の普通預金及び N 農業協同組合○○支所の本件被相続人名義の普通貯金を原資として預け

入れられたＭ銀行○○支店の本件被相続人名義の定期預金により形成されたものである。

C　Ｎ農業協同組合○○支所

別表２の順号11の普通貯金口座には、少なくとも平成19年８月から平成25年12月までの間、本件被相続人を受給者とする公的年金が振り込まれ、また、本件被相続人を契約者とする共済契約に係る満期共済金が複数回振り込まれている。

D　Ｔ銀行

⒜　別表２の順号12の○○口座には、少なくとも平成19年８月から平成21年４月までの間、本件被相続人を受給者とする公的年金が振替されている。

⒝　別表２の順号14の○○は、上記⒜の○○を原資として、平成24年９月６日に1,700,000円が預け入れられたものであり、また、同表の順号15の○○は、上記⒜の○○を原資として、平成27年６月17日に5,000,000円が預け入れられたものである。

⒞　別表２の順号16の○○は、上記⒜の○○を原資として、平成27年６月17日に3,000,000円が預け入れられたものである。

ロ　検討

㈠　財産の帰属の認定方法について

一般に預貯金の帰属を認定するに当たっては、その名義が重要な要素となることはもちろんであるが、他人名義で預貯金することは、特に親族間においてはまれではないことから、預貯金の帰属については、単に名義人が誰であるかという形式的事実のみにより判断するのではなく、管理運用の状況及びその原資となった金員の出捐者等を総合的に勘案して判断するのが相当である。

㈡　本件各預貯金について

A　Ｒ銀行○○出張所、Ｍ銀行○○支店の各普通預金及びＮ農業協同組合○○支所の普通貯金並びにＴ銀行の○○（別表２の順号１及び順号10から順号12まで）について

別表２の順号１及び順号10から順号12までの各普通預金、普通貯金及び○○については、そもそも、当該各普通預金口座、普通貯金口座及び○○口座は、本件被相続人名義であることに加え、①上記イの㈠のＡのとおり、本件

― 247 ―

被相続人が当該各普通預金口座、普通貯金口座及び○○口座を開設していること、②上記イの(イ)のDのとおり、本件被相続人が住所変更及び改印の手続を行っていること、③本件被相続人が①及び②の各手続を行っていることからすれば、当該各普通預金、普通貯金及び○○に使用している印鑑は、本件被相続人が管理していたと認められること、④上記イの(イ)のCの(A)のとおり、R銀行○○出張所及びM銀行○○支店の各普通貯金口座からは、本件被相続人に係る固定資産税、互助会の会費及び介護施設の利用料が口座振替により支払われていること、⑤上記イの(イ)のCの(B)のとおり、当該各普通預金、普通貯金及び○○の金融機関の窓口における取引は、当審判所が確認したところでは本件被相続人により行われていたことを考え併せれば、本件被相続人がこれらの預貯金の管理運用を行っていたと認められる。

また、⑥上記イの(ロ)のAの(A)、Bの(A)、C及びDの(A)のとおり、当該各普通預金、普通貯金及び○○には、本件被相続人を受給者とする公的年金、本件被相続人を契約者とする満期共済金、本件被相続人が所有する株式の配当金、投資信託の分配金が振り込まれ、また、本件被相続人名義で運用されていた定期預金が振替入金されており、これらの預貯金の原資は、本件被相続人の固有の財産と認められる。

したがって、これらの事実を総合的に勘案すると、上記の各普通預金、普通貯金及び○○は、本件被相続人に帰属する。

B　R銀行○○出張所の貯蓄預金及び定期預金（別表2の順号2から順号9まで）について

別表2の順号2から順号9までの貯蓄預金口座及び各定期預金口座については、そもそも、当該貯蓄預金口座及び各定期預金口座が本件被相続人名義であることに加え、①上記イの(イ)のAのとおり、総合口座として同表の順号1の普通預金口座と一括で管理されていること、②上記イの(イ)のCの(B)のとおり、当該貯蓄預金及び各定期預金のR銀行○○出張所の窓口における取引は、当審判所が確認したところでは本件被相続人により行われていたことからすれば、本件被相続人が当該貯蓄預金及び各定期預金の管理運用を行っていたと認められること、③上記イの(ロ)のAの(C)及び(D)のとおり、本件被相続人に帰属する普通預金を原資として預け入れられた貯蓄預金及び定期預金が

あることを考え併せれば、当該貯蓄預金及び各定期預金は、本件被相続人に帰属する。

C　Ｔ銀行の各○○及び○○（別表２の順号13から順号16まで）について

　　別表２の順号13から順号16までの各○○及び○○については、そもそも、当該各○○及び○○口座が本件被相続人名義であることに加え、①上記イの(イ)のＢの(C)のとおり、同一の印鑑により預け入れられていること、また、同表の順号13から順号15までの○○又は○○口座は、同表の順号12の○○口座と同一の○○で管理されていること、②上記イの(イ)のＣの(B)のとおり、当該各○○及び○○のＴ銀行の窓口における取引は、当審判所が確認したところでは本件被相続人により行われていたことからすれば、本件被相続人が別表２の順号13から順号16までの各○○及び○○の管理運用を行っていると認められること、③上記イの(ロ)のＤの(B)及び(C)のとおり、本件被相続人に帰属する○○を原資として預け入れられた○○があることを考え併せれば、当該各○○及び○○は、本件被相続人に帰属する。

D　小括

　　したがって、本件各預貯金は、本件被相続人に帰属する相続財産である。

(ハ)　本件入金について

　　本件入金の原資は、上記１の(3)のホのとおり、別表２の順号１、順号２及び順号10から順号12までの各預貯金口座から出金された現金であるところ、上記(ロ)のＤのとおり、本件各預貯金は本件被相続人に帰属する相続財産であるから、本件入金は、本件被相続人に帰属する本件各預貯金口座から出金された現金が請求人に帰属する本件請求人名義各預貯金口座に入金されたものということになる。

　　そして、一般に、妻子等自己と極めて親密な身分関係にある者に対し財産的利益を付与した場合、それは、後にその利益と同等の価値が現実に返還されるか又は将来返還されることが極めて確実であるなど特別の事情が存在しない限り、贈与であると認めるのが相当であるから、そのような特別の事情が認められない本件においては、本件入金は、請求人が本件被相続人より贈与を受けたものと認めるのが相当であり、本件入金は、相続税法第19条第１項の規定により本件相続に係る相続税の課税価格に加算される。

㈣　総括

　　　したがって、本件各預貯金等は、本件相続に係る相続税の課税価格に算入される。

ハ　請求人の主張について

　㈠　請求人は、上記３の(1)の「請求人」欄のイのとおり、本件各預貯金は、本件金員を原資として運用し形成されたものであり、その根拠として、①本件被相続人の年金及び本件被相続人の配偶者の恩給の収入金額の合計額は年間200万円程度である旨、②本件各預貯金口座には本件金員が原資とみられる高額な入金がある旨、③本件遺言書の内容は本件金員の存在を前提として預貯金の全部を請求人に相続させる内容となっている旨、④請求人は、本件被相続人から本件金員を原資とする本件各預貯金の通帳を適宜確認していたから、本件各預貯金は、本件相続に係る相続税の課税価格に算入されない旨主張する。

　　　しかしながら、①一般に金融資産は、その人の事業活動、労務の提供や資産の貸付け等の対価として得た収入のほか、他者からの相続や、株式等による資産運用、資産の処分等によって形成されるものであり、本件被相続人が受給要件を満たす年齢に達した後に受け取った年金等による収入のみで形成されるものではないのであり、現に、例えば、上記ロの㈠のとおり、本件各預貯金の中には、本件被相続人の固有の財産などである公的年金等を原資としているものがあること、②当審判所の調査によっても、Ｅ２名義の預金口座から出金された本件金員が本件各預貯金口座へ入金された事実は認められないこと、③本件遺言書の内容は、本件被相続人が、本件被相続人名義の各財産を自己の財産であると認識した上で、これを最期まで自己の面倒を見てくれる請求人に相続させるものと解するのが相当であり、本件金員の存在を前提としたものとは判断できないこと、④仮に、請求人が本件被相続人から本件各預貯金の通帳を適宜確認していたとしても、そのことをもって、本件各預貯金が請求人に帰属する財産であると認めることはできない。

　　　したがって、この点に関する請求人の主張には理由がない。

　㈠　また、請求人は、上記３の(1)の「請求人」欄のロのとおり、本件入金は、請求人固有の財産である本件各預貯金口座から出金した現金を本件請求人名義各預貯金口座に預けたものにすぎない旨主張する。

しかしながら、上記ロの(ロ)のＤのとおり、本件各預貯金は、本件被相続人に帰属する相続財産であるから、請求人の主張はその前提を欠く。

　　　したがって、この点に関する請求人の主張には理由がない。

(2)　争点２（期限内申告書の提出がなかったことについて、通則法第66条第１項ただし書に規定する「正当な理由」があるか否か。）について

　イ　法令解釈

　　　無申告加算税は、申告書の提出が期限内にされなかった場合に課されるものであり、これによって当初から適法に申告し納税した納税者との間の客観的な不公平の実質的な是正を図るとともに、無申告による納税義務の違反の発生を防止し、適正な申告納税の実現を図り、もって納税上の実を挙げようとする行政上の措置である。

　　　他方、通則法第66条第１項ただし書は、期限内申告書の提出がなかったことについて正当な理由があると認められる場合は無申告加算税を課さない旨を定めているところ、無申告加算税が課される上記の趣旨に照らせば、この「正当な理由」があると認められる場合とは、真に納税者の責めに帰することのできない客観的な事情があり、上記のような無申告加算税の趣旨に照らしてもなお、納税者に無申告加算税を課することが不当又は酷になる場合をいうものと解するのが相当であり、単に法律の規定を知らなかったり、誤解していたりした場合は、この場合には当たらないというべきである。

　ロ　検討

　　(イ)　請求人は、上記３の(2)の「請求人」欄のとおり、本件相続に係る相続財産が基礎控除額以下であったことから、本件お尋ね回答書をＦ税務署へ持参し提出しており、その際、同署の受付担当者に、相続財産が基礎控除額以下である場合には本件お尋ね回答書が相続税の申告書に代わるものである旨を確認しているから、申告手続が完了したと認識した旨主張する。

　　　しかしながら、お尋ね書は、実務上、課税庁において、一定の基準に基づき、相続税の申告が必要と認められる者に対して、相続税の申告についての案内文書と共に送付されるものであり、送付を受けた者が相続税の納税義務を負わないと判断した場合には、回答を記載したお尋ね書のみを提出することとなるところ、相続税の納税義務を負わない場合には、回答を記載したお尋ね書のみを

提出すればよいのであるから、仮にF税務署の受付担当者の回答によって、請求人が主張のとおり認識したとしても、このことは、請求人が本件相続に係る相続財産が基礎控除額以下であるから相続税の納税義務はなく、本件お尋ね回答書の提出をもって申告手続が終了したと誤解したものと見るのが相当であるから、真に納税者の責めに帰することのできない客観的な事情があるとは認められない。

(ロ) 請求人は、上記3の(2)の「請求人」欄のとおり、原処分庁が、請求人に対して、本件お尋ね回答書の提出日から平成29年8月3日の原処分に係る調査の開始まで、本件お尋ね回答書の提出が相続税の申告に当たらない旨の連絡を一切しなかった旨主張する。

しかしながら、相続税法は申告納税制度を採用しており、この制度の下では、納税者は、自己の判断と責任において、課税標準及び税額等を法令の規定に従い計算し、適正な申告をすることが求められており、また、申告書の提出がない者に原処分庁がその旨を連絡しなければならないという法令の規定はないことからすれば、請求人には、原処分庁からの連絡の有無にかかわらず、法定申告期限内に相続税の申告をする義務があるから、真に納税者の責めに帰することのできない客観的な事情があるとは認められない。

(ハ) したがって、請求人には、通則法第66条第1項ただし書に規定する「正当な理由」があるとは認められない。

(3) 本件決定処分の適法性について

イ 上記(1)のとおり、本件各預貯金等は、本件相続に係る相続税の課税価格に算入される。

一方、当審判所の調査によれば、本件被相続人には、本件相続の時において、本件被相続人が所有する不動産の未納となっている固定資産税額○○○○円が存在し、これは、相続税法第13条《債務控除》第1項第1号に規定する相続財産の価額から控除される本件被相続人の債務に該当すると認められるところ、原処分庁は、本件決定処分において、これを控除していない。

ロ この点、原処分庁は、当審判所の求釈明に対し、上記イの未納の固定資産税額○○○○円の存在を認める一方で、本件決定処分で相続財産に加算していない財産が存在し、これを相続税の課税価格に加算して相続税額を計算すると本件決定

処分の額を上回るから、本件決定処分は適法である旨回答するが、当審判所の調査によっても、本件相続の時に本件被相続人が原処分庁の主張する財産を所持していたことを認めるに足りる証拠はないから、当該財産が、本件被相続人の財産であったと認めることはできない。

ハ　なお、原処分のその他の部分については、請求人は争わず、当審判所に提出された証拠資料等によっても、これを不相当とする理由は認められない。

以上を基に、当審判所において、本件相続に係る相続税の納付すべき税額を計算すると、別紙「取消額等計算書」の「3　課税標準等及び税額等の計算」の「裁決後の額」欄の㉓欄のとおり、本件決定処分の額を下回る。

したがって、本件決定処分については、その一部を別紙「取消額等計算書」のとおり取り消すべきである。

(4)　本件賦課決定処分の適法性について

上記(2)のとおり、請求人には、期限内申告書の提出がなかったことについて、通則法第66条第1項に規定する正当な理由があるとは認められないが、本件決定処分は、上記(3)のとおり、その一部を取り消すこととなる。

以上を基に、当審判所において、本件相続に係る相続税の無申告加算税の額を計算すると、別紙「取消額等計算書」の「加算税の額の計算」の「無申告加算税」欄の「裁決後の額」欄の③欄のとおり、本件賦課決定処分の額を下回る。

したがって、本件賦課決定処分については、その一部を別紙「取消額等計算書」のとおり取り消すべきである。

(5)　延滞税に対する審査請求について

延滞税は、通則法第15条《納税義務の成立及びその納付すべき税額の確定》第3項の規定及び通則法第60条《延滞税》第1項各号の規定により所定の要件を充足することによって法律上当然に納税義務が成立し、その成立と同時に特別の手続を要しないで納付すべき税額が確定するものであって、国税に関する法律に基づく処分によって確定するものではない。

したがって、延滞税に対する審査請求は、通則法第75条《国税に関する処分についての不服申立て》第1項に規定する国税に関する法律に基づく処分が存在しないにもかかわらずなされたものであって、不適法なものである。

(6)　結論

よって、原処分に係る審査請求には理由があるから、原処分の一部を取り消すが、延滞税に対する審査請求は不適法であるからこれを却下することとする。

別表1　本件お尋ね回答書に記載された相続財産等（省略）

別表2　本件相続の時における本件被相続人名義の預貯金（省略）

別表3　本件相続の時における本件被相続人名義の財産（省略）

別表4　入出金一覧表（省略）

別表5　審査請求に至る経緯及び内容（省略）

別紙　取消額等計算書（省略）

　請求人の父（甲）の預金口座から請求人の預金口座に入金された資金は、請求人が甲の指示に基づき会議等に出席するための交通費等を支弁する目的のものであったと認められ、甲から請求人への贈与があったと認めることはできないと判断した事例（平成23年分の贈与税の決定処分及び無申告加算税の賦課決定処分並びに平成24年分の更正処分及び過少申告加算税の賦課決定処分・全部取消し・令和元年6月27日裁決）

《ポイント》

　請求人の父（甲）の預金口座から請求人の預金口座への資金移動は、甲又は請求人の母が行っており、請求人は甲の指示に基づき、医療専門団体の会議等へ月1～2回程度出席していた旨申述し、会議に出席するための交通費等の支払が請求人の口座から支払われている等の事実からすれば、甲は甲の指示に基づき、請求人が会議に出席する際に要する交通費等の費用を支弁する目的で甲の預金口座から請求人の預金口座に資金を移動していたとみるのが自然であり、当該資金移動により、請求人が甲から贈与により財産を取得したものとは認められないと判断したものである。

《要旨》

　原処分庁は、請求人の父（甲）の預金口座から出金された金銭が請求人の預金口座（本件請求人口座）に入金されたこと（本件資金移動）について、請求人と甲との間で金銭消費貸借契約が締結された事実及び請求人が主張する本来甲が従事すべき医療業務に請求人が代理人として従事した際に立て替えて支払った費用の精算等の事実は認められないから、請求人と甲との間には、民法第549条《贈与》に規定する贈与契約の要件事実について黙示の合意があったと認めるのが相当であり、請求人は、本件資金移動により、甲からの贈与により財産を取得したものといえる旨主張する。

　しかしながら、本件資金移動について、請求人と甲との間で金銭消費貸借契約が締結されていた事実は認められないものの、本件資金移動に係る出金及び入金の各手続は、甲又は請求人の母により行われていると認められ、請求人は、原処分庁所属の調査担当職員に対して、甲の指示により月1回から2回程度の頻度で医療専門団体の会議に出席

していた旨申述し、本件請求人口座から交通費等の支払がされていることなどを併せ考慮すれば、甲は、当該会議に出席した際の交通費等を支弁する目的で本件資金移動をしていたとみるのが自然であり、請求人に、本件資金移動によって贈与と同様の経済的利益が生じていたと認めることはできないから、請求人は甲からの贈与により財産を取得したと認めることはできない。

（令和元年6月27日裁決）

《裁決書（抄）》

1　事　実

(1)　事案の概要

　　本件は、原処分庁が、審査請求人（以下「請求人」という。）の父の預金口座から出金され請求人の預金口座へ入金された金銭について、請求人が請求人の父からの贈与によって取得したものと認められるとして、贈与税の決定処分等をしたのに対し、請求人が、贈与の事実はなかったとして、原処分の全部の取消しを求めた事案である。

(2)　関係法令

　イ　民法第549条《贈与》は、贈与は、当事者の一方が自己の財産を無償で相手方に与える意思を表示し、相手方が受諾をすることによって、その効力を生ずると規定している。

　ロ　相続税法（平成25年法律第5号による改正前のもの。以下同じ。）第1条の4《贈与税の納税義務者》第1号は、贈与により財産を取得した個人で当該財産を取得した時においてこの法律の施行地に住所を有する者は、贈与税を納める義務がある旨規定している。

　ハ　相続税法第9条は、対価を支払わないで利益を受けた場合においては、当該利益を受けた時において、当該利益を受けた者が、当該利益を受けた時における当該利益の価額に相当する金額を当該利益を受けさせた者から贈与により取得したものとみなす旨規定している。

(3)　基礎事実

　　当審判所の調査及び審理の結果によれば、以下の事実が認められる。

　イ　請求人は、D信用金庫○○支店に請求人名義の普通預金口座（口座番号○○○○。以下「本件請求人口座」という。）を有し、請求人の父であるEは、同信用金庫○○部に父E名義の普通預金口座（口座番号○○○○。以下「本件父E口座」という。）を有していた。

　ロ　平成23年4月6日に本件父E口座から○○○○円が出金され、そのうちの○○○○円が本件請求人口座に入金された（以下、当該資金移動を「本件平成23年資金移動」という。）。

ハ 平成24年10月19日に本件父E口座から○○○○円が出金され、本件請求人口座
　　に入金された（以下、当該資金移動を「本件平成24年資金移動」といい、本件平
　　成23年資金移動と併せて「本件各資金移動」という。）。

ニ 請求人は、平成26年12月○日に父Eが死亡するまで、父Eが営む「F医院」の
　　青色事業専従者であった。

(4) 審査請求に至る経緯

イ 請求人は、平成23年12月22日に、父Eからの贈与により現金○○○○円を取得
　　した。

ロ 請求人は、平成24年12月31日に、父Eからの贈与により現金○○○○円を取得
　　した。

　　なお、請求人は、当該贈与について、課税価格を○○○○円及び納付すべき税
　　額を○○○○円と記載した平成24年分の贈与税の申告書を法定申告期限までにG
　　税務署長に提出して申告した。

ハ 原処分庁所属の調査担当職員（以下「本件調査担当職員」という。）は、平成
　　30年１月25日に、請求人に対する平成23年分及び平成24年分の贈与税に係る実地
　　の調査（以下「本件贈与税調査」という。）を開始した。

ニ G税務署長は、本件贈与税調査の結果に基づき、平成30年３月９日付で、平成
　　23年分の贈与税について、別表の「決定処分等」欄のとおりの決定処分及び無申
　　告加算税の賦課決定処分（以下「平成23年分決定処分等」という。）をし、また、
　　平成24年分の贈与税について、別表の「更正処分等」欄のとおりの更正処分及び
　　過少申告加算税の賦課決定処分（以下「平成24年分更正処分等」という。）をした。

ホ 請求人は、平成23年分決定処分等及び平成24年分更正処分等に不服があるとし
　　て、平成30年６月９日にそれぞれ再調査の請求をしたところ、再調査審理庁は、
　　平成30年９月４日付でいずれも棄却の再調査決定をした。

ヘ 請求人は、再調査決定を経た後の原処分に不服があるとして、平成30年10月６
　　日に審査請求をした。

2 争　点

(1) 本件贈与税調査の手続に原処分を取り消すべき違法があるか否か（争点１）。

(2) 請求人は、本件各資金移動により、父Eからの贈与により財産を取得したといえ
　　るか否か（争点２）。

3　争点についての主張

(1)　争点1（本件贈与税調査の手続に原処分を取り消すべき違法があるか否か。）について

原処分庁	請求人
平成30年1月25日の本件調査担当職員から請求人への本件贈与税調査を実施する旨の通知は、国税通則法（平成30年法律第16号による改正前のものをいい、以下「通則法」という。）第74条の9《納税義務者に対する調査の事前通知等》第1項の規定に基づくものと認められる。 　また、本件調査担当職員が税理士法人Hに所属するJ税理士及び税理士法人Kに所属するL税理士に対して行った本件贈与税調査の結果の内容の説明、平成23年分の期限後申告及び平成24年分の修正申告の勧奨並びに書面の交付は、通則法第74条の11《調査の終了の際の手続》第2項、第3項及び第5項の規定に基づくものと認められる。 　以上のとおり、原処分は、通則法第74条の9第1項の規定に基づく通知並びに同法第74条の11第2項、第3項及び第5項の規定に基づく説明、勧奨及び交付を経て行われているから、本件贈与税調査の手続に原処分を取り消すべき違法はない。	原処分は、本件各資金移動の実態を確認するための調査を経ることなく行われた。 　また、請求人が本件調査担当職員から本件各資金移動についての本件贈与税調査の結果の内容の説明とこれによる平成23年分の期限後申告及び平成24年分の修正申告の勧奨を受けた際、そのような勧奨は受け入れ難い旨返答したところ、本件調査担当職員から、「修正申告に応じず争いになった場合、マスコミなどに取り上げられて好奇の目で見られる」旨の脅すような発言や、「顧問税理士に対して損害賠償の請求ができる」旨の税理士法人H及び税理士法人Kとの信頼関係をこじらせようと画策するような発言もあった。 　以上のとおり、本件贈与税調査の手続には、原処分を取り消すべき違法がある。

(2)　争点2（請求人は、本件各資金移動により、父Eからの贈与により財産を取得したといえるか否か。）について

原処分庁	請求人
本件各資金移動について、請求人と父Ｅとの間で金銭消費貸借契約が締結された事実及び請求人の主張する立て替えた費用の精算や前渡しの事実は認められない。 　したがって、請求人と父Ｅの間には、民法第549条に規定する贈与契約の要件事実について黙示の合意があったと認めるのが相当であるから、請求人は、本件各資金移動により、父Ｅからの贈与により財産を取得したといえる。	本件各資金移動の実態は、医療関係者との交渉や接待、会議への出席等本来父Ｅが従事すべき医療業務に請求人が父Ｅの代理人として従事した際に立て替えて支払った費用の精算と、今後同様に父Ｅの代理人として従事することにより立て替えて支払うこととなる費用の前渡しである。 　本件各資金移動は、父Ｅが請求人に対し贈与する意思をもって行われたものではなく、また、請求人が父Ｅから受贈する意思をもって行われたものでもない。 　以上のとおり、請求人と父Ｅとの間で、民法第549条に規定する贈与はなかったのであるから、請求人は、本件各資金移動により、父Ｅからの贈与により財産を取得したとはいえない。

4　当審判所の判断

　　本件審査請求については、主要な争点である争点２から判断する。

(1)　争点２（請求人は、本件各資金移動により、父Ｅからの贈与により財産を取得したといえるか否か。）について

　イ　法令解釈

　　　相続税法第１条の４第１号は、上記１の(2)のロのとおり規定しているところ、相続税法上の贈与を明確に定義する規定はなく、相続税法上の贈与は、民法第549条に規定する贈与をいうものと解される。

　　　また、相続税法第９条は、上記１の(2)のハのとおり規定しているところ、法律的には贈与により取得した財産でなくても、その取得した事実によって実質的に贈与と同様の経済的利益を生ずる場合においては、税負担の公平の見地から、その取得した財産について、当該利益を受けさせた者からの贈与により取得したも

のとみなして贈与税を課税することとしたものと解される。

ロ　認定事実

　　請求人提出資料、原処分関係資料並びに当審判所の調査及び審理の結果によれば、次の事実が認められる。

　(イ)　請求人は、上記1の(4)のイ及びロの贈与により取得した現金を、本件請求人口座に入金することなく費消した。

　(ロ)　父Eは、D信用金庫○○支店の窓口において、本件平成23年資金移動に係る出金及び入金の各手続を同時に行い、請求人の母であるMは、同信用金庫○○部の窓口において、本件平成24年資金移動に係る出金及び入金の各手続を同時に行った。

　(ハ)　請求人は、自己名義のクレジットカード（以下「本件請求人カード」という。）を保有し、N社やP社への支払や、ホテル利用料金・飲食代金・ネット購入代金などの支払に使用しており、その決済金の支払口座を本件請求人口座としている。

　(ニ)　請求人は、平成29年6月27日に、本件調査担当職員に対し、請求人は、父Eの指示により月1回から2回程度の頻度で開催される医療専門団体の会議に出席しており、その交通費や私的な費用の支払に本件請求人カードを使用している旨申述している。

ハ　当てはめ

　　相続税法第9条は、上記イのとおり、法律的には贈与により取得した財産でなくても、その取得した事実によって実質的に贈与と同様の経済的利益を生ずる場合においては、税負担の公平の見地から、その取得した財産について、当該利益を受けさせた者からの贈与により取得したものとみなして贈与税を課税することとしたものと解されるから、請求人に、本件各資金移動によって実質的に贈与と同様の経済的利益が生ずる場合には、贈与税が課税されることとなる。

　　これを本件についてみると、上記ロの(イ)のとおり、請求人は、上記1の(4)のイ及びロの贈与により取得した現金を本件請求人口座に入金することなく費消していたことが認められるところ、これら父Eからの贈与のうち、贈与税の基礎控除を超える贈与を父Eから受けた際には、上記1の(4)のロのとおり贈与税の申告書を法定申告期限までにG税務署長に提出している。

一方、本件各資金移動は、上記１の(3)のロ及びハのとおり、本件父Ｅ口座から出金された金銭が本件請求人口座に入金されたものであることが認められる。また、上記ロの(ロ)のとおり、父Ｅ及びＭは、Ｄ信用金庫○○部又は同信用金庫○○支店の窓口において、本件各資金移動に係る出金及び入金の各手続を同時に行っていることが認められる。さらに、請求人は、上記ロの(ハ)のとおり、本件請求人カードによりＮ社やＰ社等への支払を行い、その決済金の支払口座を本件請求人口座としていることが認められる。

　以上の各事実に加え、上記ロの(ニ)のとおり、請求人が、本件調査担当職員に対し、父Ｅの指示により月１回から２回程度の頻度で開催される医療専門団体の会議に出席していた旨申述していることを併せ考慮すれば、父Ｅは、同人の指示に基づいて請求人が医療専門団体の会議に出席した際の交通費等を支弁する目的で本件各資金移動をしていたとみるのが自然である。

　そうすると、請求人に、本件各資金移動によって実質的に贈与と同様の経済的利益が生じていたと認めることはできない。

　したがって、請求人は、本件各資金移動により、父Ｅからの贈与により財産を取得したと認めることはできない。

ニ　原処分庁の主張について

　原処分庁は、上記３の(2)の「原処分庁」欄のとおり、本件各資金移動について、請求人と父Ｅとの間で金銭消費貸借契約が締結されていた事実及び請求人の主張する立て替えた費用の精算や前渡しの事実は認められないから、請求人と父Ｅとの間に贈与についての黙示の合意があったと認めるのが相当であり、請求人は、本件各資金移動により、父Ｅからの贈与により財産を取得したといえる旨主張する。

　確かに、当審判所の調査の結果によっても、本件各資金移動について、請求人と父Ｅとの間で金銭消費貸借契約が締結されていた事実は認められない。

　しかしながら、本件各資金移動について、請求人と父Ｅとの間で金銭消費貸借契約が締結されていなかった事実のみをもって、請求人と父Ｅとの間に贈与についての黙示の合意があったと認めることはできない。

　そして、父Ｅは、同人の指示に基づいて請求人が医療専門団体の会議に出席した際の交通費等を支弁する目的で本件各資金移動をしていたと認められることは

上記ハのとおりであるから、原処分庁の上記主張には理由がない。

(2)　原処分の適法性について

　　　上記(1)のハのとおり、請求人は、本件各資金移動により、父Eからの贈与により財産を取得したと認めることはできない。

　　　したがって、争点1について判断するまでもなく、請求人が本件各資金移動により、父Eからの贈与により財産を取得したことを前提とする平成23年分決定処分等及び平成24年分更正処分等は、いずれも違法であり、その全部を取り消すべきである。

(3)　結論

　　　よって、審査請求には理由があるから、原処分の全部を取り消すこととする。

別表　審査請求に至る経緯（省略）

事例14（相続税の課税価格の計算　債務控除　その他の債務）

> 　被相続人が生前に解除した建築工事請負契約に基づく約定違約金等は、相続開始日現在、現に存しその履行が確実であったと認めるのが相当であると判断した事例（平成25年8月相続開始に係る相続税の①各更正の請求に対する各通知処分及び更正処分、②各更正処分及び過少申告加算税の各賦課決定処分・①却下、棄却、②一部取消し・平成31年4月19日裁決）
>
> 《ポイント》
> 　本事例は、被相続人が生前に解除した建築請負契約に基づく約定違約金は相続開始日に現に存し、その履行を免れないものであり、原処分庁が指摘する審査請求人らも支払を拒否して係争中であったことは、請求人が他の事由により請負業者に対して損害賠償を求めたものであって、そのことをもって当該約定違約金の支払義務が消滅等するものではないから、履行が確実な債務であったと認めるのが相当であると判断したものである。

《要旨》

　原処分庁は、被相続人が生前に解除した建築工事請負契約に基づく約定違約金等について、被相続人に支払う意思はなく、相続人である審査請求人も支払を拒否して係争中であったことをもって、確実な債務ではない旨主張する。

　しかしながら、相続税の課税価格から控除する債務は、相続開始当時の現況に照らし、債務が現に存するとともに、その履行が確実と認められるものをいうと解されるところ、当該約定違約金等は、相続開始日に現に存し、その履行を免れないものであるから、履行が確実な債務であったと認めるのが相当であり、債務者の履行の意思によってその確実性の判断を異にするものとは解されず、また、原処分庁が指摘する「係争」は、審査請求人が請負者側の説明義務違反等を理由として損害賠償を求めたものであり、そのことをもって当該約定違約金等の支払義務が消滅したり、履行の確実性が失われたりするものではないから、原処分庁の主張はいずれも採用できず、当該約定違約金等は相続税の課税価格から控除する債務に当たる。

《参照条文等》

　相続税法第13条、同法第14条

（平成31年4月19日裁決）

《裁決書（抄）》

1 事　実

(1) 事案の概要

　本件は、審査請求人Ｅ２、審査請求人Ｅ３、審査請求人Ｅ４及び審査請求人Ｅ１
（以下、これらを併せて「請求人ら」という。）が、被相続人から相続により取得し
た各土地及び各家屋について不動産鑑定評価額に基づく価額とするのが相当であり、
被相続人が生前に解除した建築工事請負契約に基づく約定違約金等について相続税
の課税価格から控除すべき債務に当たるなどとして、相続税の各申告及び各更正の
請求をしたところ、原処分庁が、当該各土地及び当該各家屋は財産評価基本通達に
基づき評価した価額とすべきであり、当該約定違約金等は相続開始日において履行
が確実であった債務には当たらないなどとして、更正をすべき理由がない旨の各通
知処分並びに各更正処分及び過少申告加算税の各賦課決定処分をしたことから、請
求人らが当該各処分の一部の取消しを求めた事案である。

(2) 関係法令等の要旨

　別紙３のとおり。

　なお、別紙３において定義した略語等については、以下本文においても使用する。

(3) 基礎事実

　当審判所の調査及び審理の結果によれば、以下の事実が認められる。

イ　本件相続について

　Ｇ（以下「本件被相続人」という。）は、平成25年8月○日（以下「本件相続
開始日」という。）に死亡し、同人に係る相続（以下「本件相続」という。）が開
始した。

　本件相続に係る共同相続人は、本件被相続人の妻である請求人Ｅ２、子である
請求人Ｅ３、請求人Ｅ４及び請求人Ｅ１の４名であり、本件被相続人が所有して
いた別表１－１記載の各土地及び各家屋（以下、順に「本件各土地」、「本件各建
物」といい、これらを併せて「本件各土地等」という。また、各土地及び各建物
それぞれを呼称する際は、同表「略称」欄の定義を使用する。略称につき別表１
－２に同じ。）を本件相続により取得した。

　本件各土地等の位置関係等は、別図のとおりである。

ロ　本件各土地等の状況について

(イ)　本件1土地及び本件1建物

A　本件1土地は、平成○年○月○日に事業計画決定公告がされたd駅北口土地区画整理事業（以下「本件区画整理事業」という。）の施行区域内に存する。e市の地区計画において、区域の特性に応じた容積率の最高限度（目標容積率）が100％、公共施設の整備状況に応じた容積率の最高限度（暫定容積率）が80％とされていたが、本件相続開始日現在において、本件1土地には、その東側及び南側で接することとなる区画道路の工事が開始していなかったことから、暫定容積率である80％が適用されていた。

B　本件1土地は、本件相続開始日において、仮換地の指定がされていなかったことから、評価通達24−2本文の定めは適用されず、従前の宅地の価額により評価する宅地であった。

　　本件1土地が存する本件区画整理事業の施行区域内は、H国税局長が定めた平成25年分財産評価基準書において「個別評価」と表示されており、請求人E1からの照会に対し原処分庁からは、①本件1土地と東側で接する路線の路線価は270,000円（以下「本件個別路線価」という。）、②地区区分は普通住宅地区及び③借地権割合は60％である旨回答されていた。また、本件個別路線価の評定上の基礎とされた標準地（2地点）に係る各鑑定評価書には、いずれの地点も土地区画整理事業が施行中であることが明示されていた。

C　本件1建物は、本件相続開始日において、建築後約37年を経過した昭和51年新築の木造瓦葺2階建の共同住宅であり、1階5室、2階5室の計10室で各室全てが同面積の貸家であった。本件1建物のうち6室が本件被相続人の所有とされており、その他4室の所有者である請求人E3は、本件1土地を本件被相続人から使用貸借により借り受けていた。

D　本件1建物は、本件相続の開始後に取り壊され、本件1土地上には、平成27年3月31日、請求人E3及び請求人E1がそれぞれ持分2分の1を有する共同住宅が新築された。

(ロ)　本件2土地

本件2土地は、本件相続開始日において、請求人E4及び請求人E1が各持分2分の1を有する建築後約33年を経過した昭和54年10月新築の木造瓦葺2階

建の共同住宅（別件１建物）の敷地であり、請求人Ｅ４及び請求人Ｅ１は、本件２土地を本件被相続人から使用貸借により借り受けていた。

(ハ) 本件３土地

A　e市f町○－○の土地は、昭和60年２月８日を登記の日付として、同所同番の土地（458.58㎡。本件３土地）と同番○の土地（198.43㎡。以下「本件隣地」という。）に分筆されており、本件相続開始日において、本件３土地は未利用の雑種地であった。

B　本件被相続人は、昭和60年１月29日、本件隣地を65,000,000円でＪに売り渡す旨の売買契約を締結した。

当該売買契約に係る契約書（以下「本件売買契約書」という。）には、本件隣地に家屋建築する際、建ぺい率の関係上、本件３土地約62坪をその建築敷地として書面上使用することを承諾するものとする（第16条《特約条項》）旨の記載がある。

(ニ) 本件４土地及び本件２建物

本件４土地は、南側で接する道路の北端から20ｍの部分の容積率が200％、その他の部分の容積率が80％であり、本件相続開始日において、本件被相続人が所有する建築後約22年を経過した平成３年２月新築の木造瓦葺２階建の居宅（本件２建物）の敷地であった。

(ホ) 本件５土地及び別件２建物

本件５土地は、本件相続開始日において、請求人Ｅ２が所有する建築後約49年を経過した昭和39年６月新築の木造瓦葺２階建の居宅（別件２建物）の敷地であり、請求人Ｅ２は、本件５土地を本件被相続人から使用貸借により借り受けていた。

ハ　Ｋ社に対する違約金について

(イ) 本件被相続人及びＫ社は、平成25年２月21日、発注者を本件被相続人、請負者をＫ社として、本件３土地上に請負代金63,000,000円でアパートを新築する旨の工事請負契約を締結した。

当該請負契約の特約事項には、発注者が同請負契約を解除・解約した場合、①請負者は発注者に対し、約定違約金2,599,800円と実費相当額の合計額を請求できる旨及び②請負者が請負契約締結時に受領した契約内金425,250円を前記

①の違約金等に充当する旨が定められていた。

(ﾛ)　本件被相続人及びK社は、平成25年2月28日、発注者を本件被相続人、請負者をK社として、本件1土地上に請負代金86,415,000円でアパートを新築する旨の工事請負契約を締結した（以下、上記(ｲ)の工事請負契約と併せて「本件各請負契約」という。）。

　　　当該請負契約の特約事項には、発注者が同請負契約を解除・解約した場合、①請負者は発注者に対し、約定違約金3,279,675円と実費相当額の合計額を請求できる旨及び②請負者が請負契約締結時に受領した契約内金537,600円は前記①の違約金等に充当する旨が定められていた。

(ﾊ)　本件被相続人は、平成25年5月10日、K社に対して、本件各請負契約を解除する旨、及び各約定違約金と各実費相当額の合計額（以下、当該各約定違約金等を併せて「本件各違約金等」という。）の支払については消費者契約法第9条《消費者が支払う損害賠償の額を予定する条項等の無効》第1号に規定する「平均的な損害」を超えるなどとして、各契約内金の合計金962,850円（以下「本件各内金」という。）を本件各違約金等の支払に充当することで終了したい旨を書面で通知した。

(ﾆ)　K社は、本件相続の開始後の平成○年○月○日、本件被相続人の共同相続人である請求人らを被告として、本件各違約金等から本件各内金を控除した後の5,022,625円（以下「本件違約金残金」という。）について各法定相続分に応じた金額等（遅延損害金を含む。）の支払を求める訴えを提起した（以下「本件訴訟」という。）。

(ﾎ)　請求人らは、本件各請負契約に際してK社側に本件被相続人に対する説明義務違反等があり、不法行為又は債務不履行に基づく損害賠償請求権が生じていたところ、これを請求人らが相続したとして、K社に対して損害賠償金19,293,529円等の支払を求める反訴を提起した（以下「本件反訴」という。）。

(ﾍ)　L地方裁判所は、平成○年○月○日、請求人らに対し、本件違約金残金等の支払を命ずる旨及び反訴請求を棄却する旨の判決を言い渡した。これに対し、請求人らは、平成○年○月○日に控訴した。

(4)　審査請求に至る経緯

イ　請求人らは、本件相続に係る相続税（以下「本件相続税」という。）について、

別表 2 の「当初申告」欄のとおり記載した申告書を法定申告期限内に共同で原処分庁に提出し、期限内申告（以下「本件申告」という。）をした。

　　請求人らは、本件申告において、本件各土地等の各価額をM社が作成した不動産鑑定評価書における各鑑定評価額に基づき別表 3 の「本件申告」欄のとおりとした。

　　なお、本件 1 土地及び本件 1 建物については、いずれも各鑑定評価額（土地：83,400,000円、建物：2,400,000円）から本件 1 建物が貸家であることを理由として一部減額した後の価額（土地：78,492,800円、建物：1,008,800円。以下、建物に係る当該価額を「本件 1 建物鑑定修正額」という。）とされ、その他の本件各土地等については、それぞれの鑑定評価額と同額とされた（以下、本件各土地等の各鑑定評価額について、本件 1 土地に係るものを「本件 1 土地鑑定評価額」といい、その他も同様な略語を使用する。）。

　　また、請求人らは、本件申告において、本件各違約金等を6,015,475円として債務に計上した。

ロ　請求人らは、平成28年 3 月17日、本件 3 土地については敷地面積の一部を本件隣地の所有者である J が同土地上の建物の建築確認申請における敷地面積として既に使用していることが判明したなどとして、本件相続税について、別表 2 の「更正の請求①」欄のとおりとすべき旨の各更正の請求をした。

　　なお、請求人らは、当該各更正の請求において、本件 3 土地の一部が本件隣地上の建築確認申請における敷地とされていたことを新たな付加条件として改めて作成されたM社による不動産鑑定評価書の鑑定評価額38,800,000円を本件 3 土地の価額とした。

ハ　請求人らは、平成29年 7 月13日、本件 1 土地については本件区画整理事業の施行区域内に存することによる利用上の制限がその価額に反映されていなかったなどとして、本件相続税について、別表 2 の「更正の請求②」欄のとおりとすべき旨の各更正の請求をした。

　　なお、請求人らは、当該各更正の請求において、本件 1 土地及び本件区画整理事業の施行区域外にある本件 2 土地の各固定資産税評価額の格差等に基づき本件 1 土地鑑定評価額を修正した価額（53,228,040円。以下「本件 1 土地鑑定修正額」という。）を本件 1 土地の価額とした。

ニ　原処分庁は、上記ロの各更正の請求に対し、平成29年10月20日付で、別表2の
「通知処分①」欄のとおり、更正をすべき理由がない旨の各通知処分（以下「第
1次各通知処分」という。）をした。

ホ　原処分庁は、上記ハの各更正の請求に対し、平成29年10月20日付で、請求人Ｅ
2については、別表2の「更正処分③」欄のとおり、納付すべき相続税額の一部
を減額する更正処分（以下「本件減額更正処分」という。）をするとともに、請
求人Ｅ3、請求人Ｅ4及び請求人Ｅ1については、同表の「通知処分②」欄のと
おり、更正をすべき理由がない旨の各通知処分（以下「第2次各通知処分」とい
う。）をした。

ヘ　原処分庁は、平成29年10月20日付で、請求人Ｅ3、請求人Ｅ4及び請求人Ｅ1
について、本件各土地等については評価通達に基づき評価した価額とすべきであ
り、本件各違約金等の債務控除は認められないなどとして、別表2の「更正処分
等④」欄のとおりとする本件相続税の各更正処分（以下「本件各増額更正処分」
という。）及び過少申告加算税の各賦課決定処分（以下「本件各賦課決定処分」
といい、第1次各通知処分、第2次各通知処分、本件減額更正処分及び本件各増
額更正処分と併せて「本件各処分」という。）をした。

ト　請求人らは、本件各処分に不服があるとして、平成30年1月12日に再調査の請
求をした。

なお、請求人らは、当該再調査の請求において、本件3土地の価額については、
上記ロの鑑定評価額38,800,000円の「価格時点」が本件相続開始日と異なる平成
27年9月1日となっており、「価格時点」を本件相続開始日と修正したＭ社によ
る再鑑定評価額38,300,000円（以下「本件3土地再鑑定評価額」といい、その他
の本件各土地等の各鑑定評価額と併せて「本件各鑑定評価額」という。また、本
件各鑑定評価額に本件1土地鑑定修正額及び本件1建物鑑定修正額を併せて「本
件各鑑定評価額等」という。）とすべきであるとした。

チ　再調査審理庁は、平成30年4月12日付で、別表2の「再調査決定」欄のとおり、
第1次各通知処分、第2次各通知処分及び本件減額更正処分並びに請求人Ｅ3に
対する本件各増額更正処分及び同本件各賦課決定処分に係る再調査の各請求につ
いて、いずれも棄却の再調査決定をし、請求人Ｅ4に対する本件各増額更正処分
並びに請求人Ｅ1に対する本件各増額更正処分及び同本件各賦課決定処分につい

ては、いずれもその一部を取り消す再調査決定をした。

リ　請求人らは、再調査決定を経た後の本件各処分を不服とし、その一部の取消し
を求め、平成30年５月７日、審査請求をするとともに、同日、請求人Ｅ１を総代
に選任し、その旨を当審判所に届け出た。

なお、請求人らは、本審査請求において、本件４土地については原処分庁が評
価通達の定めに従って評価した価額が本件４土地鑑定評価額を下回ることから
（別表３の「本件４土地」の「再調査の請求」欄及び「再調査決定」欄参照）、原
処分庁の評価した当該価額の適否について争っていない。

2　争　点

(1)　評価通達に基づき評価した本件各土地等（本件４土地を除く。以下同じ。）の各
価額について、時価を上回る違法があるか否か（争点１）。

(2)　本件違約金残金は本件相続税の課税価格の計算上控除すべき債務か否か（争点
２）

3　争点についての主張

(1)　争点１（評価通達に基づき評価した本件各土地等の各価額について、時価を上回
る違法があるか否か。）について

原処分庁	請求人ら
課税処分における課税価格又は税額の算定に当たって、相続財産の価額を評価通達の定めに従って評価したものである場合には、その価額は時価と事実上推認される。 　したがって、請求人らにおいて、評価通達に基づき評価した本件各土地等の価額に時価を上回る違法があることを主張、立証するなどして、上記推認を覆さない限り、本件各処分は適法となる。そして、本件各鑑定評価額等は、次のとおり、合理性がなく、本件各土地等の時価	評価通達に基づき路線価を用いて簡易的に評価することは否定しないものの、次のとおり、本件各鑑定評価額等（本件４土地鑑定評価額を除く。以下同じ。）は時価として妥当なものであり、評価通達に基づき評価した本件各土地等の各価額には時価を上回る違法がある。 　なお、本件１土地、本件２土地及び本件３土地の面積は、いずれも300㎡を上回っているが、その価額は評価通達24－4《広大地の評価》が適用できる500㎡の土地の価額を上回ることもあり得るか

とは認められない。

イ　本件1土地鑑定修正額の基となった本件1土地鑑定評価額については、次の(イ)ないし(ハ)の不合理な点があり、また、本件1土地鑑定修正額には、次の(ニ)のとおり不合理な点がある。

(イ)　建築後38年を経過し、建ぺい率及び容積率も充足していない本件1建物の敷地として使用されることを前提として評価した収益価格は、不動産鑑定評価基準が定める最有効使用の原則等に反する。

(ロ)　積算価格と収益価格の中庸値を鑑定評価額としているが、本件1土地は、収益性よりも快適性を重視する地域に存し、賃貸による収益性が地価に十分反映されているとは言い難いため、収益価格と積算価格の調整に当たっては、比準価格を重視し、収益価格は参考程度とすべきである。

(ハ)　本件1土地鑑定評価額（約200,000円／㎡）は、本件1土地の近隣の公示価格（306,000円／㎡）に比して低額であり、同価格との規

ら、評価通達による評価は適切な時価とはいえない。

イ　本件1土地には、次の(イ)ないし(ニ)のような事情があり、原処分庁がこれらの点を考慮せずに評価することには正当性がない。本件1土地の評価額は、隣地である本件2土地との固定資産税評価額の格差率（71.55％）を本件1土地鑑定評価額に乗じた金額53,228,040円とすべきである。

(イ)　最有効使用の原則は、更地に適用されるものであり、貸家及びその敷地である本件1土地の鑑定評価額は、収益価格を標準とし、積算価格を考慮して決定した。

(ロ)　本件1土地の東側の一部は、平成〇年〇月〇日に建築基準法第42条《道路の定義》第1項第4号の道路に指定されており、当該部分は本件1土地の敷地面積に含めることができない。

(ハ)　仮換地前は、仮換地前後の土地の重なり合った部分にしか建物を建築できないばかりか、仮換地後も、建物を建てる場合は、地区協定により

準が適切に行われていない。

(ニ) 本件1土地の上に存する本件1建物は、本件被相続人と請求人E3が共有する貸家であるが、請求人E3は使用貸借により本件1土地を借り受けているのであるから、本件1土地は自用地として評価すべき部分がある。

また、本件1土地鑑定評価額は、貸家及びその敷地としての正常価格（時価）を求めているから、重ねて貸家建付地及び固定資産税評価額の格差率を考慮した修正額は不合理である。

ロ 本件1土地の東側及び南側に存する道路予定地部分に係る建築制限については、本件個別路線価の評定の基となる標準地（本件区画整理事業の施行地域内に配置）の鑑定評価において、本件区画整理事業が施行中であることが地域要因として考慮されているから、本件個別路線価に反映されていると認められる。

ハ 本件2土地鑑定評価額には、次の(イ)ないし(ハ)のとおり、不合理な点がある。

(イ) 建築後35年を経過し、建ぺい率及

道路境界から建物の壁面を1m後退させなければならないという制限を受けている。

(ニ) 本件個別路線価については、容積率を100％としているが、容積率は80％であり、本件相続開始日において100％になっていない。このことから、評価通達23のように減額することは適切である。

ロ 本件1土地の南側には都市計画道路が計画されていることから、評価通達24-7のように減額できる。

本件1土地の分割方法によっては、都市計画道路予定地の敷地に占める割合が異なってくるのであるから、本件個別路線価に都市計画道路部分を含めて算出した値には妥当性がない。

ハ 本件2土地の評価額は、次の(イ)及び(ロ)から、本件2土地鑑定評価額75,800,000円とすべきである。

(イ) 最有効使用の原則は、更地に適用

び容積率も充足していない別件1建物の敷地として使用されることを前提に評価した収益価格は、不動産鑑定評価基準が定める最有効使用の原則等に反する。

(ロ) 積算価格と収益価格の中庸値を鑑定評価額としているが、本件2土地は、収益性よりも快適性を重視する地域に存し、賃貸による収益性が地価に十分反映されているとは言い難いため、収益価格と積算価格の調整に当たっては、比準価格を重視し、収益価格は参考程度とすべきである。

(ハ) 鑑定評価額（約190,000円／㎡）は、本件2土地の近隣の公示価格（306,000円／㎡）に比して低額であり、同価格との規準が適切に行われていない。

ニ 本件3土地について、N事務所の担当者は、本件隣地の所有者は請求人らとは関係のない他人であり、請求人らが本件3土地に建物を建築する際に、本件3土地の全体を同建物の敷地として使用することを禁止することまではできない旨申述していることからすると、本件3土地については、何ら請求人らの主張する瑕疵は認められない。
したがって、本件3土地には建物を

されるものであり、貸家及びその敷地である本件2土地の鑑定評価額は、収益価格を標準とし、積算価格を考慮して決定した。

(ロ) 本件2土地は賃貸物件の土地であり、借主に借家権が発生している。本件2土地には賃借権が存在し、更に自用の土地、建物とする場合は、建物を取り壊す経費が必要である。それらの価格を差し引かないと時価にはならないのであり、原処分庁の主張には妥当性がない。

ニ 本件3土地については、本件売買契約書により、本件隣地を売却した際に本件3土地の敷地利用権も譲渡されており、当該利用権の金額は当該売買契約書における売買金額に含まれている。このため残った本件3土地については建築基準法上の制約を受ける。
このような場合、評価通達23でその取扱いがなされているところ、本件3土地については容積率の移転に加えて

建築する際の利用上の制限があるとして評価した本件3土地再鑑定評価額は、その前提を欠くものである。

建ぺい率の移転もあることから、減価は評価通達23によるものよりも大きくなるはずである。

　原処分庁が主張する本件3土地の評価額は、評価通達23にも反するものであり、請求人らが主張する二重敷地による減価は適切である。

　また、本件3土地に敷地面積（458.58㎡）を基準としてアパートを建築しようとする場合、既に建ぺい率、容積率は隣地に移転されているため、当該アパートは建築基準法違反となる旨の裁判所の判断があった。したがって、本件3土地の価額は、本件3土地再鑑定評価額（38,300,000円）とすべきである。

ホ　本件5土地鑑定評価額には、次の(イ)ないし(ハ)のとおり、不合理な点がある。

(イ)　建築後50年を経過し、建ぺい率及び容積率も充足していない別件2建物の敷地として使用されることを前提に評価した収益価格は、不動産鑑定評価基準が定める最有効使用の原則等に反する。

(ロ)　積算価格と収益価格の中庸値を鑑定評価額としているが、本件5土地は、収益性よりも快適性を重視する地域に存し、賃貸による収益性が地

ホ　本件5土地の評価額は、次の(イ)及び(ロ)から、本件5土地鑑定評価額36,300,000円とすべきである。

(イ)　最有効使用の原則は、更地に適用されるものであり、貸家及びその敷地である本件5土地の鑑定評価額は、収益価格を標準とし、積算価格を考慮して決定した。

(ロ)　本件5土地は、賃貸物件の土地であり、賃借権が存在し、更に自用の土地、建物とする場合は、建物を取り壊す経費が必要である。それらを

価に十分反映されているとは言い難いため、収益価格と積算価格の調整に当たっては、比準価格を重視し、収益価格は参考程度とすべきである。

(ハ) 鑑定評価額（約180,000円／㎡）は本件5土地の近隣の公示価格（306,000円／㎡）に比して低額であり、同価格との規準が適切に行われていない。

ヘ 本件1建物鑑定評価額には、次の(イ)及び(ロ)のとおり、不合理な点があり、また、本件1建物鑑定修正額には、次の(ハ)のとおり不合理な点がある。

(イ) 積算価格の基となる再調達原価を151,000円／㎡としているが、その根拠が明らかでない。

(ロ) 本件1建物鑑定評価額は、再調達原価より求めた積算価格が相続税評価額を上回る査定額であるにもかかわらず、本件1土地を加味して積算価格と収益価格による試算価格の調整を行っている。

(ハ) 本件1建物鑑定評価額は、貸家としての正常価格を求めているから、更に貸家であることを考慮したことは不合理である。

ト 本件2建物鑑定評価額は、次の(イ)及び(ロ)のとおり、不合理な点がある。

差し引かないと時価にはならないのであり、原処分庁の主張には妥当性がない。

ヘ 本件1建物の評価額は、本件1建物鑑定評価額2,400,000円に本件被相続人の所有割合（6／10）を乗じた金額から貸家の評価減（1－借家権30%）をした本件1建物鑑定修正額（1,008,000円）とすべきである。

ト 本件2建物の評価額は、本件2建物鑑定評価額3,100,000円とすべきである。

(イ) 積算価格の基となる再調達原価を 151,000円／㎡としているが、その 根拠が明らかでない。 (ロ) 積算価格を求めるに当たり、上記 (イ)の再調達原価に乗じる現価率15% の根拠が明らかでない。	

(2) 争点2（本件違約金残金は本件相続税の課税価格の計算上控除すべき債務か否
か。）について

原処分庁	請求人ら
次のイ及びロからすると、本件違約金 残金は、確実と認められる債務ではない から、債務控除は認められない。 イ 本件被相続人は、本件相続開始日の 前において、K社に対して本件各請負 契約を解除する旨書面で通知し、さら に、本件各内金が、消費者契約法第9 条第1号の金額を超えるから、本件各 内金をもって終わりにしたい旨通知し ており、本件違約金残金を支払う意思 はなかった。 ロ K社は、本件違約金残金の支払を求 め、本件訴訟を提起したが、請求人ら は、支払を拒否し、現在も係争中であ る。	次のイ及びロからすると、本件違約金 残金は、確定した債務であるから、債務 控除は認められる。 イ 本件被相続人は、アパートを建築し て貸し付けている事業者であるから、 消費者契約法の適用はない。 ロ 本件被相続人は生前違約金の支払を 拒否したことはなく、違約金の減額を 求めたにすぎない。これに対し、K社 は減額を拒否し本件訴訟を提起した。

4 当審判所の判断

(1) 争点1について

イ 法令解釈

(イ) 相続税法第22条は、相続財産の価額は、特別に定める場合を除き、当該財産

の取得の時における時価によるべき旨を規定しており、ここにいう時価とは相続開始時における客観的な交換価値をいうものと解するのが相当である（最高裁平成22年7月16日第二小法廷判決・裁判集民事234号263頁参照）。

　しかし、客観的な交換価値というものが必ずしも一義的に確定されるものではないことから、課税実務上は、国税庁において、納税者間の公平、納税者の便宜、徴税費用の節減等の観点から評価通達を定め、各税務署長が、評価通達に定められた評価方法に従って統一的に相続財産の評価を行ってきたところである。このような評価通達に基づく相続財産の評価の方法は、当該財産の客観的な交換価値を算定する方法として一定の合理性を有するものと一般に認められており、その結果、評価通達は、単に課税庁内部における行為準則というにとどまらず、一般の納税者にとっても、納税申告における財産評価について準拠すべき指針として通用してきているところである。

　このように、評価通達に基づく相続財産の評価の方法が、当該財産の客観的な交換価値を算定する方法として一定の合理性を有するものと一般に認められていることなどからすれば、評価通達の定めに従って相続財産の価額を評価したものと認められる場合には、その価額は、当該財産の時価であると事実上推認することができるというべきである。

　このような場合には、審査請求人において、財産評価の基礎となった事実関係に誤りがある等、その評価方法に基づく価額の算定過程自体に不合理な点があることを具体的に指摘して上記推認を妨げ、あるいは、不動産鑑定評価等の証拠資料に基づいて、評価通達の定めに従って評価した価額が、当該事案の具体的な事情の下における当該相続財産の時価を適切に反映したものではなく、客観的な交換価値を上回るものであることを主張立証するなどして上記推認を覆すことがない限り、評価通達の定めに従って評価した価額が時価であると認めるのが相当である。

　そして、土地の適正な時価、すなわちその客観的な交換価値というものは、その土地の面積、形状、地域的要因等の各個別の事情、需要と供給のバランスなど様々な要素により変動するものであるから、これを一義的に把握することは困難であり、不動産鑑定士による鑑定評価額も、それが公正妥当な不動産鑑定理論に従うとしても、なお鑑定士の主観的な判断及び資料の選択過程が介在

することを免れないのであって、鑑定士が異なれば、同一の土地についても異なる評価額が出てくることは避けられないのであるから、土地の客観的な交換価値には、ある程度の幅があるとみなければならない。かかる観点からすれば、評価通達の定めに従って評価した価額が時価とみるべき合理的な範囲内にあれば、相続税法第22条違反の問題は生じないと解するのが相当である。

したがって、評価通達の定めに従って評価した価額が客観的な交換価値を上回っているといえるためには、当該価額を下回る不動産鑑定評価が存在し、その鑑定が一応公正妥当な鑑定理論に従っているというのみでは足りず、同一の土地についての他の不動産鑑定評価があればそれとの比較において、また、周辺における公示価格や基準地の標準価格の状況、近隣における取引事例等の諸事情に照らして、評価通達の定めに従って評価した価額が客観的な交換価値を上回ることが明らかであると認められることを要するものというべきである。

(ロ) ところで、評価通達11は、市街地的形態を形成する地域にある宅地の評価は、原則として、路線価方式により評価する旨定めているところ（別紙3の1の(3)）、土地区画整理事業等の施行区域内にある土地については、評価通達に基づき各国税局長が定めた財産評価基準書に路線価等を表記する代わりに「個別評価」とする旨が表示されているものがある。これは、路線価は、宅地の価額がおおむね同一と認められる一連の宅地が面している路線ごとに設定され（同(4)）、一般には暦年を通じて課税財産の評価に適用されるものであるところ、土地区画整理事業等の施行区域内にある土地にあっては、上記一連の宅地であっても当該事業等の進行状況等によって個別に対応が必要と認められる事例があること等から、課税実務上、一定の土地区画整理事業等の施行区域内の土地については、当該土地の評定を担当する税務署長が路線価等を個別に評定することとしているものである。

そして、当審判所の調査の結果によれば、個別に評定された路線価は、①個別評価とされた地区内で標準地を選定し、②複数の不動産鑑定士等から当該標準地に係る鑑定評価又は意見を徴し、③当該鑑定評価又は意見に基づき当該地区内に存する各路線の路線価を評定するというものであり、かかる評定過程は、評価通達14に定める路線価の評定過程とおおむね同様と認められる。また、個別路線価は、納税者からの照会に対し、相続税等の納税申告の便宜のために教

示され、納税申告における財産評価について準拠すべき指針となっていることが認められる。

　　したがって、個別路線価に基づき評価した価額は、評価通達に基づき評価した場合と同様に当該評価した財産の時価であると事実上推認することができると認めるのが相当である。

(ハ)　また、評価通達89は、家屋の価額は、その家屋の固定資産税評価額に所定の倍率（1.0）を乗じて計算した金額によって評価する旨定めているところ（別紙３の１の(8)）、ここにいう固定資産税評価額について、地方税法第341条第5号は、固定資産税における価格とは適正な時価をいう旨規定しており（同２の(1)）、この場合における適正な時価とは正常な条件の下に成立する当該家屋の取引価格、すなわち客観的な交換価値をいうものと解される。そして、地方税法第388条第１項は、適正な時価を評価するための基準並びに評価の実施の方法及び手続として「固定資産評価基準」を定め、これを告示しなければならない旨規定しており（同２の(2)）、かかる固定資産評価基準に基づいて、家屋の固定資産税評価額は、３年ごとの基準年度に再建築価格（評価の対象となった家屋と同一のものを、評価の時点においてその場所に新築するものとした場合に必要とされる建築費）を基準として、これに家屋の減耗の状況による補正と需給事情による補正を行って評価する方法が採られている。

　　このように、家屋の固定資産税評価額は、客観的な基準として定められた固定資産評価基準に基づき評価されたものであり、その評価方法も合理的なものと認められるから、かかる固定資産税評価額に準拠して家屋を評価するものとする評価通達の定めは、一般に合理性があり、当審判所も相当と認める。

ロ　認定事実

　　請求人ら提出資料、原処分関係資料並びに当審判所の調査及び審理の結果によれば、次の事実が認められる。

(イ)　本件１土地について

　　本件１土地の東側及び南側には、本件区画整理事業の事業計画において区画道路の予定地とされた部分（合計29.81㎡）が存するが、当該道路は都市計画道路として事業決定された道路（都市計画法第４条《定義》第６項に規定する都市計画施設に該当する道路）ではない。

(ロ)　本件1建物について

　　A　本件被相続人及び請求人E3は、本件1建物の全10室のうち、1階101号室ないし104号室の計4室を請求人E3が、1階105号室及び2階201号室ないし205号室の計6室を本件被相続人がそれぞれ所有するものとして、毎年の各室からの賃貸収入について、各人の不動産所得として、それぞれ所得税の確定申告を行っていた。

　　B　本件1建物のうち上記の本件被相続人所有に係る6室については、本件相続開始日において、計4室が貸し付けられていた。

(ハ)　本件3土地について

　　A　本件売買契約書に記載の本件隣地の売買価格65,000,000円（327,571円／㎡）は、昭和60年当時の近隣の公示価格等に比し、本件隣地の更地の対価として相当な価額であった。

　　B　本件売買契約書の他には、Jと本件被相続人との間に本件3土地に係る建ぺい率及び容積率の使用に関しての契約書や覚書等は存在しない。

　　C　本件3土地について、その地積に対し、建ぺい率、容積率を最大限有効活用する形で建物の建築確認申請がされた場合、本件3土地に係る建築指導等に関する事務を所管するN事務所においては、建築確認申請書面と添付された書類により審査することから、本件3土地のみで建築基準法の要件を満たしていれば確認済証は交付される。

(ニ)　本件各鑑定評価額について

　　A　M社は、本件各鑑定評価額の決定に当たり、本件各土地の最有効使用について、いずれも近隣地域の標準的使用と同じであるとして「低層の一般住宅・共同住宅」と判定している。また、M社は、本件3土地については、「更地」として、取引事例比較法を採用して求めた価格と公示価格等を規準した価格から標準価格を求め、当該標準価格から査定した対象地の比準価格（別表5の順号13の「比準価格」欄）と、収益還元法による収益価格（同「収益価格」欄）をそれぞれ試算し、その他の本件各土地等については、「貸家及びその敷地」として、同比準価格に原価法による建物価格を加えた積算価格と収益還元法による収益価格をそれぞれ試算し（同表順号11、12、14及び15の各「比準価格」及び各「収益価格」欄）、いずれも比準価格（若しく

は積算価格）と収益価格の中庸値をもって鑑定評価額を決定している。

なお、Ｍ社は、上記比準価格の試算に当たり、本件１土地及び本件２土地について標準的画地と比較して規模が大きいことの減価要因をマイナス10％と査定している。

B　Ｍ社は、本件各建物の価格を査定するに当たり、原価法を採用し、本件各建物と類似の建物の建築費を参考として、新規に再調達する場合の再調達原価の単価を１㎡当たり151,000円と査定し、当該再調達原価に数量（延床面積）を乗じ、更に建物の現況及び地域的特性の推移・動向から判断した現価率10％を乗じて建物価格を査定している。

この再調達原価の単価について、Ｍ社は、内閣府統計局発表の平成24年度のｇ県の木造新築戸建着工数と予定額から、持家180,000円／㎡、貸家170,000円／㎡、給与住宅170,000円／㎡、分譲住宅150,000円／㎡、及び、事情精通者意見等140,000円／㎡ないし200,000円／㎡程度を参考に対象となる地域の取引市場の需給状況、当該建築の質量等を総合的に判断し決定したとしている。

㈭　本件各土地の周辺の地価公示地について

国土交通省がそのホームページにおいて公表している本件各土地の周辺の地価公示地のうち敷地利用の現況や法令上の規制等が本件各土地と同様と認められるものは６地点あり（標準地番号「○○○○－○１」、「○○○○－○２」、「○○○○－○３」、「○○○○－○４」、「○○○○－○５」及び「○○○○－○６」）、当該各公示地に係る状況並びに平成27年分又は平成28年分の各鑑定評価額等並びに平成25年分及び平成26年分の各公示価格は、別表５の順号16ないし27のとおりである。

なお、各公示地については、２名の不動産鑑定士による鑑定評価書が公表されており、それぞれの鑑定評価額の決定の理由等の要旨は、同表の付表のとおりである。

ハ　検討

㈠　原処分庁の算定した本件各土地等の各価額について

上記イのとおり、評価通達の定めに従って相続財産の価額を評価したものと認められる場合には、その価額は当該財産の時価であると事実上推認される。

そして、原処分庁が本件各土地等について評価通達の定めに従って評価した
とする各価額（以下「原処分庁各算定額」といい、個別の土地等に係る当該算
定額を表す場合は、土地等を特定した上で単に「原処分庁算定額」という。）
は、別表3の「原処分」及び「再調査決定」欄のとおりである。

　　この点、当審判所が本件各土地等を評価通達の定めに従って評価すると、本
件1土地及び本件1建物について原処分庁はその貸付割合を6分の5としてい
たところ、同貸付割合は6分の4とするのが相当であるから（上記ロの(ロ)）、
これを前提に算定した本件1土地及び本件1建物の各価額は各原処分庁算定額
をいずれも上回り、その他の本件各土地等についてはいずれも原処分庁各算定
額と同額となる（以下、審判所が本件各土地等を評価通達の定めに従って評価
した価額を「審判所各算定額」といい、個別の土地等に係る当該算定額を表す
場合は、土地等を特定した上で単に「審判所算定額」という。）。

　　したがって、原処分庁各算定額の一部は評価通達の定めに従ったものとはい
えず、審判所各算定額が本件相続開始日における本件各土地等の時価であると
事実上推認される。

　　そこで、請求人らの主張立証が、かかる推認を覆すものであるか否かについ
て、以下検討することとする。

(ロ)　本件各鑑定評価額について

　A　本件各土地について

　　　不動産鑑定評価基準では、特に建物及びその敷地の最有効使用の判定に当
　　たり、「現実の建物の用途等を継続する場合の経済価値と建物の取壊しや用
　　途変更等を行う場合のそれらに要する費用等を適切に勘案した経済価値を十
　　分比較考量すること」（別紙3の3の(1)参照）とされている。

　　　この点、M社では、上記ロの(ニ)のAのとおり、本件3土地を除く本件各土
　　地を「貸家及びその敷地」として鑑定評価を行っているところ、同各土地上
　　の各建物（本件1建物、別件1建物及び別件2建物）は、本件相続開始日の
　　時点でいずれも建築後約33年ないし49年を経過し耐用年数を満了した、若し
　　くははるかに経過した木造家屋が存していたことから（上記1の(3)のロ）、
　　上記の不動産鑑定評価基準に定める比較考量を行うことが必要であったもの
　　と考えられる。しかしながら、M社では、かかる比較考量を行っておらず、

その合理性には疑いを差し挟む余地がある。

　また、M社では、本件3土地を「更地」とした上で、試算価格である比準価格と収益還元法による収益価格の中庸値をもって、その鑑定評価額を決定しているところ、本件各土地の周辺の複数の地価公示地に係る鑑定評価額の決定に当たっては、いずれも概して比準価格を標準又は重視し、収益価格は参考にとどめている（別表5の付表）。このように、M社と上記地価公示地に係る鑑定評価には、鑑定評価額の決定における各試算価格の調整、すなわち各試算価格が有する説得力の優劣の判断に明らかな差異が認められる。

　そして、M社が試算した本件各土地に係る各試算価格は、更地であった本件3土地及び鑑定評価額が審判所算定額を上回る本件4土地を除き、いずれも収益価格が比準価格の25％ないし44％となっており、収益価格と比準価格の両試算価格の中庸値とすることによって、低位な収益価格の影響を受けることとなるから、かかる中庸値に基づく本件各鑑定評価額は、結果的に公示価格等に規準した規範性のある比準価格と比べていずれも低額となっている点は否めない。そうすると、M社による各試算価格の調整が適切であったか否かという点には、疑問を抱かざるを得ない。

　そこで、上記イの(イ)の法令解釈を踏まえて、本件各鑑定評価額に加えて、本件各土地の周辺の6地点の地価公示地（上記ロの(ホ)）及び原処分庁が本件個別路線価の評定のために設定した本件区画整理事業の施行区域内に存する2地点の標準地（上記1の(3)のロの(イ)のB）に係る各鑑定評価額を比較検証した上で、本件各土地に係る時価の範囲を検討する。

　地価公示地6地点（別表5の順号16ないし27）の平成25年分の公示価格は、282,000円／㎡ないし340,000円／㎡であり、原処分庁が設定した標準地2地点の価格は331,000円／㎡及び496,000円／㎡である。当該各標準地のうち本件各土地とは法令上の規制等を異にする近隣商業地域内の標準地（別表5の順号29）を除外すると、これら7地点の各価格は、282,000円／㎡ないし340,000円／㎡の範囲となる。

　なお、上記7地点の各価格は、いずれも平成25年1月1日時点のものであるが、上記各公示地（平成26年分公示地ではない「〇〇〇〇－〇6」を除く。）に係る平成26年分の各公示価格が上昇していることからすると、本件

相続開始時点（平成25年8月○日）においては、いずれも若干上昇した価格であったと見込まれる。

そうすると、本件各鑑定評価額（1㎡当たりの価格）は、本件4土地を除き、別表5の順号11ないし13及び15のとおり、上記7地点の各価格（1㎡当たりの価格）をいずれも下回り、それらの平均値（305,571円）の約60％ないし68％程度にとどまるのであり、本件1土地ないし本件3土地が上記7地点と比べて地積が過大であることを考慮したとしても（M社による規模大の補正率によってもマイナス10％である。上記ロの㈡のA）、その価額は相当に低廉な水準であることがうかがえる。

他方、審判所各算定額は、別表5の順号6ないし10のとおり、230,890円／㎡ないし267,300円／㎡であり、本件4土地を除き、本件各鑑定評価額（1㎡当たりの価格）を上回るものの、いずれも上記7地点の各価格（1㎡当たりの価格）を下回ることからすれば、審判所各算定額は、本件各土地に係る時価の範囲内にあると認められるのであって、客観的な交換価値を上回ることが明らかであるとはいえない。

B　本件各建物について

不動産鑑定評価基準には、建物の再調達原価を間接法により求める場合は、近隣地域若しくは同一需給圏内の類似地域等に存する対象不動産と類似の不動産又は同一需給圏内の代替競争不動産等について、素地の価格やその実際の造成又は建設に要した直接工事費、間接工事費、請負者の適正な利益を含む一般管理費等及び発注者が直接負担した附帯費用の額並びにこれらの明細（種別、品等、数量、時間、単価等）を明確に把握できる場合に、これらの明細を分析して適切に補正し、必要に応じて時点修正を行い、かつ地域要因の比較及び個別的要因の比較を行って、対象不動産の再調達原価を求めるものとする旨定められている（別紙3の3の⑵参照）。

この点、本件各建物鑑定評価額においては、類似建物の建設に要した直接工事費、間接工事費、請負者の適正な利益を含む一般管理費等及び発注者が直接負担した附帯費用の額並びにこれらの明細について言及がなく、これらの明細の把握が可能であったか否かも定かではない。仮に、これら明細の把握が困難であったとしても、M社が再調達原価とした151,000円／㎡は、内

閣府統計局発表の平成24年度のｇ県の木造新築戸建着工予定額のうち、本件各建物と類似の形態と思われる持家の建築費180,000円／㎡及び貸家の建築費170,000円／㎡（上記ロの(ニ)のＢ）と比べて明らかに低位な価格である上、その算定根拠は明らかではなく、Ｍ社が査定した本件各建物の再調達原価が適正な価格であるか否かについて検証することができない。そうすると、本件各建物鑑定評価額が本件各建物の審判所算定額を下回ることをもって、客観的な交換価値を指標する固定資産税評価額に準拠した同審判所算定額について、時価を上回ることが明らかであると認めることは困難である。

(ハ)　小括

上記(ロ)のとおり、本件各鑑定評価額によっても、審判所各算定額が本件相続開始日における本件各土地等の客観的な交換価値を上回ることが明らかであるとはいえず、審判所各算定額が本件相続開始日における本件各土地等の時価であるとの推認を覆すに足りるものとは認められない。したがって、評価通達に基づき評価した本件各土地等の各価額（審判所各算定額）について、時価を上回ることが明らかであるとは認められず、同価額をもって、相続財産である本件各土地等の価額とすべきである。

ニ　本件各土地等に係る請求人らの主張について

請求人らは、本件各鑑定評価額を基礎として、あるいはその価額を独自に修正した価額をもって、本件各土地等の時価である旨主張するが、上記ハの(ハ)のとおり、評価通達に基づき評価した本件各土地等の各価額が時価と認められる以上、請求人らの主張は採用することができない。

なお、請求人らが、その他に評価通達に基づき評価した本件各土地等の各価額が時価を上回る事情として指摘する各点については、次のとおり、請求人らの主張の裏付けになるものとは認められず、いずれも理由がない。

(イ)　上記３の(1)の「請求人ら」欄の柱書（なお書部分）の主張について

評価通達24－４が、開発行為により宅地の区画形質の変更をした際に公共公益的施設用地として潰れ地が生じることを評価対象地の価額に影響を及ぼすべき客観的な事情として、価額が減少していると認められる範囲で減額の補正を行うこととした定めであることは、当審判所において明らかなところであり、そのような負担が生じる土地と生じない土地とを同列に論ずることはできず、

土地の地積の大小と価格を単純に比較して、逆転現象と結論付けることはできない。

㈠　上記３の⑴の「請求人ら」欄のイの㈠及び同ロの主張について

上記１の⑶のロの㈠のＢのとおり、本件１土地は、従前の宅地の価額で評価される宅地であり、本件相続開始時点において、東側において接することになる区画道路の工事も開始していない。また、同Ａのとおり、本件１土地の東側及び南側の一部には、区画道路として予定された部分が存するが、上記ロの㈠のとおり、当該区画道路は都市計画法第４条第６項に規定する都市計画施設に該当する道路ではないから、評価通達24−7の適用もない。

㈡　上記３の⑴の「請求人ら」欄のイの㈡の主張について

本件区画整理事業の施行区域内の土地については、上記１の⑶のロの㈠のＢのとおり、個別に評定する路線価の基礎とされた標準地の鑑定評価書にいずれも土地区画整理事業が施行中であると明示されている以上、本件個別路線価を評定する過程において、区画整理事業施行区域内に存することによる制限は既に考慮されていると認められるから、かかる制限が存することを理由に重ねて減額する必要性は認められない。

㈢　上記３の⑴の「請求人ら」欄のイの㈢の主張について

上記１の⑶のロの㈠のＡのとおり、本件１土地の本件相続開始日現在の容積率は80％であるが、本件１土地において余剰容積率の移転があった事実はなく、評価通達23を適用する前提を欠く。また、上記㈡のとおり、本件個別路線価を評定する過程において、区画整理事業施行区域内に存することによる制限は既に考慮されていると認められるから、かかる制限が存することを理由に重ねて減額する必要性は認められない。

㈣　上記３の⑴の「請求人ら」欄のニの主張について

上記ロの㈢のＡのとおり、本件隣地の売却価格は、本件隣地の対価として相当なものであり、同Ｂのとおり、本件売買契約書の他に、Ｊと本件被相続人との間に本件３土地に係る建ぺい率及び容積率の使用に関しての契約書や覚書等が存在せず、本件売買契約書においても、本件３土地上に本件隣地の建ぺい率の使用に係る権利を設定し、あるいは使用権を譲渡する旨の約定は見受けられないから、本件隣地の売却の際に、本件３土地の敷地利用権が譲渡されたとは

認められない。

　　また、上記ロの㈢のCのとおり、本件3土地には、その地積に対し、建ぺい率、容積率を最大限有効活用した建物を建築することは可能であり、本件売買契約書第16条に定める特約条項をもって、本件3土地の利用に法的な制限が加えられるものとは認められない。

(2)　争点2（本件違約金残金は本件相続税の課税価格の計算上控除すべき債務か否か。）について

イ　法令解釈

　　相続税法第13条第1項は、相続により取得した財産の課税価格に算入すべき価額は、当該財産の価額から被相続人の債務で相続開始の際現に存するもののうち、当該相続により財産を取得した者の負担に属する部分の金額を控除した金額による旨規定し、同法第14条第1項は、同法第13条第1項の規定によりその金額を控除すべき債務は、確実と認められるものに限る旨規定しているところ、当該確実と認められる債務とは、相続開始当時の現況に照らし、債務が現に存するとともに、その履行が確実と認められるものをいうと解される。

ロ　検討　　本件違約金残金は、上記1の(3)のハのとおり、本件被相続人が平成25年5月10日にK社に対して、本件各請負契約を解除する旨通知したことにより、同請負契約の特約条項に基づき発生した本件各違約金等から、本件各内金を控除したものであり、本件被相続人は、同日、本件違約金残金の支払債務を負ったものである。

　　そして、上記イのとおり、相続税法第14条第1項に規定する「確実と認められる」債務とは、相続開始当時の現況に照らし、その履行が確実と認められるものをいうと解されるところ、本件違約金残金は、本件相続開始日（平成25年8月○日）に現に存し、その履行を免れないものであるから、履行が確実な債務であったと認めるのが相当であり、これを覆すに足る証拠は見当たらない。

　　この点、原処分庁は、①本件被相続人は本件違約金残金を支払う意思がなかったこと、及び②本件被相続人の共同相続人である請求人らも本件違約金残金の支払を拒否し、係争中であることなどをもって、本件違約金残金は確実と認められる債務ではない旨主張する（上記3の(2)の「原処分庁」欄）。

　　しかしながら、①上記イのとおり、相続税法第14条の法意である「債務が現に

存するとともに、その履行が確実と認められるもの」の解釈を踏まえれば、本件違約金残金のように法的に履行を強制される債務について、債務者の履行の意思によってその「確実性」の判断を異にするものとは解されない。また、②本件訴訟は、Ｋ社が請求人らに対し、本件違約金残金等の支払を求めるものであるのに対し、本件反訴は、請求人らが本件違約金残金そのものの債務不存在を主張するものではなく、本件各請負契約を締結する前のＫ社側の説明義務違反等を理由として損害賠償を求めるものであり、本件訴訟と本件反訴が同一の訴訟手続の中で審理されているとしても、そのことをもって本件違約金残金の支払義務が消滅したり、履行の確実性が失われたりするものではない。したがって、原処分庁の主張は、いずれも採用できない。

(3) 本件各処分の適法性

上記(1)のハの(ハ)のとおり、評価通達に基づき評価した本件各土地等の各価額は、審判所各算定額（本件１土地及び本件１建物につき別表４－１及び４－２、その他は別表３の「再調査決定」欄の各価額と同額である。）のとおりであり、また、上記(2)のロのとおり、本件違約金残金は確実な債務と認められるところ、本件相続税の課税価格の計算においては、本件各内金（合計962,850円）を本件被相続人がＫ社に対して有していた債権として財産の価額に加算し、本件各違約金等の全額（合計5,985,475円）を債務として控除するのが相当である。

イ 第１次各通知処分の適法性

(イ) 請求人Ｅ２について

当審判所が認定した請求人Ｅ２の本件相続税の納付すべき税額は、本件減額更正処分により一部取り消された後の本件相続税の納付すべき税額（○○○○円）と同額となる。

そうすると、請求人Ｅ２の第１次各通知処分について、上記金額を上回る部分の処分は既に存在せず、請求人Ｅ２は、当該金額を上回る部分について審査請求の利益を有しないから、この部分の取消しを求める審査請求は、不適法なものとして却下することとなる。また、請求人Ｅ２の第１次各通知処分に係るその他の部分及び本件減額更正処分については、取り消すべき違法な点はない。

(ロ) 請求人Ｅ３、請求人Ｅ４及び請求人Ｅ１に対する第１次各通知処分について

当審判所が認定した請求人Ｅ３、請求人Ｅ４及び請求人Ｅ１の本件相続税の

納付すべき税額は、別紙2-1ないし2-3の各人の「3 課税標準等及び税額等の計算」の「裁決後の額B」の「納付すべき税額」欄の各金額となる。

　そして、当該各金額は、これらの者が平成28年3月17日にした各更正の請求における納付すべき税額（別表2の「更正の請求①」の各「納付すべき税額」欄）をいずれも上回るから、これらの者に対する第1次各通知処分は、いずれも適法である。

ロ　第2次各通知処分の適法性

　当審判所が認定した請求人E3、請求人E4及び請求人E1の本件相続税の納付すべき税額は、別紙2-1ないし2-3のとおりであるところ、当該各金額は、これらの者が平成29年7月13日にした各更正の請求における納付すべき税額（別表2の「更正の請求②」の各「納付すべき税額」欄）をいずれも上回るから、第2次各通知処分は、いずれも適法である。

ハ　本件各増額更正処分の適法性

　当審判所が認定した請求人E3、請求人E4及び請求人E1の本件相続税の納付すべき税額は、別紙2-1ないし2-3のとおりであるところ、当該各金額は、本件各増額更正処分の各納付すべき税額（請求人E4及び請求人E1については、再調査決定において一部取り消された後のもの）を下回るから、本件各増額更正処分は、いずれもその一部を取り消すべきである。

ニ　本件各賦課決定処分の適法性

　上記ハのとおり、本件各増額更正処分の一部が取り消されることに伴い、過少申告加算税の基礎となる税額は、それぞれ別紙2-1ないし2-3の「3 課税標準等及び税額等の計算」の「加算税の額の計算」の「加算税の基礎となる税額①」の「裁決後の額B」欄のとおりとなる。そして、かかる税額の計算の基礎となった事実について、国税通則法第65条《過少申告加算税》第4項に規定する正当な理由があるとは認められないから、各人に課される過少申告加算税の額は、それぞれ同表「加算税の額③」の「裁決後の額B」欄のとおりとなり、これらの金額はいずれも本件各賦課決定処分の金額を下回る。したがって、本件各賦課決定処分は、いずれもその一部を取り消すべきである。

(4)　結論

本件各処分のその他の部分について請求人らは争わず、当審判所に提出された証

拠資料等によっても、これを不相当とする理由は認められない。

　よって、Ｅ２に対してした更正をすべき理由がない旨の通知処分に対する審査請求のうち、納付すべき税額○○○○円を上回る部分の取消しを求める部分を却下し、その他の部分を棄却することとし、審査請求人Ｅ３、同Ｅ４及びＥ１に対する相続税の各更正処分及び過少申告加算税の各賦課決定処分については、いずれもその一部を取り消すこととし、その他の審査請求をいずれも棄却することとする。

別表1-1　本件各土地及び本件各建物の所在等（省略）

別表1-2　別件1建物及び別件2建物の所在等（省略）

別表2　審査請求に至る経緯（省略）

別表3　本件各土地等の請求人ら評価額及び同原処分庁各算定額（省略）

別表4-1　本件1土地の審判所認定額（省略）

別表4-2　本件1建物の審判所認定額（省略）

別表5　本件各土地及び周辺の公示地等に係る一覧表（省略）

別表5の付表　（省略）

別紙1　共同審査請求人（省略）

別紙2-1　取消額等計算書（省略）

別紙2-2　取消額等計算書（省略）

別紙2-3　取消額等計算書（省略）

別紙3

関係法令等

1 所得税法関係

(1) 相続税法（平成26年法律第10号による改正前のものをいう。以下同じ。）第13条
《債務控除》第1項は、相続又は遺贈により取得した財産について、課税価格に算
入すべき価額は、当該財産の価額から、被相続人の債務で相続開始の際現に存する
ものの金額のうちその者の負担に属する部分の金額を控除した金額による旨規定し、
また、同法第14条第1項は、同法第13条の規定によりその金額を控除すべき債務は、
確実と認められるものに限る旨規定している。

(2) 相続税法第22条《評価の原則》は、同法第3章《財産の評価》で特別の定めのあ
るものを除くほか、相続又は遺贈により取得した財産の価額は、当該財産の取得の
時における時価による旨規定している。

(3) 財産評価基本通達（昭和39年4月25日付直資56ほか国税庁長官通達。ただし、平
成26年4月2日課評2－9ほかによる改正前のもの。以下「評価通達」という。）
11《評価の方式》は、市街地的形態を形成する地域にある宅地の評価は、原則とし
て、路線価方式により評価する旨を定め、評価通達13《路線価方式》は、路線価方
式とは、その宅地の面する路線に付された路線価を基とし、評価通達15《奥行価格
補正》から評価通達20－5《容積率の異なる2以上の地域にわたる宅地の評価》ま
での定めにより計算した金額によって評価する方式をいう旨定めている。

(4) 評価通達14《路線価》は、評価通達13の「路線価」は、宅地の価額がおおむね同
一と認められる一連の宅地が面している路線（不特定多数の者の通行の用に供され
ている道路をいう。以下同じ。）ごとに設定し、路線に接する宅地で次のイないし
ニに掲げるすべての事項に該当するものについて、売買実例価額、公示価格（地価
公示法（昭和44年法律第49号）第6条《標準地の価格等の公示》の規定により公示
された標準地の価格をいう。以下同じ。）、不動産鑑定士等による鑑定評価額（不動
産鑑定士又は不動産鑑定士補が国税局長の委嘱により鑑定評価した価額をいう。以
下同じ。）、精通者意見価格等を基として国税局長がその路線ごとに評定した1㎡当
たりの価額とする旨定めている。

イ　その路線のほぼ中央部にあること。

ロ　その一連の宅地に共通している地勢にあること。

ハ　その路線だけに接していること。

ニ　その路線に面している宅地の標準的な間口距離及び奥行距離を有するく形又は正方形のものであること。

(5)　評価通達23《余剰容積率の移転がある場合の宅地の評価》は、余剰容積率を移転している宅地の価額は、原則として、評価通達11から21－2《倍率方式による評価》までの定めにより評価したその宅地の価額を基に、設定されている権利の内容、建築物の建築制限の内容等を勘案して評価する旨定めている。

(6)　評価通達24－2《土地区画整理事業施行中の宅地の評価》は、土地区画整理事業（土地区画整理法（昭和29年法律第119号）第2条《定義》第1項又は第2項に規定する土地区画整理事業をいう。）の施行地区内にある宅地について同法第98条《仮換地の指定》の規定に基づき仮換地が指定されている場合におけるその宅地の価額は、11から21－2まで及び同通達24《私道の用に供されている宅地の評価》の定めにより計算したその仮換地の価額に相当する価額によって評価する旨、ただし、その仮換地の造成工事が施工中で、当該工事が完了するまでの期間が1年を超えると見込まれる場合の仮換地の価額に相当する価額は、その仮換地について造成工事が完了したものとして、本文の定めにより評価した価額の100分の95に相当する価額によって評価する旨定めている。

　　また、注意書きにおいて、仮換地が指定されている場合であっても、次の事項のいずれにも該当するときには、従前の宅地の価額により評価する旨定めている。

イ　土地区画整理法第99条《仮換地の指定の効果》第2項の規定により、仮換地について使用又は収益を開始する日を別に定めるとされているため、当該仮換地について使用又は収益を開始することができないこと。

ロ　仮換地の造成工事が行われていないこと。

(7)　評価通達24－7《都市計画道路予定地の区域内にある宅地の評価》は、都市計画道路予定地の区域内（都市計画法第4条第6項に規定する都市計画施設のうちの道路の予定地の区域内をいう。）となる部分を有する宅地の価額は、その宅地のうちの都市計画道路予定地の区域内となる部分が都市計画道路予定地の区域内となる部分でないものとした場合の価額に、地区区分、容積率、地積割合の別に応じて定め

る補正率を乗じて計算した価額によって評価する旨定めている。

(8) 評価通達89《家屋の評価》は、家屋の価額は、その家屋の固定資産税評価額（地方税法第381条《固定資産課税台帳の登録事項》の規定により家屋課税台帳若しくは家屋補充課税台帳に登録された基準年度の価格又は比準価格をいう。以下同じ。）に別表1に定める倍率を乗じて計算した金額によって評価する旨定めており、同通達別表1には、家屋の固定資産税評価額に乗ずる倍率を1.0としている。

また、評価通達93《貸家の評価》は、貸家の価額は、次の算式により計算した価額によって評価する旨定めている。

家屋の価額(A)－ A × 借家権割合（評価通達94《借家権の評価》）× 賃貸割合

2 地方税法関係

(1) 地方税法第341条《固定資産税に関する用語の意義》第5号は、価格とは適正な時価をいう旨規定している。

(2) 地方税法第388条《固定資産税に係る総務大臣の任務》第1項は、総務大臣は、固定資産の評価の基準並びに評価の実施の方法及び手続（以下「固定資産評価基準」という。）を定め、これを告示しなければならない旨、この場合において、固定資産評価基準には、その細目に関する事項について道府県知事が定めなければならない旨を定めることができる旨規定している。

3 不動産鑑定評価関係

(1) 不動産鑑定評価基準（昭和39年3月25日に建設大臣（当時）からの諮問に対する答申として宅地制度審議会（当時）が提出したもの。ただし、平成26年5月1日の改正前のものをいう。以下同じ。）の総論の第6章の第2節のⅡの2の(7)は、特に建物及びその敷地の最有効使用の判定に当たっては、「現実の建物の用途等を継続する場合の経済価値と建物の取壊しや用途変更等を行う場合のそれらに要する費用等を適切に勘案した経済価値を十分比較考量すること。」と定めている。

(2) 不動産鑑定評価基準の総論の第7章の第1節のⅡの2の(2)の③は、再調達原価を求める方法には、直接法及び間接法があるが、収集した建設事例等の資料としての信頼度に応じていずれかを適用するものとし、また、必要に応じて併用するものとする旨定め、そのイには、間接法は、近隣地域若しくは同一需給圏内の類似地域等に存する対象不動産と類似の不動産又は同一需給圏内の代替競争不動産から間接的に対象不動産の再調達原価を求める方法であり、当該類似の不動産等について、素

地の価格やその実際の造成又は建設に要した直接工事費、間接工事費、請負者の適正な利益を含む一般管理費等及び発注者が直接負担した付帯費用の額並びにこれらの明細(種別、品等、数量、時間、単価等)を明確に把握できる場合に、これらの明細を分析して適切に補正し、必要に応じて時点修正を行い、かつ地域要因の比較及び個別的要因の比較を行って、対象不動産の再調達原価を求めるものとする旨定めている。

(3)　不動産鑑定評価基準の総論の第8章の第8節は、試算価格の調整とは鑑定評価の複数の手法により求められた各試算価格の再吟味及び各試算価格が有する説得力に係る判断を行い、鑑定評価における最終判断である鑑定評価額の決定を導く作業をいい、同9節には、地価公示法第2条第1項の公示区域において土地の正常価格を求めるときは、公示価格を規準としなければならないと定めている。

別図　本件各土地等の位置図（省略）

事例15（相続税の課税価格の計算　その他）

> **請求人が受贈した現金に係る贈与者は、被相続人の配偶者ではなく被相続人である**
> **と判断した事例**（平成27年7月相続開始に係る相続税の各更正処分及び過少申告加算
> 税の賦課決定処分・棄却・令和元年6月17日裁決）
>
> 《ポイント》
> 　本事例は、請求人甲が受贈した現金に係る贈与者について、当該現金の原資、被相
> 続人の配偶者から請求人甲へ贈与した旨記載された「贈与契約書」は事後的に作成さ
> れたものと認められることなどから、被相続人の配偶者ではなく、被相続人であると
> 判断したものである。

《要旨》

　請求人らは、請求人甲が受贈した現金（本件現金贈与）に係る贈与者は、被相続人で
はなく、被相続人の配偶者（本件配偶者）であり、本件現金贈与に係る贈与契約は、本
件配偶者と請求人甲との間で成立していたものである旨主張し、当該主張に沿う証拠と
して、本件配偶者から請求人甲へ贈与した旨記載された「贈与契約書」と題する書面
（本件書面）を当審判所に提出した。しかしながら、①請求人甲の預金口座に入金され
た本件現金贈与に係る原資は、被相続人の固有の財産である預金口座から出金された現
金であること、②被相続人は、本件現金贈与に係る現金を贈与する旨の明確な意思を有
していたこと、③本件書面は、本件現金贈与に際して作成されたものではなく、事後的
に作成されたものと認められることなどからすれば、本件現金贈与に係る贈与者は、被
相続人であり、本件現金贈与に係る贈与契約は、被相続人と請求人甲との間で成立して
いたものと認められる。

（令和元年 6 月17日裁決）

《裁決書（抄）》

1 事　実

(1) 事案の概要

　　本件は、共同審査請求人が、相続税の申告をしたところ、原処分庁から、過去に相続時精算課税の選択をした贈与税の申告をしていることから、当該選択をした年分以降の被相続人からの贈与により取得した財産の価額は当該相続税の課税価格に加算すべきであるとして更正処分等を受けたため、当該相続時精算課税の選択をした贈与税の申告は無効であるなどとしてその全部の取消しを求めた事案である。

(2) 基礎事実

　　当審判所の調査及び審理の結果によれば、次の事実が認められる。

　イ　被相続人の親族関係等

　　平成27年 7 月○日に死亡したＥ 3 （以下「本件被相続人」といい、本件被相続人の死亡により開始した相続を「本件相続」という。）の共同相続人は、本件被相続人の配偶者であるＥ 4 （平成29年 2 月○日死亡。以下「本件配偶者」という。）、長男である審査請求人Ｅ 2 （以下「請求人Ｅ 2 」という。）及び養子であり請求人Ｅ 2 の配偶者である審査請求人Ｅ 1 （平成18年 6 月23日養子縁組。以下、「請求人Ｅ 1 」といい、請求人Ｅ 2 と併せて「請求人ら」という。）である。

　　なお、請求人らの子で本件被相続人の養子であるＥ 5 （旧姓：Ｅ）、Ｅ 6 及びＥ 7 （いずれも平成18年 6 月23日養子縁組。以下、当該 3 名を併せて「本件孫ら」という。）は、Ｆ家庭裁判所において、いずれも本件相続を放棄する旨の申述をし、平成27年 8 月 4 日に受理された。

　ロ　請求人Ｅ 1 が受けた平成18年分の贈与及びその申告等

　　(イ)　平成18年 6 月28日に、本件被相続人名義のＧ信用金庫○○支店の普通預金口座（口座番号○○○○。以下「本件被相続人Ｇ口座」という。）から1,100,000円の現金が出金された。

　　(ロ)　平成18年 6 月28日に、請求人Ｅ 1 名義のＨ銀行（現、Ｊ銀行。以下同じ。）○○支店の普通預金口座（口座番号○○○○。以下「本件Ｅ 1 Ｈ口座」という。）に1,100,000円の現金が入金されたところ、本件Ｅ 1 Ｈ口座に係る預金通帳には、当該入金に係る入金額の印字部分の横に「Ｅ 4 より」とのメモ書きがさ

— 302 —

れている。

　　なお、請求人らは、当該現金の入金に関して、贈与の相手方については争う
　ものの、贈与の事実自体については争わない（以下、当該現金の贈与を「本件
　18年現金贈与」という。）。

㈡　請求人Ｅ１は、平成18年７月20日に、本件被相続人から、ａ市ｄ町○－○に
　所在する建物（家屋番号は○○、種類は共同住宅、総床面積は313.02㎡であり、
　以下「本件建物」という。）の贈与を受けた（以下、本件建物の贈与を「本件
　建物贈与」という。）。

㈢　請求人Ｅ１は、本件建物贈与に係る贈与税について、平成19年３月７日に、
　贈与者の氏名を本件被相続人、課税価格を○○○○円及び納付すべき税額を○
　○○○円と記載した申告書を原処分庁へ提出した（以下、当該申告書を「本件
　暦年課税申告書」といい、本件暦年課税申告書に係る申告を「本件暦年課税申
　告」という。）。

　　なお、請求人Ｅ１は、平成19年３月５日に、本件被相続人の負担により、贈
　与税額○○○○円を納付した。

㈣　本件被相続人は、本件建物贈与に係る贈与税について、平成19年３月14日に、
　平成18年法律第10号による改正前の相続税法第２章《課税価格、税率及び控
　除》第３節《相続時精算課税》の規定を適用した上で、贈与者の氏名を本件被
　相続人、課税価格を○○○○円及び納付すべき税額を○○○○円と記載した請
　求人Ｅ１名義の申告書を原処分庁へ提出した（以下、当該申告書を「本件精算
　課税申告書」といい、本件精算課税申告書に係る申告を「本件精算課税申告」
　という。）。

　　なお、本件精算課税申告書及び本件暦年課税申告書のいずれにも、本件18年
　現金贈与については記載されていない。

㈤　本件精算課税申告に伴い、平成19年４月26日に、請求人Ｅ１名義のＧ信用金
　庫○○支店の普通預金口座（口座番号○○○○。以下「本件Ｅ１Ｇ口座」とい
　う。）に、上記㈢に係る贈与税の還付金○○○○円及び還付加算金○○○○円
　の合計○○○○円（以下「本件還付金等」という。）が振り込まれた。その後、
　同年６月４日に、本件被相続人により、本件Ｅ１Ｇ口座から1,200,000円の現金
　が出金された。

なお、請求人Ｅ１は、平成23年6月27日に、自ら本件Ｅ１Ｇ口座を解約した。

　ハ　請求人Ｅ１が受けた平成19年分及び平成20年分のみなし贈与

　　(イ)　請求人Ｅ１は、平成19年3月5日に、本件被相続人の負担により、請求人Ｅ
　　　１の平成18年分の所得税額○○○○円を納付した。

　　(ロ)　請求人Ｅ１は、平成20年6月27日に、本件被相続人の負担により、請求人Ｅ
　　　１の平成20年度の市民税の額及び県民税の額○○○○円をそれぞれ納付した。

　ニ　請求人Ｅ１が受けた平成21年分の贈与及びその申告等

　　(イ)　平成21年6月3日に、本件被相続人名義のＫ銀行○○支店の普通預金口座
　　　（口座番号○○○○。以下「本件被相続人Ｋ口座」という。）から2,200,000円の
　　　現金が出金された。

　　(ロ)　平成21年6月4日に、本件Ｅ１Ｈ口座に1,110,000円の現金が入金されたとこ
　　　ろ、本件Ｅ１Ｈ口座に係る預金通帳には、当該入金に係る入金額の印字部分の
　　　横に「Ｅ４より」とのメモ書がされている。

　　　　なお、請求人らは、当該現金の入金に関して、贈与の相手方については争う
　　　ものの、贈与の事実自体については争わない（以下、当該現金の贈与を「本件
　　　21年現金贈与」といい、本件18年現金贈与と併せて「本件各現金贈与」とい
　　　う。）。

　　(ハ)　請求人Ｅ１は、本件21年現金贈与に係る贈与税について、平成22年3月11日
　　　に、贈与者の氏名を本件被相続人、課税価格を○○○○円及び納付すべき税額
　　　を○○○○円と記載した申告書を原処分庁へ提出した（以下、当該申告書を
　　　「本件21年分申告書」という。）。

(3)　審査請求に至る経緯

　イ　請求人らは、本件相続に係る相続税（以下「本件相続税」という。）について、
　　申告書に別表1の「申告」欄のとおり記載して、法定申告期限までに申告した。

　ロ　これに対し、原処分庁は、請求人Ｅ１は相続時精算課税の選択をした本件精算
　　課税申告をしているから、当該選択をした年分以降の本件被相続人からの贈与に
　　より取得した財産の価額は本件相続税の課税価格に加算すべきであるとして、平
　　成29年12月22日付で、別表1の「更正処分等」欄のとおり、①請求人Ｅ１に対す
　　る更正処分及び過少申告加算税の賦課決定処分（以下「本件賦課決定処分」とい
　　う。）並びに②請求人Ｅ２に対する更正処分（以下、請求人Ｅ１に対する更正処

分と併せて「本件各更正処分」という。）をした。

　　なお、本件相続税の課税価格に加算する本件建物の価額について、本件精算課
　税申告においては、財産評価基本通達（昭和39年4月25日付直資56ほか国税庁長
　官通達）89《家屋の評価》の定めにより評価しているが、原処分庁は、本件建物
　は、請求人E1が贈与を受けた時において、その全室が賃貸の用に供されていた
　貸家であることから、同通達93《貸家の評価》の定めに従い評価した○○○○円
　とした。

ハ　請求人らは、本件各更正処分及び本件賦課決定処分を不服として、平成30年3
　月16日に、再調査の請求をしたところ、再調査審理庁は、同年6月14日付で、い
　ずれも棄却する旨の再調査決定をした。

ニ　請求人らは、本件精算課税申告は無効なものであるなどとして、平成30年7月
　4日に、再調査決定を経た後の本件各更正処分及び本件賦課決定処分の全部の取
　消しを求めて審査請求をするとともに、同日、請求人E1を総代として選任し、
　その旨を当審判所に届け出た。

　　なお、請求人らは、上記(2)のハの本件被相続人の負担により請求人E1が納付
　した平成18年分の所得税並びに平成20年度の市民税及び県民税に相当する金額が、
　いずれも本件被相続人からの贈与により取得したものとみなされることについて
　は争っていない。

2　争　点
(1)　本件精算課税申告は無効なものであるか否か（争点1）。
(2)　本件各現金贈与に係る贈与契約が本件被相続人と請求人E1との間で成立してい
　　たか否か（争点2）。

3　争点についての主張
(1)　争点1（本件精算課税申告は無効なものであるか否か。）について

原処分庁	請求人ら
本件精算課税申告書は、本件被相続人により提出されたものであるが、次のイ及びロのとおり、請求人E1は、本件建物贈与に係る申告手続について、本件被	次のイ及びロのとおり、本件精算課税申告書は、本件被相続人が請求人E1の承諾なく勝手に作成し提出したものであり、また、請求人E1は、本件建物贈与

相続人に包括的に委任していたと認められるから、本件精算課税申告は有効なものである。

イ　請求人Ｅ１は、本件暦年課税申告により納付した贈与税が本件還付金等として本件Ｅ１Ｇ口座に還付されていることを、遅くとも本件Ｅ１Ｇ口座の解約時点（平成23年６月27日）までには認識していたと認められる。

　　そして、請求人Ｅ１には、本件暦年課税申告が変更又は訂正される以外に本件還付金等に相当する金額の税還付を受けるべき理由がないのであるから、請求人Ｅ１は、本件暦年課税申告が、本件被相続人により変更又は訂正されたことを認識していたと認められる。

ロ　それにもかかわらず、請求人Ｅ１は、本件被相続人に対して本件Ｅ１Ｇ口座に係る預金通帳及び届出印を預け、その返却を受けた後においても、本件被相続人に対し、本件被相続人による本件Ｅ１Ｇ口座からの1,200,000円の現金出金について何ら異議を述べていない。

　　このことのほか、本件建物に係る管理事務並びに贈与税及び所得税の各申告手続は本件相続の開始直前まで本件

に係る申告手続について、本件被相続人に包括的に委任していたとは認められないから、本件精算課税申告は無効なものである。

イ　本件暦年課税申告書は、請求人Ｅ１が提出したものであるが、本件精算課税申告書は、本件被相続人が、請求人Ｅ１の関知しないところで勝手に作成し提出したものである。現に、本件精算課税申告書の筆跡は本件被相続人のものである。

　　また、本件Ｅ１Ｇ口座に本件還付金等が振り込まれているが、請求人Ｅ１は、本件Ｅ１Ｇ口座をほとんど使用していなかったため、そのことを認識していなかったのであるから、本件還付金等の振込みをもって、本件精算課税申告を追認したとはいえない。

ロ　本件被相続人及び請求人Ｅ１は、いずれも申告手続に関する知識がないため、請求人Ｅ１は、本件被相続人とともに、Ｌ農業協同組合へ赴き、相談の上、贈与税及び所得税の各申告手続を行ったものである。

　　そして、請求人Ｅ１は、本件被相続人と同席し、各申告の内容を承諾した上で、自身の各申告手続を行っていたのであるから、本件建物贈与に係る申告手続について、本件被相続人に包括

被相続人が行っていた、本件被相続人には逆らえないなどといった請求人E1の申述も併せ考慮すると、請求人E1は、本件建物贈与に係る申告手続について、本件被相続人に包括的に委任していたと認められる。	的に委任していたとは認められない。

(2) 争点2（本件各現金贈与に係る贈与契約が本件被相続人と請求人E1との間で成立していたか否か。）について

原処分庁	請求人ら
本件被相続人は、本件精算課税申告書を提出した時点において、平成18年分以降、本件被相続人から請求人E1に贈与をした場合には、当該贈与の財産の価額が、将来発生する本件被相続人の相続税の課税価格に加算されることを認識したものと認められる。 　しかしながら、本件被相続人G口座から出金された現金が本件E1H口座に入金されたことにより成立した本件18年現金贈与は、本件精算課税申告がされる以前のことであり、本件被相続人が、当該加算の対象とならないようにする必要性は認められないことからすれば、本件被相続人から、直接、請求人E1に対し贈与されたものと認められるため、本件18年現金贈与に係る贈与者は、本件被相続人であると認められる。 　また、請求人E1は、本件21年現金贈	本件各現金贈与のいずれについても、請求人E1が本件配偶者から直接現金を渡されたものであり、本件E1H口座に係る預金通帳にも「E4より」とのメモ書がされている。 　また、本件21年現金贈与については、請求人E1が本件配偶者から現金の贈与を受けた旨記載された本件21年書面を後日発見したところ、その内容は上記のメモ書とも整合しており、その信用性は高いものといえる。 　以上によれば、本件各現金贈与に係る贈与者は、いずれも本件配偶者であり、本件各現金贈与に係る贈与契約は、いずれも本件配偶者と請求人E1との間で成立していたものと認められる。

与について、贈与者を本件被相続人とする本件21年分申告書を自ら提出していることからすれば、本件21年分申告書のとおり、本件21年現金贈与に係る贈与者も、本件被相続人であると認められる。

なお、請求人らは、平成21年6月4日付の「贈与契約書」と題する書面（以下「本件21年書面」という。）を後日発見した旨主張するが、請求人E1は、原処分に係る調査及び再調査の請求に係る調査において、本件21年書面の提示はおろか、その存在についての申述もしなかったのであり、審査請求の段階において発見されたというのは極めて不自然であり信用できない。

以上によれば、本件各現金贈与に係る贈与者は、いずれも本件被相続人であり、本件各現金贈与に係る贈与契約は、いずれも本件被相続人と請求人E1との間で成立していたものと認められる。

4　当審判所の判断

(1)　争点1（本件精算課税申告は無効なものであるか否か。）について

　イ　認定事実

　　　請求人ら提出資料、原処分関係資料並びに当審判所の調査及び審理の結果によれば、次の事実が認められる。

　(イ)　前記1の(2)のイ及びロの(ハ)のとおり、請求人E1は、本件被相続人と養子縁組をした後、本件被相続人から本件建物の贈与を受けたところ、請求人E1は、本件建物贈与に係る登記手続には関与しておらず、本件被相続人に一任し、必要な書類の準備等を含め本件被相続人が当該手続を行った。

㈹　請求人Ｅ１及び本件被相続人は、Ｌ農協へ赴き、相談の上、本件暦年課税申告書を作成した。その際、必要な書類の提示など、相手方との対応は本件被相続人が行い、本件暦年課税申告書の署名押印は請求人Ｅ１が自ら行った。

　なお、請求人らは、本件被相続人と同居していたところ、請求人Ｅ１は、自身の複数ある印鑑を自ら管理しており、そのうちの一つを使用して本件暦年課税申告書に押印をしたが、本件被相続人も、請求人Ｅ１の印鑑の保管場所を知っていた。

　また、本件暦年課税申告に係る贈与税の納税資金については、当初から、本件被相続人が負担することとなっていた。

㈻　本件精算課税申告書は、本件暦年課税申告書に記載された税額の計算誤りをきっかけとして提出されたものであるが、本件被相続人がＭ税務署に赴き、相談の上、本件被相続人が請求人Ｅ１の名義で署名押印をして、作成し提出されたものであり、また、本件精算課税申告書とともに提出された「相続時精算課税選択届出書」（以下「本件届出書」という。）及び「相続時精算課税に係る財産を贈与した旨の確認書」（以下「本件確認書」という。）についても、本件被相続人が作成したものである。

㈼　前記１の(2)のロの㈭のとおり、平成19年６月４日に、本件Ｅ１Ｇ口座から1,200,000円の現金が出金されているところ、当該出金は、本件被相続人が、請求人Ｅ１から本件Ｅ１Ｇ口座に係る預金通帳及び届出印を預かった上で行ったものである。

㈽　本件Ｅ１Ｇ口座に係る預金通帳には、その見開きの１ページ目に平成17年９月20日から請求人Ｅ１が解約した平成23年６月27日までの間の取引が印字されているところ、その取引内容は、平成18年２月20日の430,000円の現金出金、平成19年４月26日の○○○○円（本件還付金等）の振込入金及び同年６月４日の1,200,000円の現金出金のほかは、預金利息に係る入金である。

　なお、本件還付金等の振込入金の部分には、「Ｍゼイムショ」と印字されている。

㈾　本件被相続人は、平成21年以降、請求人Ｅ２及び本件孫らに対して、それぞれ現金の贈与をしているところ、本件暦年課税申告書及び本件精算課税申告書を含め、請求人ら及び本件孫らに係る贈与税の申告書の各控えなど、申告関係

書類等の全てを、本件被相続人が保管し管理していた。

ロ　請求人Ｅ１の答述

　　請求人Ｅ１は、当審判所に対し、要旨次のとおり答述した。

(イ)　本件建物贈与については、本件被相続人との養子縁組の後、本件被相続人から本件建物を贈与する旨の話があった。そして、本件被相続人が本件建物贈与に係る登記手続を行っているため、これを依頼した司法書士も知らないし、登記手続に必要な書類を用意したという記憶もない。

(ロ)　本件暦年課税申告については、本件被相続人から一緒について来るよう言われ、本件被相続人とともにＬ農協へ赴き、相談の上、申告手続をした。その際、本件被相続人の隣に座っていたものの、必要な書類の提示など、相手方との対応は本件被相続人が行っていた。

　　本件暦年課税申告に係る納税資金については、請求人Ｅ１には納税に充てるような資金はないから、本件被相続人が考えてくれていたと思う。

(ハ)　本件Ｅ１Ｇ口座が本件還付金等の入金先となっているが、本件被相続人から詳しい話をされないまま、本件Ｅ１Ｇ口座に係る預金通帳を預け、その後すぐに返却されたと思う。

　　本件被相続人が本件Ｅ１Ｇ口座から1,200,000円の現金を出金するに当たって、本件被相続人に本件Ｅ１Ｇ口座に係る預金通帳及び届出印を預けたが、その際に、どのように言われて預けたか覚えていないし、これらを返してもらった際に、当該預金通帳の取引内容について確認したかどうかも覚えていない。

(ニ)　本件Ｅ１Ｇ口座は、使用していない口座であったため、平成23年６月27日に解約したが、その際に、本件Ｅ１Ｇ口座に係る預金通帳の取引内容について確認したかどうか覚えていない。

ハ　検討

(イ)　納税申告は、私人の公法行為というべきものであり、原則として納税義務者本人が申告書を提出して行うこととされているから（国税通則法第17条《期限内申告》等）、納税義務者以外の者が、本人の承諾なく勝手に納税義務者の申告書を作成し提出した場合には、その納税申告は無効であると解される。

　　もっとも、納税義務者以外の者が申告書を作成し提出した場合であっても、その者が、納税義務者から明示又は黙示に当該申告行為をする権限を与えられ

ている場合は、その納税申告は有効であると解される。

㈼　本件においては、上記イの㈮のとおり、本件精算課税申告書（本件届出書及び本件確認書を含む。）を作成し提出したのは、納税義務者である請求人Ｅ１ではなく、本件被相続人である。

そこで、請求人Ｅ１が、本件被相続人に対し、明示又は黙示に本件精算課税申告書による申告行為をする権限を与えていたといえるか否かについて、以下検討する。

Ａ　請求人Ｅ１に係る申告手続等の状況についてみると、①請求人Ｅ１は、本件建物贈与に係る登記手続を本件被相続人に一任していたこと（上記イの㈠）、②本件暦年課税申告書を作成する際の相談において、必要な書類の提示などの対応は本件被相続人が行っていたこと（上記イの㈼）、③本件暦年課税申告に係る納税資金は本件被相続人が負担していたこと（前記１の⑵のロの㈮及び上記イの㈼）、④請求人Ｅ１の印鑑は本件被相続人も使用することが可能な状況であったこと（上記イの㈼）、⑤請求人ら及び本件孫らの申告関係書類等の管理は本件被相続人が行っていたこと（上記イの㈭）がそれぞれ認められ、他方、上記ロの請求人Ｅ１の答述によっても、請求人Ｅ１が主体的に自己に係る申告手続等の必要な手続を行っていたということはうかがわれない。また、上記イの㈼のとおり、請求人Ｅ１は、本件暦年課税申告書に自ら署名押印をしてこれを提出しているが、上記②及び③の各事情からすれば、請求人Ｅ１が主体的に本件暦年課税申告書の作成に関与していたとは認められない。

Ｂ　加えて、次のとおり、請求人Ｅ１は、本件被相続人が本件Ｅ１Ｇ口座から1,200,000円の現金を出金したことについて、遅くとも本件Ｅ１Ｇ口座の解約の時には認識した上で、なお当該出金を容認していたものと認めるのが相当である。

㈠　上記イの㈮ないし㈭のとおり、本件精算課税申告書が提出されたことにより、本件Ｅ１Ｇ口座には本件還付金等が振込入金されており、また、本件被相続人は、本件Ｅ１Ｇ口座から1,200,000円の現金を出金しているところ、当該出金は、本件還付金等の入金日と近い時期に、ほぼ同額を出金するものであるから、実質的には本件還付金等の出金であるといえる。

そして、上記イの㋭のとおり、本件Ｅ１Ｇ口座に係る預金通帳には、本件還付金等の振込入金の記録及び1,200,000円の出金の記録が解約の記録と同じページに印字されており、本件還付金等の振込入金の記録には併せて「Ｍゼイムショ」と印字されているのであるから、請求人Ｅ１は、本件Ｅ１Ｇ口座に係る預金通帳を一見すれば、これらの入出金の内容を認識できたといえる。

(B)　また、請求人Ｅ１は、本件還付金等の入金先口座を本件Ｅ１Ｇ口座に指定する際と、本件被相続人が本件Ｅ１Ｇ口座から本件還付金等を出金する際の少なくとも２度、本件Ｅ１Ｇ口座に係る預金通帳を本件被相続人に預け、その返却を受けているが（上記イの㈡及びロの㈬）、自身の預金通帳を第三者に預けた場合、当該預金通帳の返却を受けた際にその入出金状況を確認することが自然である。加えて、請求人Ｅ１は、本件Ｅ１Ｇ口座を自ら解約しているところ（前記１の(2)のロの㈭）、当該解約は使用していない口座を整理するために行ったものであることからすれば、その際には、解約しても差し支えないかなど、その入出金状況を確認することが通常であり、上記(A)のとおり、解約の際に本件還付金等の入出金状況が一覧できることを併せ考慮すれば、請求人Ｅ１は、遅くとも本件Ｅ１Ｇ口座の解約の際には、本件Ｅ１Ｇ口座に係る預金通帳を確認し、本件還付金等の入出金状況を確認したものと合理的に推認できる（なお、この点について、請求人Ｅ１は、本件Ｅ１Ｇ口座に係る預金通帳に記録された取引内容を確認したかどうか覚えていない旨答述するが（上記ロの㈡）、当該答述は、結局、記憶が定かでないというにとどまるものであるから、上記推認を妨げるものではない。）。

(C)　さらに、請求人Ｅ１は、本件被相続人が1,200,000円の現金を出金するに当たって、本件被相続人に対して、本件Ｅ１Ｇ口座に係る預金通帳及び届出印を預けていること（上記イの㈡及びロの㈬）からすれば、当該出金が本件被相続人によるものであることも認識していたと合理的に推認できる。

(D)　以上によれば、請求人Ｅ１は、遅くとも本件Ｅ１Ｇ口座を解約した時には、自身の贈与税に関し、本件還付金等の入金があったこと及び本件被相続人が1,200,000円の現金を出金していたことをいずれも認識していたと認

められる。

　他方、当審判所の調査及び審理の結果によっても、請求人Ｅ１が、本件
Ｅ１Ｇ口座の解約以後も、本件被相続人が本件Ｅ１Ｇ口座から1,200,000円
の現金を出金したことについて異議を述べたり、出金した理由を尋ねたり
したといった事実は認められない。

　そうすると、請求人Ｅ１としては、上記の出金について、遅くとも本件
Ｅ１Ｇ口座の解約の時には認識した上で、なお当該出金を容認していたも
のと認めるのが相当である。

Ｃ　上記Ａ及びＢの各事情に照らすと、請求人Ｅ１は、税金の納付や還付の手
　続も含めて、自己に係る申告手続等について本件被相続人に全て一任してお
　り、本件被相続人に対して、本件被相続人が行った請求人Ｅ１に係る申告手
　続等について異議を述べることなど予定されていなかったとみるのが相当で
　あり、相続時精算課税を選択するか否かについても、他の申告手続等と同様、
　本件被相続人に対して包括的に委任していたとみるのが相当であるから、本
　件精算課税申告についても、明示又は黙示に当該申告行為をする権限を本件
　被相続人に与えていたといえる。

　したがって、本件精算課税申告は有効なものであるというべきである。

ニ　請求人らの主張について

　請求人らは、前記３の(1)の「請求人ら」欄のとおり、本件精算課税申告書は、
本件被相続人が請求人Ｅ１の承諾なく勝手に作成し提出したものであり、また、
請求人Ｅ１は、本件建物贈与に係る申告手続について、本件被相続人に包括的に
委任していたとは認められないから、本件精算課税申告は無効なものである旨主
張する。

　しかしながら、上記ハでみたとおり、本件被相続人が本件精算課税申告書を作
成し提出したのは、請求人Ｅ１が、本件精算課税申告に係る一連の申告手続も含
めて、本件被相続人に包括的に委任していたためであると認められる。そうする
と、このような包括的な委任があったと認められる以上、請求人Ｅ１の明示的な
承諾がなかったとしても、本件精算課税申告が無効となるものではない。

　したがって、請求人らの主張には理由がない。

(2)　争点２（本件各現金贈与に係る贈与契約が本件被相続人と請求人Ｅ１との間で成

立していたか否か。）について

イ　認定事実

　　請求人ら提出資料、原処分関係資料並びに当審判所の調査及び審理の結果によれば、次の事実が認められる。

(イ)　前記１の(2)のロの(イ)のとおり、平成18年６月28日に、本件被相続人Ｇ口座から1,100,000円の現金が出金されたところ、当該出金は本件被相続人が行ったものである。そして、本件被相続人は、本件被相続人Ｇ口座に係る預金通帳の当該出金に係る出金額の印字部分の横に、自ら「贈与」とのメモ書をした。

　　また、前記１の(2)のロの(ロ)のとおり、平成18年６月28日に、本件Ｅ１Ｈ口座に1,100,000円の現金が入金されたところ、当該入金は請求人Ｅ１が行ったものである。そして、請求人Ｅ１は、時期は不明であるが、本件Ｅ１Ｈ口座に係る預金通帳の当該入金に係る入金額の印字部分の横に、自ら「Ｅ４より」とのメモ書をした。

(ロ)　前記１の(2)のニの(イ)のとおり、平成21年６月３日に、本件被相続人Ｋ口座から2,200,000円の現金が出金されたところ、当該出金は本件被相続人が行ったものである。そして、本件被相続人は、本件被相続人Ｋ口座に係る預金通帳の当該出金に係る出金額の印字部分の横に、自ら「Ｈ、贈与」とのメモ書をした。

　　また、前記１の(2)のニの(ロ)のとおり、平成21年６月４日に、本件Ｅ１Ｈ口座に1,110,000円の現金が入金されたところ、当該入金は請求人Ｅ１が行ったものである。そして、請求人Ｅ１は、時期は不明であるが、本件Ｅ１Ｈ口座に係る預金通帳の当該入金に係る入金額の印字部分の横に、自ら「Ｅ４より」とのメモ書をした。

　　なお、上記の入金のほか、平成21年６月４日には、請求人Ｅ２名義のＨ銀行○○支店の普通預金口座（口座番号○○○○）にも1,110,000円の現金が入金された。

(ハ)　請求人らが当審判所に対して提出した本件21年書面には、贈与者を本件配偶者、受贈者を請求人Ｅ１として、平成21年６月４日に、現金1,110,000円を贈与する旨の記載があり、それぞれ本件配偶者及び請求人Ｅ１の自筆による署名がされているが、押印はいずれもされていない。

ロ　請求人Ｅ１の申述

請求人Ｅ１は、再調査の請求に係る調査において、その調査担当職員に対し、本件各現金贈与に関し、要旨次のとおり申述した。

(イ) 本件配偶者から請求人Ｅ１への贈与は、本件被相続人の指示によるものである。

(ロ) 請求人Ｅ１への贈与については本件配偶者からの贈与とし、請求人Ｅ２及び本件孫らについては本件被相続人からの贈与であり、本件被相続人からの指示に基づき各人の預金口座に入金した。

(ハ) 贈与された現金については、特に使用目的はなく、本件被相続人から贈与するからと言われ、受け取ったものであり、本件被相続人の相続開始後に定期預金等にしている。

ハ 請求人Ｅ１の答述

請求人Ｅ１は、当審判所に対し、本件各現金贈与に関し、要旨次のとおり答述するとともに、本件21年書面を証拠として提出した。

(イ) 本件18年現金贈与については、事前に贈与の話はなく、平成18年６月28日に、突然自宅の母屋において、本件配偶者から「はい、これ」といった感じで現金1,100,000円を渡された。その際、この現金を渡された理由について、本件配偶者から特に説明はなかった。そして、本件配偶者から現金を渡されたことを忘れないように、入金後、すぐに本件Ｅ１Ｈ口座に係る預金通帳に自ら「Ｅ４より」とのメモ書をした。

(ロ) 本件21年現金贈与についても、自宅の母屋において、本件配偶者から封筒に入っていた現金1,110,000円を渡された。そして、上記(イ)と同様、本件Ｅ１Ｈ口座に係る預金通帳に「Ｅ４より」とのメモ書をした。

(ハ) 本件21年書面は、本件被相続人に言われたため作成したものであると思うが、本件配偶者から現金を渡された時に作成したという記憶はなく、また作成した時の状況も記憶にない。

ニ 検討

(イ) 本件各現金贈与に係る原資についてみると、上記イの(イ)及び(ロ)のとおり、①本件各現金贈与の当日又は前日に本件被相続人Ｇ口座又は本件被相続人Ｋ口座から、本件各現金贈与に見合う現金がそれぞれ出金されていること、②これらに係る各預金通帳に、本件被相続人自ら「贈与」又は「Ｈ、贈与」と記載して

いることのほか、当審判所の調査及び審理の結果によっても、③その原資が本件配偶者から出捐されたものであるとする客観的な証拠も見当たらないことからすれば、本件各現金贈与に係る原資は、本件被相続人の固有の財産である本件被相続人G口座及び本件被相続人K口座から出金された現金であるものと認められる。

㈁　本件被相続人は、上記イの㈠及び㈡のとおり、本件被相続人G口座及び本件被相続人K口座に係る預金通帳に、自ら「贈与」又は「H、贈与」と記載しているのであるから、本件被相続人は、本件各現金贈与に係る現金を贈与する旨の明確な意思を有していたものと認められる。

㈢　また、本件被相続人は、本件被相続人K口座に係る預金通帳に「H、贈与」と記載しており、この「H」の部分は、H銀行を示すものと考えられるところ、上記イの㈡のとおり、本件被相続人K口座から出金された現金は、いずれも請求人らのH銀行の各普通預金口座に入金されていることからすれば、本件被相続人は、当該各入金について、請求人らが現金を入金する各預金口座を指示していたか、あるいは請求人らから入金先の報告等を受けるなど、何らかの関与をしていたものと推認される。

㈣　他方、前記1の(2)のニの㈢のとおり、請求人E1は、本件21年分申告書に、贈与者として本件被相続人の氏名を記載していたことが認められるほか、上記ロによれば、請求人E1は、本件被相続人から贈与するからと言われて、本件各現金贈与に係る現金を受領していたこと、本件配偶者は、本件被相続人の指示により、本件被相続人と請求人E1との間に入っていたにすぎないことがそれぞれ認められる。

㈤　以上のとおり、①本件E1H口座に入金された本件各現金贈与に係る原資は、本件被相続人の固有の財産である本件被相続人G口座及び本件被相続人K口座から出金された現金であること、②本件被相続人は、本件各現金贈与に係る現金を贈与する旨の明確な意思を有していたこと、③「H、贈与」とのメモ書からは、本件E1H口座に対する入金（平成21年6月4日）について、本件被相続人が何らかの関与をしていたものと推認され、上記ロの請求人E1の申述とも整合するものといえることから、本件各現金贈与に係る贈与者は、いずれも本件被相続人であり、上記㈣に照らせば、請求人E1もそれを認識した上で、

本件被相続人から贈与を受ける意思で本件各現金贈与に係る現金を受領していたことが認められる。

　　したがって、本件各現金贈与に係る贈与契約は、いずれも本件被相続人と請求人Ｅ１の間で成立していたものと認められる。

ホ　請求人らの主張について

㈤　請求人らは、前記３の(2)の「請求人ら」欄のとおり、本件各現金贈与に係る贈与者は、いずれも本件配偶者である旨主張し、当該主張に沿う証拠として、上記イの㈹のとおり記載された本件21年書面を当審判所に提出するとともに、請求人Ｅ１は、上記ハの㈤及び㈹のとおり、これと同旨の答述をする。

　　そこで、本件21年書面及び請求人Ｅ１の答述の信用性等について、以下検討する。

㈹　本件21年書面について

　　本件21年書面については、当審判所の調査及び審理の結果によれば、作成名義人である請求人Ｅ１及び本件配偶者がその意思に基づいて作成したものと認められる。

　　そうすると、本件21年書面は、請求人Ｅ１及び本件配偶者の双方が贈与契約の意思表示を示した文書であるから、特段の事情のない限り、贈与契約があったものと認められることとなる。

　　そこで、特段の事情の有無について検討すると、①当審判所の調査及び審理の結果によれば、請求人Ｅ１は、原処分に係る調査及び再調査の請求に係る調査において、本件各現金贈与の贈与者が誰であるかが問題となっていたにもかかわらず、本件21年書面の存在にはいずれも言及していなかったこと、②上記ハの㈹のとおり、請求人Ｅ１は、当審判所に対し、本件21年書面の作成状況について記憶していない旨答述していること、③前記１の(2)のニの㈹のとおり、請求人Ｅ１は、平成22年３月11日に、本件21年現金贈与について贈与者を本件被相続人と記載して贈与税の申告をしたことがそれぞれ認められ、これらの事実に照らせば、本件21年書面は、平成21年６月４日の本件21年現金贈与に際して作成されたものではなく、事後的に（早くとも平成22年３月11日以降）作成されたものと認められる。

　　そうすると、本件21年書面については、その内容どおりの贈与の意思表示が

本件21年現金贈与に際して存在したとはいえない特段の事情が認められるため、本件21年書面によって本件21年現金贈与の存在を認定することはできないというべきである。

(ハ) 請求人E1の答述について

請求人E1は、上記ハの(イ)及び(ロ)のとおり、当審判所に対し、本件各現金贈与に係る現金については、いずれも本件配偶者から渡されたものであり、これらの現金を本件E1H口座に入金した際に本件E1H口座に係る預金通帳に「E4より」とのメモ書をした旨答述するところ、上記イの(イ)及び(ロ)のとおり、当該預金通帳にはそのような記載のあることが認められる。

しかしながら、請求人E1は、上記答述の中で、本件配偶者が本件各現金贈与に係る現金を贈与する旨の意思表示をした趣旨の答述はしていないし、現金の出所や本件配偶者が現金を渡す理由についても答述していない上、再調査の請求に係る調査において、本件被相続人から贈与するからと言われ、受け取った旨申述していたのであり、「E4より」との各記載も、いつされたものかが明らかではなく、内容としても単に現金の交付者を示したものとの理解もできることに照らせば、上記の請求人E1の答述から本件各現金贈与の贈与者が本件配偶者であると認めることはできないというべきである。

(ニ) その他、当審判所の調査及び審理の結果によっても、本件各現金贈与に係る贈与者が本件配偶者である旨の請求人らの主張を的確に裏付ける証拠は認められない。

(ホ) 以上のとおり、請求人らの主張に沿う各証拠はいずれも採用できず、本件各現金贈与に係る贈与者が本件配偶者であるとは認められないから、請求人らの主張には理由がない。

(3) 本件各更正処分の適法性について

イ 上記(1)のとおり、本件精算課税申告は有効なものであり、また、上記(2)のとおり、本件各現金贈与に係る贈与契約は、いずれも本件被相続人と請求人E1との間で成立していたものと認められる。

そうすると、請求人E1は、相続税法第21条の15第1項に規定する「特定贈与者から相続又は遺贈により財産を取得した相続時精算課税適用者」に該当するから、本件届出書を提出した平成18年分以降、本件各現金贈与を含め、本件被相続

人からの贈与により取得した財産の価額を本件相続税の課税価格に加算すること
となる。

ロ　ところで、前記1の(2)のロの(ニ)の請求人Ｅ1が本件被相続人の負担により納付
した贈与税額○○○○円と、前記1の(2)のロの(ヘ)の本件被相続人が本件Ｅ1Ｇ口
座から出金した1,200,000円との差額の○○○○円も、前記1の(2)のハと同様、請
求人Ｅ1と本件被相続人との間で、返還の約束がなされていたとは認められず、
清算もされていないことなどからすれば、請求人Ｅ1が本件被相続人から贈与に
より取得したものとみなされることとなる。

ハ　以上を前提として、当審判所において、請求人らの本件相続税に係る各納付す
べき税額を計算すると、別表2の「審判所認定額」欄の各「納付すべき税額」欄
のとおり、いずれも本件各更正処分における各納付すべき税額を上回るものと認
められる。

　　また、本件各更正処分のその他の部分については、請求人らは争わず、当審判
所に提出された証拠資料等によっても、これを不相当とする理由は認められない。
したがって、本件各更正処分はいずれも適法である。

(4)　本件賦課決定処分の適法性について

　　上記(3)のとおり、請求人Ｅ1に対する更正処分は適法であり、当該更正処分によ
り納付すべき税額の計算の基礎となった事実が更正処分前の税額の計算の基礎とさ
れていなかったことについて、平成28年法律第15号による改正前の国税通則法第65
条《過少申告加算税》第4項に規定する「正当な理由」があるとは認められない。

　　そして、当審判所においても、請求人Ｅ1の過少申告加算税の額は、本件賦課決
定処分における過少申告加算税の額と同額であると認められる。

　　したがって、本件賦課決定処分は適法である。

(5)　結論

　　よって、審査請求は理由がないから、これを棄却することとする。

別表 1　審査請求に至る経緯（省略）

別表 2　本件相続税の各課税価格及び各納付すべき税額等（審判所認定額）（省略）

別紙　共同審査請求人明細（省略）

事例16（財産の評価　評価の原則　時価の意義）

> 　請求人の主張する各種事情によっても、相続により取得した土地の財産評価基本通達の定めに従った原処分庁の評価額は時価であるとの推認を覆されないから、不動産販売業者が試算した価格によって評価することはできないとした事例（平成27年7月相続開始に係る相続税の①更正処分及び②過少申告加算税の賦課決定処分・①棄却、②一部取消し・令和元年5月29日裁決）
>
> 《ポイント》
> 　本事例は、評価通達の定めに従って相続財産を評価したものと認められる場合には、当該評価額は事実上の時価と推認され、請求人において当該評価額が当該財産の客観的交換価値を上回るものであることを主張立証するなどして、上記推認を覆すことがない限り、当該評価額を時価と認めるのが相当であると判断したものである。

《要旨》

　請求人は、相続により取得した土地（本件土地）について、原処分庁が財産評価基本通達（評価通達）の定めに従って評価した価額（本件通達評価額）は、本件土地の客観的交換価値に影響を及ぼす各事情を看過しており、請求人が売買価格の見積りを依頼した不動産販売業者が試算した価格を上回ることから、時価を上回る違法がある旨主張する。

　しかしながら、評価通達の定めに従って相続財産を評価したものと認められる場合には、当該評価額は事実上の時価と推認され、請求人において当該評価額が当該財産の客観的交換価値を上回るものであることを主張立証するなどして、上記推認を覆すことがない限り、当該評価額を時価と認めるのが相当である。この点、本件通達評価額は、評価通達の定めに従っており、時価と推認されるところ、請求人の主張する各事情は、本件土地の客観的交換価値に影響を及ぼす事情とは認められず、不動産販売業者の試算価格も本件土地の客観的交換価値とは認められないことからすれば、本件通達評価額が時価であることの推認は覆えることはなく、本件通達評価額に時価を上回る違法はないが、原処分庁のした過少申告加算税の賦課決定処分は、過少申告加算税の加重分の計算に誤りがあることから、その一部を取り消すべきである。

《参照条文等》

　相続税法第22条

《参考判決・裁決》

　最高裁平成22年７月16日第二小法廷判決（集民234号263頁）

（令和元年5月29日裁決）

《裁決書（抄）》

1 事 実

(1) 事案の概要

　本件は、審査請求人（以下「請求人」という。）が、相続により取得した土地を不動産販売業者の試算した価格を基に評価し、また、被相続人名義の預金の一部を相続財産に含めずに相続税の申告をしたところ、原処分庁が、当該土地を財産評価基本通達に定める評価方法に基づき評価するとともに、当該預金を課税価格に加算するなどして更正処分等をしたのに対し、請求人が、当該土地の評価額には時価を上回る違法があることに加え、被相続人には委任契約に基づく請求人に対する報酬に係るとする未払債務及び請求人が立替払した費用償還請求権に係るとする債務があり、これらの金額を相続税の課税価格の計算上相続財産の価額から控除すべきであるなどとして、当該更正処分等の全部の取消しを求めた事案である。

(2) 関係法令等

イ　相続税法（平成29年法律第4号による改正前のもの。以下同じ。）第22条《評価の原則》は、相続により取得した財産の価額は、特別の定めのあるものを除き、当該財産の取得の時における時価により、当該財産の価額から控除すべき債務の金額は、その時の現況による旨規定している。

　そして、財産評価基本通達（昭和39年4月25日付直資56ほか国税庁長官通達。以下「評価通達」という。）1《評価の原則》の(2)は、財産の価額は、時価によるものとし、時価とは、課税時期において、それぞれの財産の現況に応じ、不特定多数の当事者間で自由な取引が行われる場合に通常成立すると認められる価額をいい、その価額は、この通達の定めによって評価した価額による旨、また、同1の(3)は、財産の評価に当たっては、その財産の価額に影響を及ぼすべき全ての事情を考慮する旨、それぞれ定めている。

ロ　相続税法第13条《債務控除》第1項は、相続により取得した財産について、課税価格に算入すべき価額は、当該財産の価額から被相続人の債務で相続開始の際現に存するものの金額を控除した金額による旨規定している。

ハ　民法第648条《受任者の報酬》第2項は、委任契約における受任者は、報酬を受けるべき場合には、委任事務を履行した後でなければ、これを請求することが

できない旨規定し、同法第650条《受任者による費用等の償還請求等》第1項は、同受任者は、委任事務を処理するのに必要と認められる費用を支出したときは、委任者に対し、その費用の償還を請求することができる旨規定している。

ニ　国税通則法（平成28年法律第15号による改正前のもの。以下同じ。）第65条《過少申告加算税》第1項は、期限内申告書が提出された場合において、更正があったときは、当該納税者に対し、その更正に基づき同法第35条《期限後申告等による納付》第2項の規定により納付すべき税額に100分の10の割合を乗じて計算した金額に相当する過少申告加算税を課する旨、また、同法第65条第2項は、同条第1項の規定に該当する場合において、同項に規定する納付すべき税額がその国税に係る期限内申告税額に相当する金額と50万円とのいずれか多い金額を超えるときは、同項の過少申告加算税の額は、同項の規定にかかわらず、同項の規定により計算した金額に、当該超える部分に相当する税額に100分の5の割合を乗じて計算した金額を加算した金額とする旨規定している。

(3)　基礎事実

当審判所の調査及び審理の結果によれば、以下の事実が認められる。

イ　相続について

請求人の姉であるH（以下「本件被相続人」という。）は、推定平成27年7月○日（以下「本件相続開始日」という。）に死亡し、その相続（以下「本件相続」という。）が開始した。本件相続に係る法定相続人は、請求人1名であり、請求人は、本件相続により、d市e町○−○に所在する宅地（以下「本件土地」という。）を含む本件被相続人の全ての財産を取得した。

ロ　本件相続開始日における本件土地の状況等について

(イ)　本件被相続人は、本件土地及びd市e町○−○に所在する昭和47年1月28日新築の居宅を所有していた。請求人は、本件相続により本件土地及び同居宅を取得したが、いずれも平成27年12月20日締結の売買契約により44,000,000円で売却した。なお、同居宅は、平成28年4月9日、買主によって取り壊された。

(ロ)　本件土地は、北側で幅員約4mの道路（以下「本件道路」という。）に接し、間口が約14.6m、奥行が約11mのほぼ長方形の画地であり、実測地積は164.61㎡であった。

本件土地の東側と南側は、それぞれ幅員約4mの通路に接しており、本件道

路と東側の通路が接する角及び東側の通路と南側の通路が接する角には、通路として利用されている隅切り用地がそれぞれ1.02㎡及び1.07㎡存していた（別図1参照）。

(ハ)　本件土地は、都市計画法上の第一種低層住居専用地域に所在し、建築基準法上の容積率は80％、建蔽率は40％であった。

　　　d市においては、第一種低層住居専用地域で建蔽率が50％以下の地域について、建築物の敷地面積の最低限度を100㎡と定めていた。

(ニ)　評価通達に基づきK国税局長が定めた平成27年分財産評価基準書には、本件道路の路線価は260,000円とされ、本件土地の南方約40mに位置する「L通り」（別図2参照）の路線価は275,000円とされていた。

(ホ)　本件土地は、文化財保護法第93条《土木工事等のための発掘に関する届出及び指示》第1項に規定する「周知の埋蔵文化財包蔵地」に該当する「M」として周知されている地域内に所在していた。

　　　d市においては、「周知の埋蔵文化財包蔵地」内で建築工事を行う際に所定の届出が必要であり、工事中に1日程度の立会調査又は試掘・確認調査が行われ、遺物等が発見された場合は本発掘調査が行われていた。しかし、本件土地のような崖下の低地にあってN川の流路に該当する地域においては、遺物等が出土する可能性が低いことから、分譲開発などの大規模開発以外で試掘が行われることはなく、現に「L通り」付近の地域で発掘が行われたことは一度もなかった。

(ヘ)　本件土地の南東方約300mには、地価公示法第2条《標準地の価格の判定等》第1項の規定に基づく地価公示の標準地「○○○○－○1」が、同北方約330mには、国土利用計画法施行令第9条《基準地の標準価格》第1項の規定に基づく都道府県地価調査の基準地「○○○○－○2」があり（別図2参照）、それらの都市計画法上の各地域区分並びに建築基準法上の各容積率及び各建蔽率は、いずれも本件土地と同一であった。また、上記「○○○○－○1」の地積は207㎡、前面道路の幅員は4.0mであり、上記「○○○○－○2」の地積は110㎡、前面道路の幅員は5.0mであった。

ハ　本件被相続人及び請求人が締結した委任契約について

　　本件被相続人及び請求人は、平成16年12月9日、委任者を本件被相続人、受任

者を請求人とする、「委任契約及び任意後見契約公正証書」（以下「本件公正証書」という。）を作成した。本件公正証書上の記載は、要旨下記(イ)ないし(ホ)のとおりである。

(イ)　本件被相続人と請求人は、平成16年12月9日、次の二つの契約を締結する。

　　A　委任契約。この契約は、本件被相続人が、本日以降、請求人に本件被相続人の生活、療養看護及び財産管理についての事務を委任することを可能にするものである（第1条《趣旨》第1項の(1)）。

　　B　任意後見契約。この契約は、本件被相続人の判断能力が不十分になったときに、請求人に本件被相続人の生活、療養看護及び財産管理についての事務を委任するものである（同(2)）。

(ロ)　本件被相続人は、請求人に対し、下記AないしEの事務（以下「本件委任事務」という。）を委任し、その処理のための代理権を与える（第1章「委任契約」第2条《事務の範囲》第1項、別紙代理権目録）。

　　A　本件被相続人に帰属する全ての財産の保存、管理及び処分に関する事項

　　B　金融機関、証券会社、保険会社及びP社との全ての取引に関する事項

　　C　本件被相続人の生活費の送金及び生活に必要な財産の取得、物品の購入その他の日常生活関連取引並びに定期的な収入の受領及び費用の支払に関する事項

　　D　医療に関する契約及び介護契約その他の福祉サービス利用契約（施設入所契約を含む。）に関する事項

　　E　以上の各事項に関連する一切の事項

(ハ)　請求人が本件委任事務を処理するために必要とする費用は本件被相続人の負担とし、請求人はその管理する本件被相続人の財産の中からこれを支出することができる（第1章「委任契約」第4条《費用の負担》）。

(ニ)　請求人に対する報酬は無償とする（第1章「委任契約」第5条《報酬》第1項）。報酬を無償とすることが不相当となったときは、本件被相続人及び請求人が協議して報酬を定めることとする（同条第2項）。

(ホ)　請求人は、本件被相続人に対し、預貯金通帳等の証書等を預かったときから3か月ごとに、請求人が管理する本件被相続人の財産の管理状況、本件被相続人の生活、療養看護について行った措置、費用の支出及び使用の状況、報酬を

定めたときの報酬の受領額について、書面で報告するものとする（第1章「委任契約」第6条《報告》第1項）。請求人は、そのほか、本件被相続人の請求があるときは、その求められた事項について報告するものとする（同条第2項）。

(4) 審査請求に至る経緯

イ　請求人は、本件相続に係る相続税（以下「本件相続税」という。）について、別表1の「期限内申告」欄のとおり記載した申告書を法定申告期限までに原処分庁に提出した。

ロ　請求人は、平成28年11月7日、相続税の総額の計算に誤り等があったとして、別表1の「更正の請求」欄のとおり記載した更正の請求書を原処分庁に提出した。

ハ　原処分庁は、平成28年12月27日付で、別表1の「減額更正処分」欄のとおり、上記ロの請求の全部を認めて本件相続税を減額する旨の更正処分をした。

ニ　原処分庁所属の調査担当職員（以下「本件調査担当職員」という。）は、平成29年9月1日、本件相続税についての調査（以下「本件調査」という。）を行い、請求人に対し、Q銀行○○支店の名を挙げた上で、申告しているもの以外に被相続人名義の預金がなかったか尋ねた。これに対し、請求人は、他にはないと答えたほか、本件被相続人が亡くなる10年位前に、請求人が成年後見人となっていることを聞かされた旨や、時々身の回りの世話をしていた旨をそれぞれ申述した。

ホ　請求人は、平成29年10月31日の本件調査時、本件調査担当職員に対し、平成15年か平成16年に、本件被相続人の成年後見人であることを知らされた後、月に2回程度、fにある病院にタクシーで送り迎えをしていた旨、当初は無償で送り迎えをしていたが、その後月20万円の報酬とすることを決めた旨、実際に報酬を受け取ったことはない旨をそれぞれ申述した。

ヘ　請求人は、平成29年11月16日の本件調査時、本件調査担当職員に対し、本件公正証書の写し及び「H対応の報酬・費用請求明細」と題する書面を提出し、また、Q銀行○○支店の本件被相続人名義の預金2,000万円を申告しなかったが、口頭で決めていた月20万円の報酬をもらっていなかったため、この預金は自分のものだと考えていた旨を申述した。

ト　原処分庁は、本件調査の結果に基づき、平成30年4月25日付で、本件土地の価額は評価通達に定める評価方法に基づき評価した価額（42,798,600円。以下「本件通達評価額」という。）であり、本件被相続人名義の預貯金21,000,000円余を課

税価格に加算すべきであるなどとして、請求人に対し、別表1の「更正処分等」欄のとおりの更正処分（以下「本件更正処分」という。）及び過少申告加算税の賦課決定処分（以下「本件賦課決定処分」という。）をした。

　チ　請求人は、平成30年7月4日、本件土地の価額は不動産販売業者が試算した売買価格（35,000,000円。以下「本件試算価格」という。）の70％相当額とするのが相当であることに加え、本件被相続人には委任契約に基づく請求人に対する報酬に係るとする未払債務及び請求人が立替払した費用償還請求権に係るとする債務があり、これらの金額を本件相続税の課税価格の計算上相続財産の価額から控除すべきであるなどとして、本件更正処分のうち、上記ハの減額更正処分における課税価格及び納付すべき相続税額を上回る部分の取消し及び本件賦課決定処分の全部の取消しを求めて、審査請求をした。

　　なお、請求人は、本件公正証書の作成後、本件被相続人との間で、預貯金通帳等の証書等の引渡し、同預り証の交付及び書面による報告が行われた事実はなく、また、本件公正証書上の二つの契約のうち、任意後見契約について効力が生じることはなかったことについて争っておらず、当審判所もこれらを相当と認める。

2　争　点

(1)　本件通達評価額に時価を上回る違法があるか否か（争点1）。

(2)　本件相続開始日において、本件相続税の課税価格の計算上相続財産の価額から控除する請求人主張の債務が存在していたか否か（争点2）。

3　争点についての主張

(1)　争点1（本件通達評価額に時価を上回る違法があるか否か。）について

原処分庁	請求人
本件通達評価額は事実上時価と推認されるものであり、請求人において当該推認の基礎となる事実関係の認定に誤りがあるなどと具体的に指摘するか、本件通達評価額が時価を上回ることを立証して、当該推認を覆すことがない限り、原処分は適法である。	イ 　(イ)　本件土地は、近隣のL通り沿いの地区と路線価が同じであるにもかかわらず、当該地区と比べて住宅環境が劣る。 　(ロ)　本件土地は約50坪であるため、d市の条例によって分割して売買する

この点、本件試算価格は、特定の不動産販売業者が本件相続開始日後に試算した本件土地の取引価格の参考にすぎず、これに70％を乗じた価額（24,500,000円）が本件相続開始日において不特定多数の当事者間で自由な取引が行われる場合に通常成立すると認められる価額とは認められない。したがって、本件通達評価額に時価を上回る違法はない。

ことができず、購入者が限定される。

(ハ) 本件土地は、隅切り、セットバックが必要なため、最大限活用できない。

(ニ) 本件土地は、隣接する公道が4.0mしかなく、車の出入りがしにくい。

(ホ) 本件土地は、その地下に遺跡が存在することから、活用に制限を受ける。

ロ

(イ) 本件試算価格は、請求人が本件土地を売買するに当たって試算を依頼した不動産販売業者4社の試算した価額のうちで一番説得力があったものであり、これに70％を乗じた価額（24,500,000円）が本件土地の時価であって、本件通達評価額はそれを上回る。

(ロ) 本件土地を所有することにより固定資産税や維持管理費の負担があることから、当該負担を早期に解消するため短期間に売買せざるを得ない事情があった。

(2) 争点2（本件相続開始日において、本件相続税の課税価格の計算上相続財産の価額から控除する請求人主張の債務が存在していたか否か。）について

請求人	原処分庁

次のとおり、本件相続開始日において、相続税の課税価格の計算上相続財産の価額から控除する債務が存在していた。

イ　以下のとおり、本件被相続人は請求人に対し報酬として、次の(イ)の25,600,000円（月額200,000円に平成〇年〇月から平成〇年〇月までの128月を乗じた金額）と次の(ニ)の950,000円を支払う債務をそれぞれ負っていた。

(イ)　本件公正証書には、報酬は無償としつつも、報酬を無償とすることが不相当となったときは、本件被相続人と請求人とが協議して報酬を定める旨の定めがあり、請求人は、本件被相続人に対し、報酬がなければ受任できない旨を伝え、本件被相続人は納得していた。そして、委任契約の締結後に本件被相続人と請求人との間で報酬額を月200,000円とする旨の取決めが口頭で交わされた。

(ロ)　本件被相続人の生前中に報酬が支払われることはなかった。

(ハ)　本件被相続人は、長年教員生活をしていたことからプライドが高く、

次のとおり、本件相続開始日において、相続税の課税価格の計算上相続財産の価額から控除する債務は存在していなかった。

イ　以下のとおり、本件被相続人が請求人に対し報酬を支払う債務を負っていたとは認められない。

(イ)　本件公正証書上、報酬は無償とすることが定められている一方、その後口頭で報酬を定めた理由、月額200,000円との報酬額の算定根拠及び報酬を定めた時期について、請求人から具体的かつ合理的な説明がされていない。

(ロ)　請求人が現実に本件被相続人から報酬を受け取っていたのであれば、それを所得として申告すべきであるにもかかわらず、請求人の所得税及び復興特別所得税の確定申告書にはそれが計上されていない。

(ハ)　具体的に請求人が行ったとする本件委任事務の内容が明らかでない。

他人の世話になることを拒んでいた
ため、請求人は、週に1回程度生活
必需品を届けるなど犠牲的なサポー
トをせざるを得なかった。

(ニ)　本件被相続人は、本件土地に係る
抵当権設定登記等の抹消を求めて訴
えを提起していた。かかる裁判にお
いて、請求人は、本件被相続人に代
わってR地方裁判所や本件被相続人
が依頼した弁護士の事務所へ代理で
出頭していた。出頭の報酬として主
張する金額950,000円は、本来なら
通常この程度は要するであろうと請
求人が積算した金額（1回25,000円
に平成22年10月から平成24年3月ま
での間の代理出頭回数38回を乗じた
金額）である。

ロ　本件被相続人は、○○であり、○○
ことから、一人での外出ができにくく
なっていた。本件被相続人が病院や銀
行等へ外出するときには、請求人が付
き添う必要があり、その際のタクシー
代3,456,000円（病院への往復1回
25,000円、銀行への往復1回2,000円に
平成○年○月から平成○年○月までの
128月をそれぞれ乗じた金額）を請求

(ニ)　請求人が民法上及び本件公正証書
上の受任者としての報告義務を履行
している事実も認められない。

(ホ)　代理出頭報酬についても、本件被
相続人と請求人との間で取決めがさ
れたと認めるに足る証拠はない。

ロ　以下のとおり、本件被相続人が請求
人に対し費用償還債務を負っていたと
も認められない。

(イ)　請求人が、本件委任事務の処理に
当たり、実際にいついかなる費用が
生じ、請求人がそのうちいずれの費
用をどのように負担したのか具体的
に明らかでない。

(ロ)　請求人が本件委任事務を履行した

| 人が負担していた。 | 場合に生じる報告義務を履行している事実も認められない。 |

4 当審判所の判断

(1) 争点1（本件精算課税申告は無効なものであるか否か。）について

イ 法令解釈

　　相続税法第22条は、相続財産の価額は、特別に定める場合を除き、当該財産の取得の時における時価によるべき旨を規定しており、ここにいう時価とは相続開始時における客観的な交換価値をいうものと解するのが相当である。

　　しかし、客観的な交換価値というものが必ずしも一義的に確定されるものではないことから、課税実務上は、国税庁において、納税者間の公平、納税者の便宜、徴税費用の節減等の観点から評価通達を定め、各税務署長が、評価通達に定められた評価方法に従って統一的に相続財産の評価を行ってきたところである。このような評価通達に基づく相続財産の評価の方法は、当該財産の客観的な交換価値を算定する方法として一定の合理性を有するものと一般に認められており、その結果、評価通達は、単に課税庁内部における行為準則というにとどまらず、一般の納税者にとっても、納税申告における財産評価について準拠すべき指針として通用してきているところである。

　　このように、評価通達に基づく相続財産の評価の方法が、当該財産の客観的な交換価値を算定する方法として一定の合理性を有するものと一般に認められていることなどからすれば、評価通達の定めに従って相続財産の価額を評価したものと認められる場合には、その価額は当該財産の時価であると事実上推認することができるというべきである。

　　したがって、このような場合には、請求人において、財産評価の基礎となる事実関係に誤りがある等、その評価方法に基づく価額の算定過程自体に不合理な点があることを具体的に指摘して上記推認を妨げ、あるいは、当該財産に関する個別的な事情等を考慮した合理的な方法により、評価通達の定めに従って評価した価額が当該財産の客観的な交換価値を上回るものであることを主張立証するなどして上記推認を覆すことなどがない限り、評価通達の定めに従って評価した価額が時価であると認めるのが相当である。

ロ　検討

(イ)　当審判所の調査の結果によれば、本件土地を評価通達の定めに従って評価すると、その評価額は別表2のとおり、本件通達評価額と同額となり、その算定過程に誤りは認められない。したがって、本件通達評価額は評価通達の定めに従った評価額と認められる。

そこで、上記イの法令解釈に照らし、本件試算価格に70％を乗じた価額が、本件通達評価額における事実上の推認を覆すか否かという点について検討する。

(ロ)　本件土地の住宅環境が、路線価を同じくする近隣のL通り沿いの地区と比べて劣るとの点については、上記1の(3)のロの(ニ)のとおり、L通りの路線価は275,000円であるのに対し、本件道路の路線価は260,000円であり、その前提を誤っている。

(ハ)　本件土地は約50坪（164.61㎡）あり、d市の条例で分割して売買することができず、購入者が限定されるとの点については、上記1の(3)のロの(ハ)のとおり、本件土地の存する地域では、建築物の敷地面積の最低限度が100㎡に制限されていることは認められるものの、同(ヘ)のとおり、本件土地の近隣地域に存する地価公示の標準地及び都道府県地価調査の基準地の地積はそれぞれ207㎡及び110㎡であって、本件土地と同程度の規模であり、地価公示の標準地及び都道府県地価調査の基準地は、土地の用途が同質と認められるまとまりのある地域において、土地の利用状況、環境、地積、形状等が通常であると認められるものが選定されることからすれば（地価公示法第3条《標準地の選定》及び地価公示法施行規則第3条《標準地の選定》。国土利用計画法施行令第9条第1項も同旨。）、本件土地の地積が近隣地域の標準的な土地の地積と比較して格別に大きいものとは認められない。

そうすると、本件土地は、その存する地域において標準的な規模といえるのであり、必ずしも分割して売却する必要性は認められない。

仮に、宅地利用を前提とした場合に分割して売却できず、購入者が限定されるとしても、かかる事情は、当該地域に存する土地に共通するものであり、本件土地と近隣の土地の各売買価格に格差を生じさせるものではない。

(ニ)　本件土地は、隅切りやセットバックが必要なため、最大限活用できないとの点については、上記1の(3)のロの(ロ)のとおり、本件土地の東側には実際に隅切

り用地が存するものの、本件土地上に建築物を建築する際の容積率及び建蔽率の算定における敷地面積から隅切り用地を除外する法令上の規定はないから、隅切り用地の有無は本件土地に建物を建築する上での制約となるものとは認められない。

　また、本件土地が北側で接している本件道路は、幅員約4.0mであり、建築基準法第42条《道路の定義》第2項に規定する道路には当たらないから、本件土地は、いわゆるセットバックを必要とする土地にも該当しない。したがって、隅切りやセットバックの存在が本件土地を最大限活用できない理由になるとは認められない。

(ホ)　本件道路の幅員が4.0mしかなく、車の出入りがしにくいとの点については、上記1の(3)のロの(ヘ)のとおり、本件土地の近隣地域に存する地価公示の標準地及び都道府県地価調査の基準地が接する前面道路の幅員はそれぞれ4.0m及び5.0mであって、本件道路の幅員と同程度の幅員であり、本件道路の幅員が近隣の標準的な宅地が接する前面道路の幅員と比較して格別に狭いとは認められないから、車の出入りがしにくいというのは、請求人の主観的な事情であって、本件土地の評価に当たり減額すべき要因とは認められない。

(ヘ)　本件土地の地下には遺跡が存在し、土地活用に制限を受けるとの点については、上記1の(3)のロの(ホ)のとおり、本件土地は「M」として周知されている地域内に存するものの、d市における「周知の埋蔵文化財包蔵地」内に所在する土地であっても、必ずしも試掘・確認調査や本発掘調査が行われるとは限らず、現に「L通り」付近の地域で発掘が行われたことは一度もなく、また、当審判所の調査によっても、本件土地について遺跡が存在することは確認されておらず、前提を欠くものである。

(ト)　本件試算価格は、請求人が本件土地を売買するに当たって試算を依頼した不動産販売業者4社が提示した価格のうちで一番説得力があったものであり、これに70％を乗じた価額（24,500,000円）が本件土地の時価であって、本件通達評価額はそれを上回るとの点については、本件試算価格は、飽くまで不動産販売業者が本件土地の売買価格を試算したものにすぎず、売買の成約に至っていない価格である。また、本件試算価格は、上記1の(3)のロの(イ)のとおり、売却後に取り壊された居宅を含む本件土地の実際の売買価額（44,000,000円）から

も相当に低廉な価格であり、当該価格に更に70％を乗ずる理由も、単に、不動産販売業者の査定した買取価額のうちに本件試算価格の70％のものがあったことを根拠としているようであるから、本件土地の客観的な交換価値であると認めることはできない。

(チ)　本件土地を所有することにより固定資産税や維持管理費の負担があることから、当該負担を早期に解消するため短期間に売買せざるを得ない事情があるとの点については、本件土地について保有を継続した場合と売買した場合の利害得失を比較考量した結果の請求人自身の判断を述べるものであり、請求人の主観的な事情であるから、本件土地の客観的な交換価値に影響を及ぼす事情とは認められない。

ハ　小括

以上のとおり、本件土地については、本件試算価格に70％を乗じた価額が本件相続開始日における本件土地の客観的な交換価値（時価）を的確に表すものとは認められず、また、その他に、本件土地を評価通達の定めに従って評価した価額が時価であるとの事実上の推認を妨げ、あるいは覆すに足りる事情は認められない。したがって、評価通達に定められた評価方法に従って算出した本件土地の価額（本件通達評価額）に時価を上回る違法はない。

(2)　争点２（本件相続開始日において、相続税の課税価格の計算上相続財産の価額から控除する請求人主張の債務が存在していたか否か。）について

イ　はじめに

上記１の(2)のロのとおり、相続財産の価額から控除すべき債務は、被相続人の債務で相続開始の際現に存するものでなければならない。

そして、同ハのとおり、委任契約における受任者は、報酬を受けるべき場合には、委任事務を履行した後でなければ、これを請求することができず、同受任者が委任者に対し請求することのできる費用は、委任事務を処理するのに必要と認められる費用でなければならない。

ロ　認定事実

請求人提出資料、原処分関係資料並びに当審判所の調査及び審理の結果によれば、以下の事実が認められる。

(イ)　本件被相続人は、○○ものの、本件相続開始日の直前まで、判断能力が低下

することなく、食事は自分で作り、一人で入浴をしていた。

㈹　本件被相続人は、本件相続開始日に至るまで、預貯金通帳や金銭の管理、銀行等での入出金の行為、病院での治療費等の支払について、いずれも請求人に任せることなく、本件被相続人自身で行っていた。

㈸　本件被相続人は、医療に関する契約や福祉サービス利用契約等に関する事項について、請求人に依頼したことはなかった。

㈾　請求人は、Ｒ地方裁判所や弁護士事務所に本件被相続人を代理して出頭していたとする（上記３の⑵の請求人欄のイの㈾）事実を証する資料や、病院や銀行等まで本件被相続人に付き添った際に立替払したとするタクシー代（上記３の⑵の請求人欄のロ）について、その乗車日や支払金額を証する資料を、いずれも所持していない。

ハ　検討

　　請求人が主張する債務控除の可否を、上記イ及びロも踏まえたところで、以下検討する。

㈠　報酬について

　　本件被相続人は、上記ロの㈠のとおり、本件相続開始日の直前まで判断能力を喪失しておらず、同㈹及び㈸のとおり、預貯金通帳や金銭の管理はもとより、銀行等での入出金や病院での治療費等の支払など日常生活に関連する取引を自身で行い、医療に関する契約や福祉サービス利用契約等に関する事項も請求人に依頼することはなかったというのであるから、本件委任事務（上記１の⑶のハの㈹のＡないしＥ）については、本件被相続人自らが行っていたものと認めるのが相当である。

　　実際にも、請求人が未払であったとする本件委任事務の履行に対する報酬は、本件相続税の申告やその後の更正の請求においても債務として計上されておらず、上記１の⑷のニないしヘのとおり、本件調査担当職員から申告漏れの預貯金がある旨指摘を受けた後に、請求人から初めて申出があった経緯があったことからみて、請求人自身においても、本件委任事務を履行したとの認識があったとは言い難い。

　　なお、請求人が本件被相続人に代わってＲ地方裁判所や弁護士事務所に本件被相続人を代理して約38回出頭したことに対する報酬があったとの点について

は、代理出頭が本件委任事務のうち「以上の各事項に関連する一切の事項」（上記1の(3)のハの(ロ)のＥ）に該当するとしても、そもそも代理で出頭した日時すらこれを証するものがないから、代理出頭の事実自体を認めることができない。

　以上のことからすれば、本件委任事務が請求人に委任され、現実に履行されることはなかったと認めるのが相当であり、そうである以上、報酬が無償であるか有償であるかを論ずるまでもなく、本件委任事務の履行に対する報酬が発生する余地はなく、本件相続開始日において、本件被相続人が請求人に対し報酬を支払うべき債務を負っていたと認めることはできない。

(ロ)　費用償還請求について

　請求人が病院又は銀行等まで本件被相続人に付き添った際に、本件被相続人に代わって、請求人が立替払したとするタクシー代についても、上記ロの(ニ)のとおり、その乗車日や支払金額を証する資料の提出はない。当該金額自体、病院及び銀行等への往復1回に要する仮定のタクシー料金に本件公正証書作成時から本件相続開始日までの月数である128を乗じて推計したものであり、実額ではない上、そもそも、上記ロの(ロ)及び(ハ)のとおり、本件被相続人は、本件相続開始日に至るまで、銀行等での入出金の行為や病院での治療費等の支払について、いずれも請求人に任せることなく、本件被相続人自身で行っていたのであるから、請求人がタクシーに同乗してその代金を支払う必要性を認めることも困難である。

　以上のことからすれば、本件相続開始日において、本件被相続人に、請求人が立て替えたとされるタクシー代に係る債務が存在していたと認めることはできない。

(ハ)　請求人の主張について

　請求人は、本件公正証書第5条第2項（上記1の(3)のハの(ニ)）を根拠に、請求人は本件被相続人に対し報酬がなければ受任できない旨を伝え、本件被相続人は納得し、委任契約の締結後に本件被相続人と請求人との間で報酬額を月200,000円とする旨の取決めが口頭で交わされ、かつ、本件被相続人の生前中に報酬が支払われることはなかったなどとして、かかる報酬や費用償還請求に係る債務が存在していた旨主張するが（上記3の(2)の「請求人」欄）、上記(イ)

のとおり、そもそも本件委任事務が履行された事実を認めることができない以上、報酬も費用償還請求も認める余地がないのであるから、請求人の主張には理由がない。

(3)　本件更正処分の適法性について

上記(1)のハのとおり、本件通達評価額に時価を上回る違法は認められず、また、上記(2)のハのとおり、本件相続開始日において、請求人主張の債務が現に存していたとは認められない。これを前提に、当審判所において算出した請求人の本件相続税の納付すべき税額は、本件更正処分における請求人の納付すべき税額と同額であると認められる。

なお、本件更正処分のその他の部分については、請求人は争わず、当審判所に提出された証拠資料等によっても、これを不相当とする理由は認められない。したがって、本件更正処分は適法である。

(4)　本件賦課決定処分の適法性について

上記(3)のとおり、本件更正処分は適法であり、本件更正処分により納付すべき税額の計算の基礎となった事実が本件更正処分前の税額の計算の基礎とされていなかったことについて、国税通則法第65条第4項に規定する正当な理由があるとは認められない。そこで、請求人の過少申告加算税の額を同条第1項及び第2項の規定に基づき計算すると、別紙の付表の「加算税の額」の「裁決後の額」欄のとおりとなり、本件賦課決定処分の額を下回るから、本件賦課決定処分は、その一部を別紙の「取消額等計算書」のとおり取り消すべきである。

(5)　結論

よって、本件更正処分についての審査請求は理由がないから、これを棄却することとし、本件賦課決定処分については、その一部を別紙の「取消額等計算書」のとおり取り消すこととする。

別表1　審査請求に至る経緯（省略）

別表2　評価通達に定める評価方法による本件土地の価額の計算明細（省略）

別図1　本件土地の状況（省略）

別図2　本件土地の周辺の状況（省略）

別紙　取消額等計算書（省略）

五　国税徴収法関係

〈平成30年9月分及び
平成31年4月から令和元年6月分〉

事例17（無償又は著しい低額の譲受人等の第二次納税義務　受けた利益額の算定）

第二次納税義務の受けた利益の額の算定において、無償譲渡した不動産を財産評価通達を参考にして評価することは妥当とはいえないとして、納付告知処分の一部を取り消した事例（第二次納税義務の各納付告知処分・一部取消し・令和元年6月4日裁決）

《ポイント》

本事例は、国税徴収法第39条の第二次納税義務における受けた利益の額は、財産処分時等の現況に応じて、客観的な交換価値である通常の取引価額により算出するものとして、国税不服審判所における不動産鑑定評価による認定額を用いて審理をしたものである。

《要旨》

請求人らは、国税徴収法第39条《無償又は著しい低額の譲受人等の第二次納税義務》の受けた利益の限度の算出に当たり、①仮に、本件贈与者が本件各係争不動産を贈与したこと（本件各贈与）がなかったならば、本件各係争不動産は別件各公売不動産と一緒に公売されていたと想定されるから、広大地評価による減価を考慮して算定すべきである旨、また、②本件建物1は、その贈与当時、賃貸されていたが、耐用年数が経過していることから、建物の取壊費用相当額を減額すべきである旨主張する。

しかしながら、請求人らの主張は、①本件各贈与がなかったという仮定に基づくものにすぎず、実際には本件各贈与が行われており、前提を欠き、②本件建物1の経済的残存耐用年数は6年だったこと、賃貸としての利用が最有効使用であること等から、価額の算定に際し、更地価額から建物の取壊費用相当額を減額するのは合理的ではない。一方、原処分庁は、譲受財産の価額を財産評価基本通達（評価通達）により算定することは特段不合理ではない旨主張する。

しかしながら、評価通達は、相続税等の課税価格計算の基礎となる財産の評価を定めたものであり、譲受財産の価額の算定に評価通達を適用すべきとする法令等の規定は存在せず、本件では、当審判所が原処分庁とは異なる算定をした本件各係争不動産のうち、建物の一部が隣接地との境界を越えて建っていること、一部の土地上に経済的合理性を

有しない賃貸用建物が存在すること、建物の所有者に使用借権があること、一部の土地が共有関係にあることなどを考慮して算定する必要があるにもかかわらず、原処分庁が算定した価額では、これらの事情が適切に考慮されていないから、これらの価額の算定に際して評価通達を参考にするのは妥当とはいえない。

《参照条文等》
　　国税徴収法第39条
　　国税徴収法第32条
　　国税徴収法基本通達第39条関係12
　　国税徴収法基本通達第39条関係16

（令和元年6月4日裁決）

《裁決書（抄）》

1　事　実

　(1)　事案の概要

　　　本件は、原処分庁が、相続により亡F4が納付すべき国税の納税義務を承継した亡F4相続財産の滞納国税を徴収するため、亡F4からその生前に不動産の贈与を受けていた審査請求人らに対し、それぞれ、国税徴収法に基づく第二次納税義務の納付告知処分を行ったところ、審査請求人らが、第二次納税義務者として納付すべき限度額の算定に誤りがあるとして、原処分の一部の取消しを求めた事案である。

　(2)　関係法令等

　　イ　国税徴収法（以下「徴収法」という。）第39条《無償又は著しい低額の譲受人等の第二次納税義務》は、滞納者の国税につき滞納処分を執行してもなおその徴収すべき額に不足すると認められる場合において、その不足すると認められることが、当該国税の法定納期限の1年前の日以後に、滞納者がその財産につき行った政令で定める無償又は著しく低い額の対価による譲渡、債務の免除その他第三者に利益を与える処分（以下「無償譲渡等の処分」という。）に基因すると認められるときは、これらの処分により権利を取得し、又は義務を免れた者は、これらの処分により受けた利益が現に存する限度（これらの者がその処分の時にその滞納者の親族その他滞納者と特殊な関係のある個人又は同族会社で政令で定めるもの（以下「親族その他の特殊関係者」という。）であるときは、これらの処分により受けた利益の限度）において、その滞納に係る国税の第二次納税義務を負う旨規定している。

　　ロ　国税徴収法基本通達（昭和41年8月22日付徴徴4-13ほか国税庁長官通達。以下「徴収法基本通達」という。）第39条関係12《受けた利益が金銭以外のものである場合》(1)及び(6)は、無償譲渡等の処分により、滞納者から受けた利益が金銭以外のものである場合について、徴収法第39条の「利益が現に存する限度」の額は、受けたものがそのまま現存する場合には、納付通知書を発する時の現況による受けたものの価額を算定した額から、同(6)イ、ロ及びハに掲げる額を控除する旨定めており、当該控除をする額につき、同ロは、そのものの譲受けのために支払った費用及びこれに類するもののうち、そのものの譲受けと直接関係のあるも

のの額とする旨定めている。

ハ　徴収法基本通達第39条関係16《特殊関係者の場合の納税義務の範囲》(1)は、親族その他の特殊関係者の場合の徴収法第39条の「受けた利益」の額は、無償譲渡等の処分により滞納者から受けた利益が金銭以外のものであるときは、無償譲渡等の処分がされた時の現況によるそのものの価額から、徴収法基本通達第39条関係12(6)ロに掲げる額を控除した額を算定する旨定めている。

(3)　基礎事実及び審査請求に至る経緯

当審判所の調査及び審理の結果によれば、以下の事実が認められる。

イ　当事者等について

(イ)　審査請求人（以下「請求人」という。）Ｆ３は、亡Ｆ４（以下「本件贈与者」という。）の配偶者であり、請求人Ｆ１及び請求人Ｆ７は、請求人Ｆ３と本件贈与者との間の子である。また、請求人Ｆ２は、請求人Ｆ１の配偶者であり、請求人Ｆ５及び請求人Ｆ６は、請求人Ｆ１と請求人Ｆ２との間の子である（以下、請求人Ｆ３、請求人Ｆ１、請求人Ｆ７、請求人Ｆ２、請求人Ｆ５及び請求人Ｆ６を併せて「請求人ら」という。）。

(ロ)　本件贈与者は、国税の滞納者であったところ、原処分庁は、平成３年５月27日付で、その滞納国税について、国税通則法第43条《国税の徴収の所轄庁》○○の規定に基づき、Ｈ税務署長から徴収の引継ぎを受けた。

ロ　本件贈与者による贈与等について

(イ)　本件贈与者は、平成26年５月16日、別表１の順号１の土地（以下「本件土地１」といい、同表順号２から７までの各土地についても同様に表記する。）を請求人Ｆ３に贈与した。本件土地１については、平成26年５月20日付で当該贈与を原因とする所有権移転登記がされており、当該登記に係る登録免許税の額は○○○○円、本件土地１の取得に係る不動産取得税の額は○○○○円であった。

(ロ)　本件贈与者は、平成26年５月29日、本件土地２から５まで及び別表２の順号１の建物（以下「本件建物１」といい、同表順号２及び３の各建物についても同様に表記する。また、本件土地１から７まで及び本件建物１から３までを併せて「本件各不動産」という。）を請求人Ｆ７に贈与した。本件土地２から５まで及び本件建物１については、平成26年６月２日付で当該贈与を原因とする

所有権移転登記がされており、当該登記に係る登録免許税の額は○○○○円、本件土地2から5までの取得に係る不動産取得税の額は○○○○円、本件建物1の取得に係る不動産取得税の額は○○○○円であった。

㈩ 本件贈与者は、平成26年7月1日、本件建物2を請求人F7に贈与した。本件建物2については、平成26年7月2日付で当該贈与を原因とする所有権移転登記がされており、当該登記に係る登録免許税の額は○○○○円、本件建物2の取得に係る不動産取得税の額は○○○○円であった。

㈠ 本件贈与者は、平成26年7月1日、本件建物3を請求人F1に贈与した。本件建物3については、平成26年8月8日付で当該贈与を原因とする所有権移転登記がされており、当該登記に係る登録免許税の額は○○○○円、本件建物3の取得に係る不動産取得税の額は○○○○円であった。

㈢ 本件贈与者は、平成26年7月20日、本件土地6について、持分8分の1を請求人F1に、持分8分の1を請求人F2に、持分8分の6を請求人F3にそれぞれ贈与した。本件土地6については、平成26年7月23日付で当該贈与を原因とする所有権移転登記がされており、当該登記に係る登録免許税の額は○○○○円、本件土地6の取得に係る不動産取得税の額は○○○○円であった。

㈡ 本件贈与者は、平成26年7月20日、本件土地7について、持分8分の3を請求人F1に、持分8分の3を請求人F2に、持分8分の1を請求人F5に、持分8分の1を請求人F6にそれぞれ贈与した（以下、上記㈪から㈡までの各贈与を併せて「本件各贈与」という。）。本件土地7については、平成26年7月23日付で当該贈与を原因とする所有権移転がされており、当該登記に係る登録免許税の額は○○○○円、本件土地7の取得に係る不動産取得税の額は○○○○円であった。

㈦ 請求人F3は、上記㈪及び㈢の各贈与を受けたとして、H税務署長に対し、納付すべき税額を○○○○円と記載した平成26年分贈与税の申告書を、法定申告期限までに提出した。

㈧ 請求人F2は、上記㈢及び㈡の各贈与を受けたとして、H税務署長に対し、納付すべき税額を○○○○円と記載した平成26年分贈与税の申告書を、法定申告期限までに提出した。

ハ 滞納国税の承継について

本件贈与者が平成26年8月○日に死亡し、請求人F3、請求人F1及び請求人F7並びに他に相続人となるべき者がいずれも相続放棄したことにより、相続人のあることが明らかでないときになったため、本件贈与者の滞納国税の納税義務は、国税通則法第5条《相続による国税の納付義務の承継》第1項の規定に基づき、民法第951条《相続財産法人の成立》に規定する相続財産法人である亡F4相続財産に承継された（以下、亡F4相続財産が承継した当該滞納国税のうち別表3に係るものを「本件滞納国税」という。）。

ニ　原処分等について

(イ)　亡F4相続財産には、本件滞納国税の金額を全て納付するに足りる財産がなかったため、原処分庁は、本件滞納国税を徴収するために、本件各贈与が徴収法第39条に規定する無償譲渡等の処分に該当するとして、請求人F1、請求人F2及び請求人F3に対しては平成30年1月31日付で、請求人F5、請求人F6及び請求人F7に対しては同年3月12日付で、それぞれ、同法第32条《第二次納税義務の通則》第1項の規定に基づき、別表4の事項等を記載した各納付通知書により、本件滞納国税に係る第二次納税義務の各納付告知処分をした（以下「本件各納付告知処分」という。）。

原処分庁は、本件各納付告知処分において請求人らの納付すべき限度の額を算定するに当たり、本件各不動産の価額を財産評価基本通達（昭和39年4月25日付直資56ほか国税庁長官通達。以下「評価通達」という。）に定める方法により算定した上で、親族その他の特殊関係人である請求人F1、請求人F3、請求人F5、請求人F6及び請求人F7については、本件各贈与により「受けた利益の限度」の額を、また、請求人F2については、本件各贈与により「受けた利益が現に存する限度」の額を、それぞれ別表5－1から5－6までの「原処分庁主張額」欄のとおり算定した。

(ロ)　請求人F1、請求人F2及び請求人F3は平成30年2月26日に、請求人F7は同年3月20日に、請求人F5及び請求人F6は同年4月10日に、それぞれ、本件各納付告知処分を不服として再調査の請求をしたところ、再調査審理庁は、いずれも同年5月25日付で棄却の再調査決定をした。

(ハ)　請求人F1、請求人F2、請求人F3、請求人F5及び請求人F6は平成30年6月13日に、請求人F7は同月20日に、それぞれ、上記(ロ)の再調査決定を経

た後の本件各納付告知処分に不服があるとして審査請求をした。

　　なお、請求人らは、請求人Ｆ１を総代として選任し、その旨を平成30年７月

　　27日に届け出た。

２　争　点

　　請求人らが本件各贈与により「受けた利益の限度」又は「受けた利益が現に存する

　限度」の額はいくらか。

３　争点についての主張

原処分庁	請求人ら
以下のとおり、請求人らが本件各贈与により「受けた利益の限度」又は「受けた利益が現に存する限度」の額は、別表５－１から５－６までの「原処分庁主張額」欄のとおりになる。	以下のとおり、本件土地１から７まで及び本件建物１（以下、これらを併せて「本件各係争不動産」という。）の各価額は、別表５－１から５－６までの「請求人ら主張額」欄のとおりにすべきであるから、請求人らが本件各贈与により「受けた利益の限度」又は「受けた利益が現に存する限度」の額は、同欄のとおりになる。
⑴　滞納者から譲り受けた財産（以下「譲受財産」という。）の価額の算定方法については、徴収法及びその他の法令に規定はなく、徴収法基本通達にも定めはない。一方で、相続税法第22条《評価の原則》は、贈与により取得した財産の価額は、その取得の時における時価による旨規定しているところ、この時価とは、財産取得の時における客観的な交換価値をいうものと解されており、課税実務上は、財産評価の一般的な基準が評価通達に定められ、そこに定められた画一的な評価方式によって財産を評価することとされ	⑴　譲受財産の価額は、土地等の時価（一般的に土地等の時価とは、一般の自由市場において、土地等の現況に応じ、不特定多数の当事者間で自由な取引が行われている場合に成立すると認められる適正な価格）によるべきであり、その時価の算定方法は、近隣地域における取引事例や収益事例等を参考にして評価する不動産鑑定評価基準が重視されるべきである。 　なお、原処分庁は、評価通達に定められた画一的な評価方式によって譲受財産を評価する取扱いが合理的であると主張

ている。このような取扱いは、納税者間の公平、納税者の便宜、徴税費用の節減という見地からみて合理的であり、この評価通達に定められた評価方式が合理的なものである限り、これを形式的に全ての納税者に適用して財産の評価を行うことは、税負担の実質的な公平を実現することができるものと解されている。

以上によれば、譲受財産の価額について、評価通達により算定することは特段不合理ではない。

(2) 評価通達に定める評価方法に基づいて、本件各不動産の評価額を算定し、譲受けのために支払った費用のうち、そのものの譲受けと直接関係のあるものの額を控除すると、「受けた利益の限度」又は「受けた利益が現に存する限度」の額は、別表5-1から5-6までの「原処分庁主張額」欄のとおりになる。

なお、請求人らは、共有の場合につき2割程度の減額を考慮すべきと主張するが、評価通達2《共有財産》が持分に応じてあん分した価額によって評価するものと定めていること及び譲受財産を単独で所有する場合との間で不均衡が生じることからすれば、当該主張は妥当ではない。

また、本件建物1は、その贈与当時、賃貸に供されていたのであるから、評価

するが、その理由は、贈与税を課税する場合に妥当することはあっても、本件のように徴収法第39条の規定に基づく第二次納税義務の納付告知処分をする場合にまで妥当するものではないから、当該主張は理由がない。

(2) 本件各係争不動産は、徴収法第94条《公売》（平成30年法律第7号による改正前のもの。）第1項の規定に基づき公売に付されて平成29年11月14日付で売却決定がされた別表1の順号8から11までの各土地並びに別表2の順号4及び5の各建物（以下、これらを併せて「別件各公売不動産」という。）の近隣に所在する上、いずれも元々は本件贈与者が所有するものであったため、仮に本件各贈与がなければ、本件各係争不動産と別件各公売不動産とは一緒に公売に付されていたと想定されるものである。そして、別件各公売不動産については、上記公売の見積価額等の事情からすれば、上記公売に当たり、広大地評価の適用による減価が考慮されていたと考えられるから、本件各係争不動産についても、広大地評価の

― 350 ―

通達93《貸家の評価》により評価すべきであるし、評価通達には、建物の取壊費用相当額を考慮すべきとする定めはない。本件建物１は、賃貸に供されていた以上、貸家としての利用が最有効使用と考えられるから、その点でも、本件建物１の価額の算定に際し、更地価格から建物の取壊費用相当額を減額することは相当でない。

適用による減価を考慮すべきである。

また、共有の場合には土地の利用などに制約が生じるため、不動産鑑定評価では、取引価格から２割程度減少させた金額で算定（共有補正）するのが通常であるから、本件土地６及び７についても同様に２割程度の減額を考慮すべきである。

さらに、本件建物１は、その贈与当時、賃貸に供されていたが、耐用年数が経過し、全く価値がなかったところ、このような場合には、老朽化した建物を取り壊して更地にして取引の対象とするのが通常であるから、その価額の算定に際し、更地価格から建物の取壊費用相当額を減額すべきである。

以上を前提に算定すると、「受けた利益の限度」又は「受けた利益が現に存する限度」の額は、別表５－１から５－６までの「請求人ら主張額」欄のとおりになる。

4 当審判所の判断

(1) 争点について

イ 法令解釈

　　徴収法第39条は、上記１(2)イのとおり規定し、徴収法基本通達は、同ロ及びハのとおり定めているところ、当該通達の取扱いは、当審判所においても相当と認められる。また、徴収法第39条の「受けた利益の限度」又は「受けた利益が現に存する限度」の額の算定における受けたものの価額については、無償譲渡等の処分がされた時又は納付通知書を発した時の現況によるその譲受財産の価額を基礎

として算定すべきものであるから、譲受財産が不動産である場合には、その現況
に応じて、無償譲渡等の処分がされた時又は納付通知書を発した時における客観
的な交換価値である通常の取引価額により算定するものと解するのが相当である。

ロ　本件各係争不動産の価額以外について

　　請求人らは、「受けた利益の限度」又は「受けた利益が現に存する限度」の額
　の算定に当たり、原処分庁が算定した本件建物2及び3の価額については争わず、
　これらは当審判所の調査の結果及び審理の全趣旨によっても相当と認められる上、
　本件各不動産につき本件各贈与を受けるために請求人らが支払った登録免許税の
　額、不動産取得税の額及び贈与税の額については、上記1(3)ロのとおりである。

ハ　本件各係争不動産の価額について

　(イ)　認定事実

　　　原処分関係資料並びに当審判所の調査及び審理の結果によれば、以下の事実
　　が認められる。

　　A　本件各係争不動産は、いずれも同一の近隣地域に所在しており、J社運営
　　　の鉄道路線「f線」のg駅からは、南西方に直線距離で約2.5kmの位置にあ
　　　る。また、本件各係争不動産は、いずれも市街化区域内にあり、その用途地
　　　域は、第一種住居地域（建ぺい率60％、容積率200％）である。

　　　　本件各係争不動産が所在する近隣地域は、国道h号バイパスの東側に自然
　　　発生的に広がった一般住宅地域であり、街路がやや雑然としている。また、
　　　当該地域は、第一種住居地域と第二種低層住居専用地域とにまたがっている
　　　が、いずれにおいても、低層の一般住宅、共同住宅等が混在している。

　　B　本件土地1は、別表1の順号12の土地（以下「別件公衆用道路1」とい
　　　う。）と一体で使用されることが想定される土地であるところ、本件土地1
　　　及び別件公衆用道路1は、その西側で幅員4.0mの舗装市道に、その北側で
　　　幅員1.8mの舗装道路に接する角地で、間口が25.5m、奥行きが18.5m、地積
　　　が324.83㎡の不整形画地である。なお、本件土地1の地目は「畑」であるが、
　　　転用の届出がされており、また、本件土地1及び別件公衆用道路1の土地上
　　　には、建物、工作物等は存在せず、その使用収益を制限する権利の設定等も
　　　されていない。本件土地1及び別件公衆用道路1の現況は、駐車場として利
　　　用されている。

C　本件土地２から５までは、別表１の順号13の土地（以下「別件公衆用道路２」という。）と一体で使用されることが想定される土地であるところ、本件土地２から５まで及び別件公衆用道路２は、その北東側で幅員1.8ｍの舗装市道に接し、間口が10ｍ、奥行きが21ｍ、地積が217.25㎡のほぼ整形画地であり、本件建物１の敷地として使用されている。

　　本件建物１は、昭和55年４月７日に新築された建物であり、その外壁等に多少の亀裂等があるものの、その管理状況は、おおむね通常どおりであり、賃貸に供されている。本件建物１は、その敷地と南東側の隣地との境界を越えて建っている。

D　本件土地６及び７の土地上には、平成26年７月20日時点で、請求人Ｆ３所有の別表２の順号６の建物（以下「別件建物１」という。）並びに本件贈与者所有の同表順号７の建物（以下「別件建物２」という。）及び同表順号８の建物（以下「別件建物３」という。）が存在し、それぞれの敷地として利用されていた（以下、本件土地６及び７のうち、別件建物１の敷地として利用されている部分を「別件建物１敷地部分」といい、別件建物２及び３の各敷地についても同様に表記する。）。本件土地６及び７と別件建物１から３までの位置関係等は、別紙２のとおりである。なお、上記１(3)ロ㊖及び㊢の本件土地６及び７の各贈与後に、請求人Ｆ３が別件建物１敷地部分に係る地代を支払ったことはなく、また、本件贈与者も別件建物２敷地部分又は別件建物３敷地部分に係る地代を支払ったことはなかった。

　　別件建物１敷地部分は、その東側で幅員1.8ｍの舗装市道に、その南側で幅員1.8ｍの未舗装市道に、その西側で幅員4.0ｍの舗装市道にそれぞれ接する３方路画地で、間口が23ｍ、奥行きが34ｍ、地積が684.48㎡の整形画地である。また、その土地上には、別件建物１以外にも未登記の附属建物等が存在する。

　　別件建物２敷地部分は、その東側で幅員1.8ｍの舗装市道に接する一方路画地で、間口が17ｍ、奥行きが20ｍ、地積が309.84㎡の整形画地である。

　　別件建物３敷地部分は、その西側で幅員4.0ｍの舗装市道に接する一方路画地で、間口が23ｍ、奥行きが20ｍ、地積が331.96㎡のやや不整形画地である。

E　本件各納付告知処分に際し、原処分庁は、上記Dの利用状況を踏まえて、別件建物1敷地部分、別件建物2敷地部分及び別件建物3敷地部分（以下、これらを併せて「各別件建物敷地部分」という。）の3区分のそれぞれの価額を評価通達に定められた評価方法によって算定し、その価額を本件土地6及び7の各地積でそれぞれあん分した上、あん分後の各価額を合算することで、本件土地6及び7の価額を算定した。

㈑　当審判所における鑑定評価

当審判所において、不動産鑑定評価の専門家である不動産鑑定士に対し、本件各係争不動産に係る鑑定評価を依頼したところ、その鑑定評価（以下「審判所鑑定評価」という。）は、別紙3のとおりである。

㈏　検討

A　本件土地1の価額について

本件土地1及び別件公衆用道路1の審判所鑑定評価の内容は、別紙3の2⑵ニ及び⑹のとおりであり、これらの土地の上には建物等が存在せず、使用収益を制限する権利の設定も存在しないことから、更地として評価し、比準価格を重視し、収益価格を参考として、本件土地1及び別件公衆用道路1の価額を8,900,000円と算定したものであり、その評価の手法及び過程に特に不合理な点は認められない。また、上記㈑の不動産鑑定士は、別件公衆用道路1の価額を零円と算定しているところ、その評価についても特に不合理な点は認められない。これらの審判所鑑定評価を前提にすると、本件土地1の価額は8,900,000円になるが、他方で、不動産の客観的な交換価値は必ずしも一義的に確定されるものではないところ、原処分庁が算定した本件土地1の価額は〇〇〇〇円であり、上記価額と大きな乖離はなく、直ちに不合理といえる点も認められないし、原処分庁からも原処分庁の算定を超える価額の主張立証はされておらず、これらの事情を合わせて考慮すれば、本件土地1の価額は、少なくとも〇〇〇〇円であると認めるのが相当である。

なお、審判所鑑定評価の評価時点は平成26年5月29日であるのに対し、本件土地1が贈与されたのは同月16日であるが、両時点は近接している上、他に両時点でその価額が変動したことをうかがわせる事情も存しないから、この点が上記結論を左右することはない。

B　本件土地２から５まで及び本件建物１の価額について

　　本件建物１及びその敷地（本件土地２から５まで及び別件公衆用道路２）の審判所鑑定評価の内容は、別紙３の２(2)ホ及び(7)のとおりであり、本件土地２から５まで及び別件公衆用道路２が本件建物１の敷地に供されていること、本件建物１がその敷地と南東側の隣地との境界を越えて建っていることなどを考慮し、比準価格は適切な取引事例がないために適用できず、収益価格は実際実質賃料が南東側の隣地の使用に係るものも含まれているために妥当とはいえないとして、積算価格を中心とし、上記のとおり境界を越えて建っていることによる減価も考慮して、市場性修正率を30％と査定して評価額を算定しているところ、上記の事情を勘案すると、その市場性修正率を査定したことに特に不合理な点はない上、その評価の手法及び過程に特に不合理な点も認められない。また、上記(ロ)の不動産鑑定士は、別件公衆用道路２の価額を零円と算定しているところ、その評価についても特に不合理な点は認められない。これらの審判所鑑定評価によれば、本件土地２から５までの価額は○○○○円、本件建物１の価額は○○○○円と認められる。

C　本件土地６及び７の各別件建物敷地部分の価額について

　(A)　本件土地６及び７の価額につき、原処分庁は、上記(イ)Ｅのとおり、各別件建物敷地部分の３区分につき、それぞれその価額を算定し、その価額を本件土地６及び７の各地積にあん分した上、あん分後の各価額を合算して本件土地６及び７の価額を算定しているところ、上記(イ)Ｄの利用状況等によれば、その点については合理性が認められる。そこで、まず、各別件建物敷地部分の価額をそれぞれ検討するが、審判所鑑定評価では、その価格時点である平成26年５月29日時点の価額を算定した上で、同年７月20日時点の価額及び平成30年１月31日時点の価額を検討しているため、以下、その順序で審判所鑑定評価の内容を検討することにする。

　(B)　平成26年５月29日時点の価額について

　　a　別件建物１敷地部分の審判所鑑定評価の内容は、別紙３の２(2)イ及び(3)のとおりであり、別件建物１の敷地に供されていることから建付地として評価を行うこととして、比準価格を重視し、収益価格を参考にして、更地としての価格を○○○○円と算定するものである。そして、別件建

物1が新築後30年以上を経過しており、新築後30年以上の木造建物の市場における取引状況を考慮して、建付減価率を更地価格の15％と査定し、平成26年5月29日時点における別件建物1敷地部分の価額を〇〇〇〇円と算定しているところ、その評価の手法及び過程並びに建付減価率の査定に特に不合理な点は認められない。

b　別件建物2敷地部分の審判所鑑定評価の内容は、別紙3の2(2)ロ及び(4)のとおりであり、貸家である別件建物2の敷地に供されていることから、いわゆる貸家建付地として評価を行うこととし、実際実質賃料を基礎とした収益価格の試算では、収益価格を求めることができず、経済的合理性に反すると判断し、更地としての比準価格〇〇〇〇円を基礎とするものである。そして、収益面からみて経済的合理性のない別件建物2が存在することによる建付減価率を更地価格の20％と査定し、賃借人がおり、最有効使用の実現のためには一定の費用と期間を要する可能性があることによる減価率を10％と査定して、平成26年5月29日時点における別件建物2敷地部分の価額を〇〇〇〇円と算定しているところ、その評価の手法及び過程並びに建付減価率の査定に特に不合理な点は認められない。

c　別件建物3敷地部分の審判所鑑定評価の内容は、別紙3の2(2)ハ及び(5)のとおりであり、別件建物2敷地部分と同様に、貸家である別件建物3の敷地に供されていることから、貸家建付地として評価を行うこととし、実際実質賃料を基礎とした収益価格の試算では、収益価格を求めることができず、経済的合理性に反すると判断し、更地としての比準価格〇〇〇〇円を基礎とするものである。そして、収益面からみて経済的合理性のない別件建物3が存在することによる建付減価率を更地価格の20％と査定し、賃借人がおり、最有効使用の実現のためには一定の費用と期間を要する可能性があることによる減価率を10％と査定して、平成26年5月29日時点における別件建物3敷地部分の価額を〇〇〇〇円と算定しているところ、その評価の手法及び過程並びに建付減価率の査定に特に不合理な点は認められない。

(C)　平成26年7月20日時点の価額について

平成26年7月20日時点における各別件建物敷地部分の審判所鑑定評価の内容は、別紙3の2(3)ヘ、(4)ヘ及び(5)ヘのとおりであり、平成26年7月20日時点ではそれぞれ使用借権が存するため、買受人による最有効使用の実現には一定の期間と費用を要する可能性があることから減価をすることが妥当であるとして、その減価率を10%とするものである。そして、上記1(3)イ(イ)のとおり、本件土地6及び7の各共有持分権者と平成26年7月20日時点の別件建物1の所有者（請求人F3）並びに別件建物2及び3の所有者（本件贈与者）とは親族関係にある上、上記(イ)Dのとおり、その敷地の利用につき地代も支払われていなかったことからすれば、各別件建物敷地部分を無償で使用する旨の使用貸借の合意があったと合理的に推認できるから、更地価格から10%の減価をすることは相当であり、その評価の手法及び過程に特に不合理な点も認められない。これらの審判所鑑定評価によれば、平成26年7月20日時点における別件建物1敷地部分の価額は○○○○円、別件建物2敷地部分の価額は○○○○円、別件建物3敷地部分の価額は○○○○円と認められる。

　なお、上記(イ)Dのとおり、別件建物1の所有者は、請求人F3であるにもかかわらず、審判所鑑定評価は、本件贈与者をその所有者であるとしているが、その所有者が異なっても、別件建物1とその敷地部分の所有者が同一ではなく、使用借権に係る減価をする必要があることに変わりはないから、この点が上記結論を左右することはない。

(D)　平成30年1月31日時点の価額について

　平成30年1月31日時点における各別件建物敷地部分の審判所鑑定評価の内容は、別紙3の2(3)ト、(4)ト及び(5)トのとおりであり、時間経過に伴う建物の老朽化による取壊しの時期及び取壊し等に係る環境の変化等に加え、別件建物2敷地部分及び別件建物3敷地部分については貸家としての収益環境の悪化も考慮して、平成26年7月20日時点の建付減価率を修正して、平成30年1月31日時点の価額を算定するものであるところ、その評価の手法及び過程に特に不合理な点は認められない。そして、この審判所鑑定評価によれば、平成30年1月31日時点における別件建物1敷地部分の価額は○○○○円、別件建物2敷地部分の価額は○○○○円、別件建物3敷地部

分の価額は○○○○円と認められる。

D　本件土地6及び7の価額について

(A)　平成26年7月20日時点における各別件建物敷地部分の価額は、上記C(C)のとおりであり、別表6－1のとおり、それらの価額を本件土地6及び7の各地積であん分した上、あん分後の各価額を合算すると、平成26年7月20日時点における本件土地6の価額は○○○○円、本件土地7の価額は○○○○円と認められる。

(B)　平成30年1月31日時点における各別件建物敷地部分の価額は、上記C(D)のとおりであり、別表6－2のとおり、それらの価額を本件土地6及び7の各地積であん分した上、あん分後の各価額を合算すると、平成30年1月31日時点における本件土地6の価額は○○○○円、本件土地7の価額は○○○○円と認められる。

E　本件土地6及び7の各持分の価額について

本件土地6及び7は、上記1(3)ロ㈭及び㈬の各贈与により共有関係にあるところ、不動産の共有持分については、その維持管理に共有者の同意が必要となるなど単独所有に比べ制約が非常に大きく、また、分割の可能性や用途、買受人が他の共有持分を取得できる可能性及び取得した共有持分の売却の可能性等の要因が存するため、市場性に変化があり、その評価に当たっては、共有持分であることによる減価（以下「共有減価」という。）をすることは妥当である。したがって、審判所鑑定評価の別紙3の2(8)のとおり、本件土地6及び7の各持分の価額を算定する際に30％の共有減価をすることは相当と認められる。以上によれば、上記各贈与により請求人F1、請求人F3、請求人F5、請求人F6及び請求人F2が受けた各持分の価額は、以下のとおりと認められる。

(A)　平成26年7月20日時点において、請求人F1が贈与を受けた各持分の価額は、本件土地6については、上記D(A)の価額の8分の1（持分割合）に、30％の共有減価をした額である○○○○円（小数点以下第1位未満を切り捨て。以下も同様に算定する。）、本件土地7については、上記D(A)の価額の8分の3（持分割合）に、30％の共有減価をした額である○○○○円になる。

(B)　平成26年7月20日時点において、請求人F3が贈与を受けた持分の価額
　　　は、上記D(A)の本件土地6の価額の8分の6（持分割合）に、30％の共有
　　　減価をした額である○○○○円になる。

(C)　平成26年7月20日時点において、請求人F5が贈与を受けた持分の価額
　　　は、上記D(A)の本件土地7の価額の8分の1（持分割合）に、30％の共有
　　　減価をした額である○○○○円になる。

(D)　平成26年7月20日時点において、請求人F6が贈与を受けた持分の価額
　　　は、上記D(A)の本件土地7の価額の8分の1（持分割合）に、30％の共有
　　　減価をした額である○○○○円になる。

(E)　平成30年1月31日時点において、請求人F2が贈与を受けた各持分の価
　　　額は、本件土地6については、上記D(B)の価額の8分の1（持分割合）に、
　　　30％の共有減価をした額である○○○○円、本件土地7については、上記
　　　D(B)の価額の8分の3（持分割合）に、30％の共有減価をした額である○
　　　○○○円になる。

ニ　当てはめ

　　　以上を前提に算定すると、請求人F1、請求人F3、請求人F5、請求人F6
　　及び請求人F7が本件各贈与により「受けた利益の限度」の額は、別表5－1及
　　び別表5－3から5－6までの「審判所認定額」欄のとおりであり、請求人F1
　　については○○○○円、請求人F3については○○○○円、請求人F5について
　　は○○○○円、請求人F6については○○○○円、請求人F7については○○○
　　○円になる。また、請求人F2が本件各贈与により「受けた利益の現に存する限
　　度」の額は、別表5－2の「審判所認定額」欄のとおりであり、○○○○円にな
　　る。

ホ　請求人らの主張について

(イ)　請求人らは、仮に本件各贈与が行われなかったならば、本件各係争不動産は
　　　別件各公売不動産と一緒に公売に付されていたと想定されるから、本件各係争
　　　不動産についても、広大地評価の適用による減価を考慮してその価額を算定す
　　　べきである旨主張するが、本件各贈与が行われなかったという仮定に基づくも
　　　のにすぎず、実際には本件各贈与が行われており、その前提を欠くから、当該
　　　主張は理由がない。

(ロ)　また、請求人らは、本件建物１は、その贈与当時、賃貸に供されていたが、耐用年数が経過し、全く価値がなかったところ、このような場合には、老朽化した建物を取り壊して更地にして取引の対象とすることが通常であるから、その価額の算定に際し、更地価額から建物の取壊費用相当額を減額すべきである旨主張する。

　　　しかしながら、当審判所の調査及び審理の結果によれば、別紙３の２(2)ホ(ロ)及び(ニ)並びに(7)ハ(ロ)Ｂのとおり、本件建物１の経済的残存耐用年数は６年であったこと、おおむね通常の保守管理状態にあったこと、賃貸としての利用が最有効使用であることが認められるから、本件土地２から５までの価額の算定に際し、更地価額から建物の取壊費用相当額を減額するのは合理的ではない。

　　　したがって、請求人らの上記主張は理由がない。

ヘ　原処分庁の主張について

　　　原処分庁は、譲受財産の価額について、評価通達により算定することは特段不合理ではない旨主張する。

　　　しかしながら、評価通達は、相続税及び贈与税の課税価格計算の基礎となる財産の評価に関する基本的な取扱いを定めたものであり、譲受財産の価額の算定について、評価通達を適用又は準用すべきとする法令の規定や通達等の定めは存在しない。そして、譲受財産の価額の算定に際して評価通達が参考になる場合があるとしても、本件では、当審判所が原処分庁とは異なる算定をした本件土地２から５まで及び本件建物１の価額については、本件建物１が隣接地との境界を越えて建っていることを考慮して算定する必要があり、また、本件土地６及び７の価額については、その土地上に経済的合理性を有しない賃貸用建物が存在すること、建物の所有者に使用借権があること、本件土地６及び７が共有関係にあることなどを考慮して算定する必要があるにもかかわらず、原処分庁が算定した価額では、これらの事情が適切に考慮されていないから、少なくとも、これらの価額の算定に際して評価通達を参考にするのは妥当とはいえない。

　　　したがって、原処分庁の上記主張は理由がない。

(2)　本件各納付告知処分の適法性について

イ　請求人Ｆ１に対する第二次納税義務の納付告知処分

　　　上記(1)ニのとおり、請求人Ｆ１が「受けた利益の限度」の額は○○○○円であ

り、請求人Ｆ１は、その限度において本件滞納国税の第二次納税義務を負うのが相当であるところ、原処分のその他の部分については、請求人Ｆ１は争わず、当審判所に提出された証拠資料等によっても、これを不相当とする理由は認められない。

　したがって、原処分のうち請求人Ｆ１に対する第二次納税義務の納付告知処分は、納付すべき限度の額につき○○○○円を超える部分は違法となる。

ロ　請求人Ｆ２に対する第二次納税義務の納付告知処分

　上記(1)ニのとおり、請求人Ｆ２が「受けた利益が現に存する限度」の額は○○○○円であり、請求人Ｆ２は、その限度において本件滞納国税の第二次納税義務を負うのが相当であるところ、原処分のその他の部分については、請求人Ｆ２は争わず、当審判所に提出された証拠資料等によっても、これを不相当とする理由は認められない。

　したがって、原処分のうち請求人Ｆ２に対する第二次納税義務の納付告知処分は、納付すべき限度の額につき○○○○円を超える部分は違法となる。

ハ　請求人Ｆ３に対する第二次納税義務の納付告知処分

　上記(1)ニのとおり、請求人Ｆ３が「受けた利益の限度」の額は○○○○円であり、請求人Ｆ３は、その限度において本件滞納国税の第二次納税義務を負うのが相当であるところ、原処分のその他の部分については、請求人Ｆ３は争わず、当審判所に提出された証拠資料等によっても、これを不相当とする理由は認められない。

　したがって、原処分のうち請求人Ｆ３に対してされた第二次納税義務の納付告知処分は、納付すべき限度の額につき○○○○円を超える部分は違法となる。

ニ　請求人Ｆ５に対する第二次納税義務の納付告知処分

　上記(1)ニのとおり、請求人Ｆ５が「受けた利益の限度」の額は○○○○円であり、請求人Ｆ５は、その限度において本件滞納国税の第二次納税義務を負うのが相当であるところ、原処分のその他の部分については、請求人Ｆ５は争わず、当審判所に提出された証拠資料等によっても、これを不相当とする理由は認められない。

　したがって、原処分のうち請求人Ｆ５に対してされた第二次納税義務の納付告知処分は、納付すべき限度の額につき○○○○円を超える部分は違法となる。

ホ　請求人Ｆ６に対する第二次納税義務の納付告知処分

　　上記(1)ニのとおり、請求人Ｆ６が「受けた利益の限度」の額は○○○○円であり、請求人Ｆ６は、その限度において本件滞納国税の第二次納税義務を負うのが相当であるところ、原処分のその他の部分については、請求人Ｆ６は争わず、当審判所に提出された証拠資料等によっても、これを不相当とする理由は認められない。

　　したがって、原処分のうち請求人Ｆ６に対してされた第二次納税義務の納付告知処分は、納付すべき限度の額につき○○○○円を超える部分は違法となる。

ヘ　請求人Ｆ７に対する第二次納税義務の納付告知処分

　　上記(1)ニのとおり、請求人Ｆ７が「受けた利益の限度」の額は○○○○円であり、請求人Ｆ７は、その限度において本件滞納国税の第二次納税義務を負うのが相当であるところ、原処分のその他の部分については、請求人Ｆ７は争わず、当審判所に提出された証拠資料等によっても、これを不相当とする理由は認められない。

　　したがって、原処分のうち請求人Ｆ７に対してされた第二次納税義務の納付告知処分は、納付すべき限度の額につき○○○○円を超える部分は違法となる。

(3)　結論

　　よって、審査請求には理由があるから、原処分は、いずれもその一部を取り消すこととする。

別表1　不動産（土地）の内訳（省略）

別表2　不動産（建物）の内訳（省略）

別表3　本件滞納国税の内訳（省略）

別表4　本件各納付告知処分の内訳（省略）

別表5－1　請求人F1の受けた利益の額（省略）

別表5－2　請求人F2の受けた利益が現に存する額（省略）

別表5－3　請求人F3の受けた利益の額（省略）

別表5－4　請求人F5の受けた利益の額（省略）

別表5－5　請求人F6の受けた利益の額（省略）

別表5－6　請求人F7の受けた利益の額（省略）

別表6－1　本件土地6及び7の価額（平成26年7月20日時点）（省略）

別表6－2　本件土地6及び7の価額（平成30年1月31日時点）（省略）

別紙1　共同審査請求人明細（省略）

別紙2　本件土地6及び7と別件建物1から3までとの位置関係等（省略）

別紙3　審判所鑑定評価の概要及び理由の要旨（省略）

裁決事例集 （第115集）

令和2年2月17日　初版印刷
令和2年2月27日　初版発行

不 許
複 製

（一財）大蔵財務協会　理事長
発行者　木 村 幸 俊

発行所　一般財団法人 大 蔵 財 務 協 会

〔郵便番号　130-8585〕
東京都墨田区東駒形1丁目14番1号
（販 売 部）TEL 03(3829)4141・FAX 03(3829)4001
（出版編集部）TEL 03(3829)4142・FAX 03(3829)4005
URL　http://www.zaikyo.or.jp

本書は、国税不服審判所ホームページ掲載の『裁決事例集No. 115』より転載・編集したものです。

落丁・乱丁は、お取替えいたします。　　　　印刷　㈱恵友社
ISBN978-4-7547-2759-8